经济应用数学

主　编　童　春　曹　勃
副主编　顾央青　张　欢
　　　　范嘉琪　卢滢宇

北京理工大学出版社
BEIJING INSTITUTE OF TECHNOLOGY PRESS

版权专有　侵权必究

图书在版编目（CIP）数据

经济应用数学 / 童春，曹勃主编. -- 北京：北京理工大学出版社，2024.4
ISBN 978-7-5763-3855-3

Ⅰ．①经… Ⅱ．①童… ②曹… Ⅲ．①经济数学-高等学校-教材 Ⅳ．①F224.0

中国国家版本馆 CIP 数据核字（2024）第 082743 号

责任编辑：钟　博　　　　**文案编辑**：钟　博
责任校对：周瑞红　　　　**责任印制**：施胜娟

出版发行 / 北京理工大学出版社有限责任公司
社　　址 / 北京市丰台区四合庄路 6 号
邮　　编 / 100070
电　　话 / （010）68914026（教材售后服务热线）
　　　　　　（010）68944437（课件资源服务热线）
网　　址 / http://www.bitpress.com.cn

版 印 次 / 2024 年 4 月第 1 版第 1 次印刷
印　　刷 / 唐山富达印务有限公司
开　　本 / 787 mm×1092 mm　1/16
印　　张 / 18.25
字　　数 / 356 千字
定　　价 / 85.00 元

图书出现印装质量问题，请拨打售后服务热线，负责调换

前　言

党的二十大报告首次提出要"加强教材建设和管理",将教材建设作为深化教育领域综合改革的重要环节.因此,《应用经济数学》教材以"坚持问题导向、应用导向、效果导向,打造数字教材"为设计理念,融入党的二十大精神,培根铸魂、启智增慧,落实立德树人根本任务.根据高职高专教育发展的需要,本教材契合高职学生的专业课程体系和数学认知基础,以岗位任务为引领,以生活化情境体验、问题启发和案例驱动为内容载体,旨在满足高职学生的专业学习和未来工作的需要.本教材突出体现了以下几个特色.

1. 融入课程思政元素,实现育人目标

本教材有机地融入数学发展史、数学人物故事、经典诗词、校园文化、时事热点、行业情境等素材,厚植爱国情怀、科学精神,提升文化自信和职业素养等,进一步拓展育人空间,实现课内外全过程育人目标.

2. 适应不同梯度学生的学习风格,体现以生为本的教学理念

本教材基于专数融合思想,构建"数据调研分析预测→市场需求发展趋势分析→最优价格制定和管理决策→经济总量分析→产品质量管理分析"的专业任务主线,用以引学、促学,进而学以致用;适应不同梯度学生的认知特点和学习风格,淡化数学计算技巧和理论证明推导,采用通俗易懂的语言,设置开放性引导问题、漫画式生活情境创设及多形态资源,体现以生为本的教学理念.

3. 打造"双模块并进,双区双页互融"的创新教材模式

本教材基于"双模块并进"模式——基础应用模块和拓展模块,基础应用模块的"互动思考区＋文本学习区"相互融合、渗透,构建了"双区双页互融"的创新教材模式,通过形态各异的教学载体,提振学生对教材的阅读兴趣,增强思维能力和解决问题能力,进而提升综合素养.

4. 基于"专业结合,突出应用"的原则,突显职业特色

本教材突出与各经济管理类专业紧密结合的特色,体现数学知识专业化、经济问题数学化,尽可能地用数学知识解释经济现象,渗透数学建模思想和方法,解决经济问题,实现"教、学、用"融为一体,注重学生创新能力与综合素质的培养,增强学生的可持续发展能力.

5. 设置有效的引导问题,延展教材的深度和广度

本教材以问题引导串的形式,促使学生积极主动地参与到数学知识、任务案例、新闻热点探究环节,激发学生的学习兴趣与热情,加大知识和能力的拓展与延申.开

放性的引导问题契合学生的差异化特征，有效体现以学生为中心的教学理念．体会和感悟类的引导问题有助于进行课堂评价反思，帮助学生和教师及时发现学与教中的不足，进一步优化教学质量．

　　本教材由宁波职业技术学院数学教研室教师结合教学改革经验编写而成，曹勃老师提出了本教材的整体框架，童春老师全面主持教材的编写工作，并完成了项目一、项目二的编写，卢滢宇和范嘉琪完成了项目三的编写，顾央青和张欢分别完成了项目四和项目五的编写．王彦杰、胡文丰、于蛟老师参与本教材视频的录制、测试题的编写以及教材内容的检查与修正工作．

　　感谢北京理工大学出版社徐春英老师为本教材提出的宝贵意见，以及北京天韵科技有限公司高华女士付出的辛勤劳动，在此向她们表示衷心的感谢．

　　由于编者水平有限，成书时间比较仓促，书中难免存在不妥之处，敬请读者指正．

编　者

目　录

项目一　经济数据的统计分析 ··· 1

任务一　销售数据的描述性分析（描述统计法） ··················· 3
　　子任务1.1：销售部门的业绩差异分析 ··························· 4
　　子任务1.2：销售员工奖金金额的确定 ··························· 10

任务二　销售数据的推断性分析（时间序列预测法） ··············· 17
　　子任务1.3：销售业绩目标的制定 ·································· 18

任务三　统计分析的Excel操作（数据透视和回归分析预测法） ····· 37
　　子任务1.4：客户画像的描绘 ·· 38

项目完成评价表一（经济数据的统计分析） ························· 52

【动手试试一】 ·· 54

项目二　经济活动中的变化趋势分析 ··· 59

任务一　经济变化趋势的数学思想（函数极限的概念） ············ 61
　　子任务2.1：市场上产品需求量的预测 ··························· 62

任务二　经济变化趋势的定量分析1（极限的四则运算） ········· 79
　　子任务2.2：永续年金投入金额的确定 ··························· 82

任务三　经济变化趋势的定量分析2（两个重要极限） ············ 91
　　子任务2.3：银行贷款本息和计算 ·································· 94

数学知识拓展——函数的连续性 ······································ 104

项目完成评价表二（经济活动中的变化趋势分析） ················ 109

【动手试试二】 ·· 111

项目三　经济活动中的边际分析与最优决策 ································ 115

任务一　边际与弹性分析中的数学思想（导数的概念） ············ 117
　　子任务3.1：商品定价策略之边际成本定价法 ·················· 120
　　子任务3.2：商品定价策略之市场灵敏度分析 ·················· 130
　　子任务3.3：商品销售量变化速度分析 ··························· 134

任务二　边际分析中的数学计算（导数的运算） ····················· 135
　　子任务3.4：商品销售量增长速率分析 ··························· 146
　　子任务3.5：商品销售量变化波动分析 ··························· 150

任务三　收入分析中的近似计算（函数的微分） ····················· 151

子任务 3.6：企业追求利润最大化原则 ·············· 158
　任务四　经济活动中的最优价格决策（导数的应用）·············· 159
　　子任务 3.7：免税政策优惠下的最优价格决策·············· 164
　数学知识拓展——隐函数求导及洛必达法则·············· 174
　项目完成评价表三（经济活动中的边际分析与最优决策）·············· 180
　【动手试试三】·············· 182

项目四　经济活动中总量的数学分析 ·············· 187

　任务一　经济总量中的数学思想（积分的概念）·············· 189
　　子任务 4.1：生产线（设备）最佳停产时间的确定·············· 190
　　子任务 4.2：投资收入的资金现值问题·············· 204
　任务二　经济总量的数学定量计算（积分的计算）·············· 205
　　子任务 4.3：投资成本收回时间分析·············· 210
　数学知识拓展——第二换元积分法及旋转体体积·············· 222
　项目完成评价表四（经济活动中总量的数学分析）·············· 227
　【动手试试四】·············· 229

项目五　产品品质管理中的概率分析 ·············· 233

　任务一　产品质量检验中的概率思想（概率的概念及运算）·············· 235
　　子任务 5.1：产品的抽样检验分析·············· 242
　任务二　经济决策中的随机变量（随机变量的分布函数）·············· 255
　　子任务 5.2：设备维修人员配备方案·············· 260
　　子任务 5.3：投资风险决策·············· 270
　任务三　经济决策风险中的概率分析（数学期望与方差）·············· 271
　项目完成评价表五（产品品质管理中的概率分析）·············· 280
　【动手试试五】·············· 282

参考文献 ·············· 285

项目一

经济数据的统计分析

◇学习目标

▶ 知识目标
（1）掌握数据的平均数、中位数、众数和极差、方差、标准差的概念及计算方法；

（2）掌握时间序列预测法及用 Excel 对数据进行透视分析和回归分析的方法．

▶ 能力目标
（1）会对销售业绩数据进行统计分析，并通过数据预测制定销售目标；

（2）会利用 Excel 的透视表和透视图功能描绘客户画像．

▶ 情感目标
（1）体验揭示数据背后所隐藏信息的乐趣；

（2）体验为企业出谋划策的职场氛围，感受职场主人翁的成就与喜悦．

▶ 价值目标
（1）弘扬严谨细致、精益求精的工匠精神；

（2）培养忠于职守、立足岗位职责、践行使命担当的职业素养．

◇学习任务描述

在激烈的市场竞争中，为了给企业带来更大的利润，要求销售部门不断地进行创造性的工作，在满足客户的各种合理需求的基础上，进一步搭建企业和市场的桥梁．销售主管需要及时对上半年企业销售员工的业绩进行分析，进而确定奖金发放金额，并制定每个销售岗位下季度的销售业绩目标，同时为了能够为老客户提供更好的精准服务和回馈，需要洞察企业客户群画像，使企业可以针对不同人群制定差异化的运营策略，从而进一步地提升企业的销售额．

任务一　销售数据的描述性分析（描述统计法）

引例1.1【销售业绩分析】　某外贸公司的销售部门有销售（一）部、销售（二）部和销售（三）部，2020年前6个月销售业绩如表1.1所示.

表1.1　某外贸公司销售部门各员工的月销售业绩表　　　　　　　万元

员工	销售部门	月份 1	2	3	4	5	6
HS	销售（一）部	76 500	82 500	95 500	98 000	86 500	71 000
TDH	销售（一）部	73 500	91 500	64 500	93 500	84 000	87 000
TJL	销售（一）部	75 500	62 500	87 000	94 500	78 000	91 000
LDL	销售（一）部	79 500	98 500	68 000	100 000	96 000	66 000
YTT	销售（一）部	82 050	63 500	90 500	97 000	65 150	99 000
ZC	销售（一）部	82 500	78 000	81 000	96 500	96 500	57 000
LHY	销售（一）部	84 500	71 000	99 500	89 500	84 500	58 000
LT	销售（一）部	87 500	63 500	67 500	98 500	78 500	94 000
ZT	销售（一）部	87 000	76 000	76 000	95 000	88 000	92 000
MXY	销售（一）部	88 000	82 500	83 000	75 500	62 000	85 000
ML	销售（二）部	56 000	77 500	85 000	83 000	74 500	79 000
GLY	销售（二）部	58 500	90 000	88 500	97 000	72 000	65 000
HQL	销售（二）部	63 000	99 500	78 500	63 150	79 500	65 500
ZTM	销售（二）部	69 000	89 500	92 500	73 000	58 500	96 500
LYH	销售（二）部	72 500	64 500	60 500	87 000	77 000	78 000
SH	销售（二）部	74 000	72 500	67 000	94 000	78 000	90 000
SGJ	销售（二）部	75 500	72 500	75 000	92 000	86 000	55 000
GY	销售（二）部	76 500	70 000	64 000	75 000	87 000	78 000
MR	销售（二）部	77 000	60 500	66 050	84 000	98 000	93 000
GRR	销售（二）部	78 000	74 000	70 000	80 000	88 000	90 000
HY	销售（二）部	80 500	96 000	72 000	66 000	61 000	85 000
DLJ	销售（三）部	62 500	57 500	85 000	59 000	79 000	61 500
TJ	销售（三）部	63 500	73 000	65 000	95 000	75 500	61 000
SHY	销售（三）部	68 000	97 500	61 000	57 000	60 000	85 000
LLM	销售（三）部	71 500	61 500	82 000	57 500	57 000	85 000
MXL	销售（三）部	71 500	59 500	88 000	63 000	88 000	60 500
STC	销售（三）部	75 000	71 000	86 000	60 500	60 000	85 000
GJD	销售（三）部	75 500	60 500	85 000	57 000	76 000	83 000
WZS	销售（三）部	72 500	60 000	80 000	72 000	74 000	84 000
DT	销售（三）部	74 000	59 500	78 000	80 000	77 000	81 000
WAP	销售（三）部	76 000	63 500	84 000	81 000	65 000	62 000

请对不同销售部门每个员工的业绩进行分析，并进一步分析该公司的总销售业绩情况，进而给出相关建议.

3

子任务1.1：销售部门的业绩差异分析

引导问题1：销售数据分析是指利用各种数据分析工具和技术对销售数据进行分析和挖掘，以发现隐藏在数据中的规律、趋势和价值，从而帮助企业做出更好的决策. 对销售部门业绩数据进行分析，其作用主要体现在哪些方面？

引导问题2：如何用数学量去刻画表1.1中每个销售部门员工的销售业绩水平？同时进一步说明每个销售部门的销售业绩总体水平如何.

对于一个企业或组织来说，正确地评价每个部门的工作业绩直接关系到企业或组织的发展和成长. 如何评价部门的工作业绩？其方法和指导原则如下.

（1）确定评价指标. 例如，销售部门的评价指标可能包括销售额、客户满意度、市场占有率等；生产部门的评价指标可能包括产量、质量合格率等.

（2）收集数据. 可以从各种渠道收集数据，如部门管理人员提供的报告、统计数据、客户反馈等. 数据必须真实、客观、可靠，并且应该是有意义的.

（3）分析数据. 主要考虑：①统计数据的变化趋势，比较不同时间段之间的数据差异并查明原因；②找出不同数据之间的相关性.

（4）设定目标. 设定的目标应该是具体可行的，有一定的挑战性，是可衡量的，以便检查目标是否已经实现.

（5）给出反馈和奖励. 根据评估结果，应该给出相应的反馈和奖励.

（6）持续改进. 每个部门都应该时刻关注自身的问题，并寻找解决办法，做到持续改进.

在信息化时代，对数据进行正确的统计分析是市场营销、零售电商、金融等行业不可或缺的工作技能，这要求我们能正确使用各类代表性的数量特征值来准确描述所需分析的数据，这就是数据的描述性统计．在市场调查分析中最常用的描述性统计分析主要包括数据的集中趋势分析和离散趋势分析．

一、数据的集中趋势分析

集中趋势数据的特征是：总体各单位的数据分布既有差异性，又有集中性．它能够反映总体中各单位数量一般水平的数值，主要包括平均数、中位数和众数三个测度值．

1. 平均数

引例 1.2 【销售水平分析】 某公司 2021 年每月销售记录如表 1.2 所示．

表 1.2 某公司 2021 年每月销售记录   万元

月份	1	2	3	4	5	6	7	8	9	10	11	12
销售额	83	91	79	88	89	90	83	85	87	88	89	90

作为公司的销售经理，你是如何看待该公司 2021 年的总体销售额水平的？

定义 1.1 一组数据各变量值相加后除以数据的个数所得到的结果，称为**算术平均数（Arithmetic Mean）**，用 $\bar{x}$ 表示．设一组数据为 $x_1, x_2, \cdots, x_n$，则其算术平均数 $\bar{x}$ 为

$$\bar{x} = \frac{x_1 + x_2 + \cdots + x_n}{n} = \frac{1}{n}\sum_{i=1}^{n} x_i.$$

定义 1.2 将一组数据中所有变量乘以相应的权数，然后相加，再除以总的单位数得到的值称为**加权平均数（Weighted Mean）**．设一组数据为 $x_1, x_2, \cdots, x_n$，各组变量值出现的权数分别为 $f_1, f_2, \cdots, f_n$，则数据的加权平均数为

$$\bar{x} = \frac{f_1 x_1 + f_2 x_2 + \cdots + f_n x_n}{m} = \frac{1}{m}\sum_{i=1}^{n} f_i x_i.$$

其中，$f_1 + f_2 + \cdots + f_n = m$．

由算术平均数和加权平均数的计算方法可以看出，算术平均数的影响因素为数据值和数据个数，且易受极端数据的影响，极端值的出现会使平均数的真实性受到干扰；而加权平均数的大小不仅取决于这组数据中的各变量值的大小，还取决于各变量值出现的次数，即权数影响加权平均数．

■ 经济应用数学

> 生活情境
>
> 由于部分大宗商品（如钢铁、铜）等的价格大幅上涨，本月公司的三次采购中，原材料成本价格波动较大！
>
> 每次采购价格都不一样啊！应该如何计算出三次采购的原材料平均成本价格呢？

引导问题 1：大宗商品指的是可进入流通领域，但非零售环节，具有商品属性，用于工农业生产与消费使用的大批量买卖的物质商品，如原油、有色金属、农产品、铁矿石、煤炭等. 在市场上这些商品价格波动剧烈，常常会给经济带来巨大的影响. 影响大宗商品价格的因素主要有哪些？

引导问题 2：某公司本月 3 次采购的铜管价格分别是 62 元/千克、64 元/千克、68 元/千克，每次均花费 20 000 元进行采购，则该公司本月采购铜管的平均价格该如何计算？

在统计分析中，有时没有各数据出现次数的资料，只有每组变量值和相应的标志总量．在这种情况下就不能直接运用算术平均方法进行计算，而需要以迂回的形式，即用每组的标志总量除以该组的变量值推算出各组的单位数，从而计算出平均数，这便是调和平均数的方法．

定义 1.3 各变量值倒数的简单算术平均数的倒数称为 **简单调和平均数（Harmonic Mean）**，它主要用于各变量值对应的标志总量相等的情况，用 M_H 表示．设一组数据为 $x_1, x_2, \cdots, x_n$，则简单调和平均数的计算公式为

$$M_H = \frac{1+1+\cdots+1}{\frac{1}{x_1}+\frac{1}{x_2}+\cdots+\frac{1}{x_n}} = \frac{n}{\sum_{i=1}^{n}\frac{1}{x_i}}.$$

当各变量值对应的标志总量不相等时，$M_1, M_2, \cdots, M_n$ 分别表示各单位或各组的变量值对应的标志总量，则 **加权调和平均数** 的计算公式为

$$M_H = \frac{M_1+M_2+\cdots+M_n}{\frac{M_1}{x_1}+\frac{M_2}{x_2}+\cdots+\frac{M_n}{x_n}} = \frac{\sum_{i=1}^{n}M_i}{\sum_{i=1}^{n}\frac{M_i}{x_i}}.$$

【股票平均收盘价格】
（调和平均数的应用）

例 1.1.1【股票平均收盘价格】 根据某证券交易所的信息，已知四只股票某日的收盘价和成交额如表 1.3 所示．

表 1.3 四只股票某日的收盘价和成交额 元

股票种类	收盘价	成交额
1	8.12	6 400 000
2	11.30	310 000
3	16.54	230 000
4	14.70	520 000

计算这四只股票的当日平均收盘价格．

解 利用调和平均数计算公式，这四只股票的当日平均收盘价格为

$$M_H = \frac{\sum_{i=1}^{4}M_i}{\sum_{i=1}^{4}\frac{M_i}{x_i}} = \frac{M_1+M_2+M_3+M_4}{\frac{M_1}{x_1}+\frac{M_2}{x_2}+\frac{M_3}{x_3}+\frac{M_4}{x_4}} = \frac{7\,460\,000}{864\,891} \approx 8.63(元).$$

可以看出，调和平均数与算术平均数其实在本质上是一致的，即平均指标 = $\frac{总体标志总量}{总体单位总量}$，如本例中的平均收盘价格 = $\frac{总成交额}{总持股数}$．因此，在解决此类平均数问题时可以直接根据问题的实际意义来完成平均指标的计算．

经济应用数学

> **生活情境**
>
> | 年数 | 1 | 2 | 3 | 4 | 5 | % |
> |---|---|---|---|---|---|---|
> | 理财产品收益率 | 6.43 | 3.72 | 10.10 | 3.21 | 6.50 | |
> | 公募基金收益率 | 5.17 | 15.32 | 48.54 | −32.01 | 2.93 | |
> | 保险产品收益率 | 6.40 | 6.40 | 6.10 | 6.10 | 5.24 | |
>
> 数字看得我头晕!该选择哪一款产品进行投资理财呢?

引导问题1:"你不理财,财不理你."投资理财已成为一项热门的市场经济活动,但很多理财者在选择投资理财方式时容易被高收益所迷惑,你认为理财时需要考虑哪几个方面的因素?

_____

_____

_____

引导问题2:请利用几何平均数分别计算生活情境中三款产品的平均收益,并尝试做出正确的选择.

_____

_____

_____

定义 1.4 各变量值的连乘积的数次方根称为**几何平均数（Geometric Mean）**，用 M_G 表示．设一组数据为 $x_1, x_2\cdots, x_n$，则其几何平均数为

$$M_G = \sqrt[n]{x_1 \times x_2 \times \cdots \times x_n} = \sqrt[n]{\prod_{i=1}^{n} x_i}.$$

例 1.1.2【基金收益率】 小王利用手中的闲钱进行投资理财，并长期购买了某一支基金，2017—2020 年每年的收益率分别是 5.6%，7.2%，28.5%，-15.6%．计算该基金投资者 4 年内的平均收益率．

解 该只基金这 4 年中每年的相对价格分别是 105.6%，107.2%，128.5%，84.4%．根据几何平均数计算公式，得出 4 年的平均相对价格为

$$M_G = \sqrt[n]{\prod_{i=1}^{n} x_i} = \sqrt[4]{105.6\% \times 107.2\% \times 128.5\% \times 84.4\%}$$
$$\approx 105.26\%.$$

因此，该基金投资者 4 年内的平均收益率为 105.26% - 1 = 5.26%．

【基金收益率】
几何平均数的应用

> 【小贴士】平均收益率的一般求解步骤如下．
> （1）将所给的百分比数据"加 1"，得到每年的相对价格；
> （2）求相对价格的几何平均数；
> （3）所求几何平均数"减 1"，得到平均收益率．

例 1.1.3【工业增长率】 某城市在 2008—2021 年中，各年的工业增加值的增长率资料如表 1.4 所示．

表 1.4 某城市 2008—2021 年工业增加值增长率

时间	年数	工业增加值的增长率/%
2008—2011	4	10.2
2012—2016	5	8.7
2017—2021	5	9.6

请计算该城市 2008—2021 年工业增加值的平均增长率．

解 根据几何平均数公式有：$M_G = \sqrt[4+5+5]{110.2\%^4 \times 108.7\%^5 \times 109.6\%^5} = 109.45\%$．
因此，每年的平均增长率 109.45% - 1 = 9.45%．

> 【小贴士】几何平均数的主要用途如下．
> （1）计算平均发展速度；
> （2）计算复利下的平均年利率；
> （3）计算连续作业的车间产品的平均合格率．

子任务 1.2：销售员工奖金金额的确定

引导问题 1：为了实现企业的战略目标、提高企业的绩效，企业会依据什么原则为员工发放奖金？说一说你的学校为优秀学生发放奖学金的制度和原则.

_____

_____

_____

引导问题 2：企业建立奖金制度，通过对员工绩效的评议，将企业的效率与员工的个人收入紧密联系起来. 假如你是公司的管理人员，根据表 1.1 中前 6 个月的销售业绩，你会如何确定每位销售员的年中奖金发放金额？

_____

_____

_____

引导问题 3：假如你是公司的一名销售员工，你如何看待你在公司或部门的业绩排名？如何根据排名做进一步的规划？

_____

_____

_____

引导问题 4：在职场中，每个人都希望自己有好的业绩，这不仅是对自身工作能力的肯定，还是生活的动力. 作为一名职场新人，除了关注业绩，还应该关注哪些方面的因素？

_____

_____

_____

2. 中位数

引例 1.3 【平均销售业绩】 某净水器公司销售人员的年销售业绩情况如表 1.5 所示.

表 1.5　某净水器公司销售人员的年销售业绩表　　　　万台

序号	姓名	销售量	序号	姓名	销售量
1	总经理	25	8	员工 4	7
2	主管 1	20	9	员工 5	5
3	主管 2	18	10	员工 6	5
4	主管 3	16	11	员工 7	5
5	员工 1	6	12	员工 8	6
6	员工 2	6	13	员工 9	4
7	员工 3	7	14	员工 10	3

作为刚入职公司的一位新人，预估自己的年销售业绩是多少.

问题分析　从数据中可以观察出该公司的不同岗位或不同员工的年销售业绩相差较大，如果采用前面所述的平均数去分析新人的年销售业绩显然是不合适的，这时需要根据不同的情境采用中位数或众数来解决问题.

定义 1.5　将一组数据按大小顺序排列后，处于这组数据中间位置的数值称为**中位数**或**中值**（Median），用 M_e 表示.

设一组数据为 $x_1, x_2\cdots, x_n$，按从小到大的顺序排序后为 $x_{(1)}, x_{(2)}, \cdots, x_{(n)}$，则当 n 为奇数时，中位数为 $M_e = x_{\left(\frac{n+1}{2}\right)}$；当 n 为偶数时，中位数为 $M_e = \frac{1}{2}\left(x_{\left(\frac{n}{2}\right)} + x_{\left(\frac{n+1}{2}\right)}\right)$.

3. 众数

定义 1.6　一组数据中出现次数最多的数值，即具有最高频率的数值，称为**众数**（Mode）.

如果一个数据集中有多个数值出现的次数相同，那么这些数值都可以被称为众数. 如果数据集中没有重复的数值，那么众数就不存在. 众数在实际工作中有时具有特殊用途，如在引例 1.3 中可以通过销量的众数来了解该公司的正常销量，当然也可以用中位数进行了解. 中位数和众数的区别在于众数有时不止一个，而中位数只能有一个.

二、数据的离散趋势分析

数据的离散趋势是指数据在集中趋势状态下，同时存在偏离数值分布中心的趋势. 数据离散趋势分析是用来反映数据之间的差异程度的，通常用极差、方差或标准差等来反映.

引导问题 1：作为部门主管，不但要掌握部门的总体业绩水平，同时要了解业绩的稳定性和离散趋势，这有助于在销售业绩上实现更具有针对性的突破．请问如何用数学量来刻画不同员工的销售业绩差异情况？

引导问题 2：表 1.1 中不同员工之间的销售业绩差异情况如何？请通过定量分析给予描述．

引导问题 3：表 1.1 中不同销售部门的销售业绩差异情况如何？请通过定量分析给予描述．

引导问题 4：在日常的学习和生活中，你是如何正确看待自己与他人的差异性的？请以一具体实例说明你是如何用实际行动来缩小自己与他人的差距的．

引例 1.4【销售业绩水平分析】 宁波一家奶粉公司销售 4 个品牌的奶粉，分别是雅培、惠氏、贝因美、美赞臣，2022 年 3 月 6 名销售员的销售业绩如表 1.6 所示.

表 1.6 2022 年 3 月销售员各产品销售总额统计 罐

销售员姓名	雅培销售额	惠氏销售额	贝因美销售额	美赞臣销售额
LT	563	490	208	489
ZYW	201	310	388	213
GTL	208	391	309	390
ZYR	159	210	184	217
TRR	566	212	309	565
WHB	566	313	565	557

试在分析这 6 名销售员的总体平均销售能力的基础上，进一步分析其销售能力的差距.

1. 极差

定义 1.7 一组数据中的最大值与最小值的差称为**极差（Range）**，用 R 表示.

容易看出，极差只受最大值和最小值的影响，它不能反映中间数据变化的影响，因此极差是一个粗略的测量离散程度的指标. 在实际中，常常采用方差或标准差度量数据的离散趋势.

2. 方差和标准差

定义 1.8 一组数据中的各变量值与其平均值差平方的均值称为**方差（Variance）**，用 S^2 表示. 设一组数据为 $x_1, x_2, \cdots, x_n$，则方差为

$$S^2 = \frac{(x_1 - \bar{x})^2 + (x_2 - \bar{x})^2 + \cdots + (x_n - \bar{x})^2}{n} = \frac{1}{n}\sum_{i=1}^{n}(x_i - \bar{x})^2.$$

定义 1.9 方差的算术平方根称为**标准差（Standard Deviation）**，用 S 表示，即

$$S = \sqrt{\frac{1}{n}\sum_{i=1}^{n}(x_i - \bar{x})^2}.$$

例 1.1.4【产品销售分析】 某公司在过去 6 年的销售数据如表 1.7 所示.

表 1.7 某公司 2015—2020 年销售数据 万元

年份	销售额	年份	销售额
2015	495	2018	560
2016	490	2019	580
2017	510	2020	575

试分析该公司过去 6 年来产品销售的稳定性如何.

【阅读材料——数据分析的发展】

数据分析的历史可以追溯到上古社会. 在古代, 人们就开始收集和记录数据, 应用数据进行天文观测和农业生产. 例如, 古埃及人用流量计测量尼罗河的水位, 从而预测洪水的时间和规模, 以便安排农业生产; 在古代中国, 人们通过观测天象记录天文数据, 应用数据制定各种历法, 指导农业生产和政治决策. 在数据分析的历史上, 诞生了很多探索者, 产生了很多经典的案例.

1. 第谷与开普勒: 用数据分析开创天文学的新起点

第谷收集了 30 年的天文观测数据, 并进行了大量的数据处理和分析, 从而发现了金星和火星的不规则运动和彗星的周期性出现, 这对日心说的建立起到了重要的作用. 开普勒则通过对第谷收集的数据的进一步分析, 发现了行星运动的三大定律, 对后来牛顿万有引力定律的建立产生了重要的影响. 两位天文学家的数据分析工作推动了天文学领域的发展以及科学方法在其他领域的应用.

2. 约翰·斯诺（John Snow）: 现代数据可视化分析的开创者

约翰·斯诺（1813—1858 年）是一位英国医生, 他广泛地应用了数据可视化分析来探索伦敦霍乱疫情. 他使用了一个称为"点图"（图 1.1）的方式来展示伦敦 1854 年霍乱疫情的发生地点和传播情况, 并证明了该疾病是通过水源传播的, 而非通过空气传播. 这种数据可视化方式使复杂的疾病传播路线变得清晰易懂, 同时也促进了公共卫生和流行病学领域的发展.

图 1.1 点图

3. 威廉·普莱费尔（William Playfair）: 数据可视化分析的先驱

威廉·普莱费尔是 18 世纪著名的统计学家和信息可视化先驱, 他是第一个在信息可视化领域发表著作的人. 他的主要贡献是将统计数据用图表的形式表达出来, 创造了折线图、柱状图和饼图等经典的可视化图表形式. 这些图表的发明使数据更容易被理解和分析, 从而促进了统计学和信息可视化的发展. 他的观点和方法在当时是非常前卫和创新的, 直到今天仍然具有启示意义.

解 分析产品销售的稳定性即考察销售额的离散趋势,因此,可以通过极差、方差或标准差来分析.

产品销售的极差为 $R = 580 - 490 = 90$.

产品销售的方差为 $S^2 = \dfrac{(-40)^2 + (-45)^2 + (-25)^2 + 25^2 + 45^2 + 40^2}{6} = 1\ 416.6$.

产品销售的标准差为 $S = \sqrt{1\ 416.67} \approx 37.64$.

> 【小贴士】
> (1) 方差(或标准差)能较好地反映数据的离散程度,是实际中应用最广泛的离散程度测量值,而在实际问题分析中,人们更多地习惯使用标准差.
> (2) 考察数据的稳定性主要利用数据的极差、方差(标准差)度量,方差(标准差)越大,数据的稳定性越差,反之,数据的稳定性越好.

描述统计分析小测　　　　　　描述统计分析的 Excel 操作

下面以例 1.1.4【产品销售分析】中的数据为例,利用 Excel 中的 "分析工具库" 对数据进行描述性统计分析,其步骤如下.

首先,安装 "分析工具库". 如果 Excel 中的 "数据" 菜单中没有 "数据分析" 命令,则需要安装 "分析工具库". 步骤如下:选择 "文件"→"选项"→"加载项"→"转到" 命令,出现 "加载宏" 对话框,勾选 "分析工具库" 复选框后单击 "确定" 按钮,则完成安装.

其次,利用数据分析得出描述统计结果. 选择 "数据"→"数据分析"→"描述统计" 命令,单击 "确定" 按钮后得到如图 1.2 所示的 "描述统计" 对话框,在输入区域选中销售量数据所在的位置($B$2:$B$7),确定输出区域,单击确定按钮便得到描述统计结果,如图 1.3 所示.

图 1.2　"描述统计" 对话框　　　　图 1.3　数据的描述统计结果

销售量	
平均	535
标准误差	16.83251
中位数	535
众数	#N/A
标准差	41.23106
方差	1700
峰度	-2.83106
偏度	0
区域	90
最小值	490
最大值	580
求和	3210
观测数	6

🧑‍💼 生活情境

近年来，国家推行生态城市，重视绿化的政策给我们公司带来巨大的市场，未来的5年将是我公司顺应"富民强国"，实现"富民强企"的新时期，进一步实现"员工丰衣足食"，打造一流的园林绿化企业的目标。

我们领导规划的基础是什么？能实现吗？

引导问题：为了实现该园林企业的发展规划目标，要求企业管理在哪些方面进行提升？企业员工又需要提升哪些方面的素养？

可以发现这里计算出的方差和标准差与例 1.1.4【产品销售分析】的结果（其计算的是总体方差）不一样，这是因为在统计学中为了保持标准偏差的无偏性，其样本方差计算公式中所除的是 $n-1$，而不是 n.

任务二　销售数据的推断性分析（时间序列预测法）

在日常经济活动中，经常需要对未来的经济现象进行预测，而预测的依据就是已经发生的经济现象，因此，要对历史数据进行定量分析、总结，从中得出一些经济规律，并利用这些规律进行市场预测，为企业的经营决策提供依据，即对数据进行推断性统计.

常见的方法包括时间序列预测法（Time Series Prediction Method）和回归分析预测法（Regression Analysis Prediction Method）．本任务主要介绍时间序列预测法，回归分析预测法会在下一任务做介绍.

引例 1.5【绿化覆盖面积】　为了深入贯彻习近平生态文明思想，践行"绿水青山就是金山银山"的理念，某城市长期开展"增绿、补绿"行动，请根据该城市近 6 年来的绿化覆盖面积数据（如表 1.8 所示），科学合理地预测今后 3 年的绿化覆盖面积.

表 1.8　某城市近 6 年绿化覆盖面积数据　　　　　　　　　公顷①

年份	2017	2018	2019	2020	2021	2022
绿化覆盖面积	1 152	1 207	1 267	1 325	1 382	1 442

引例 1.6【季度销售量预测】　百盛商场为了制定针织内衣的经营方针，需预测 2022 年各季度全市针织内衣的需求量．现搜集 2018—2021 年全市针织内衣销售量数据如表 1.9 所示.

表 1.9　某市 2018—2021 年各季针织内衣销售量数据　　　　万件

年份	一	二	三	四	全年合计
2018	452	136	219	555	1 362
2019	489	140	235	571	1 435
2020	480	148	226	598	1 452
2021	490	145	241	632	1 508

（季度）

试采用合理的方法预测明年针织内衣在各季度的销售量.

问题分析　尽管两个引例均是基于对已有数据的分析而对未来数据做出科学的预测，且两组数据均呈现上升趋势，但引例 1.6 中的针织内衣销售量同时存在季节性变化规律，因此，对于不同情境，要选择适宜的方法进行预测，才能更科学有效地指导后期的决策活动.

---

① 1 公顷 =1 万平方米.

子任务1.3：销售业绩目标的制定

引导问题1：在市场经济中，任何经济活动都离不开市场预测，请说一说市场预测对企业经营的作用主要体现在哪几个方面．

_____
_____
_____
_____

引导问题2：制定销售目标的主要目的是让企业或销售员有明确的方向，销售目标必须依据实际情况制定．结合引例1.1，说一说销售业绩目标的制定需要考虑哪些因素．

_____
_____
_____
_____

引导问题3：根据引例1.1中的数据，如何对某销售员或某销售部门第7个月的销售业绩进行预测？说明理由．

_____
_____
_____
_____

引导问题4：请说一说时间序列数据的特点．时间序列的基本变动趋势主要有哪几种？举例说明．

_____
_____
_____
_____

把反映某一现象的同一指标在不同时间的取值,按时间的先后顺序排列形成的数列称为**时间序列数据(Time Series Data)**,又称为**动态数列**. 通常研究的是均匀间隔时间的时间序列. 这里的时间可以是周、月、季度或年等. 例如,国民生产总值是按照年排列的数列,商品月销量是按月排列的数列,这些都是时间序列.

定义 1.10 在时间序列变量分析的基础上,运用一定的数学方法建立预测模型,使时间趋势向外延伸,从而预测其未来发展变化的趋势,确定变量预测值的方法,称为**时间序列预测法(Time Series Prediction Method)**. 它是一种历史资料延伸预测,也称为**历史引伸预测法**.

时间序列预测法可用于短期、中期和长期预测. 根据资料分析方法的不同,时间序列预测法通常可分为简单平均数法、移动平均数法、指数平滑法、平均增长量法和季节变动预测法等.

一、简单平均数法

定义 1.11 采用计算一定观察期的数据平均数,以平均数为基础确定预测值的时间序列预测法,称为**简单平均数法(Simple Average Method)**.

对历史数据进行算术平均,并以平均数作为预测值的时间序列预测法,称为**算术平均数法(Arithmetic Average Method)**. 设一组时间序列数据为 x_1, x_2, $\cdots$, x_n,则按简单平均数法预测的第 $n+1$ 期数据的预测值 F_{n+1} 为

$$F_{n+1} = \frac{x_1 + x_2 + \cdots + x_n}{n} = \frac{1}{n}\sum_{i=1}^{n} x_i.$$

根据观察期各个时间序列数据的重要程度,分别对各个数据进行加权,以加权平均数作为下期预测值的时间序列预测法,称为**加权平均数法(Weighted Average Method)**. 设一组时间序列数据为 x_1, x_2, $\cdots$, x_n,对应的权数分别为 f_1, f_2, $\cdots$, f_n,则按加权平均数法预测的第 $n+1$ 期数据的预测值 F_{n+1} 为

$$F_{n+1} = \frac{f_1 x_1 + f_2 x_2 + \cdots + f_n x_n}{m} = \frac{1}{m}\sum_{i=1}^{n} f_i x_i.$$

其中,$f_1 + f_2 + \cdots + f_n = m$.

例 1.2.1【销售额预测】 某民营企业 2022 年 1—6 月的销售额如表 1.10 所示.

表 1.10　某企业 2022 年 1—6 月销售额统计　　　　　　万元

月份	1	2	3	4	5	6
销售额	502	507	496	502	497	505

试用算术平均数法和加权平均数法预测该企业 2022 年 7 月的销售额.

解 由算术平均数法预测模型,得 $F_7 = \dfrac{502 + 507 + 496 + 502 + 497 + 505}{6} = 501.5.$

依据各期数据的远近确定其权重,得 $f_1 = 1$,$f_2 = 2$,$f_3 = 3$,$f_4 = 4$,$f_5 = 5$,$f_6 = 6$.

生活情境

某塑料制品企业过去10个月出口箱量统计　　　　箱

周期	1	2	3	4	5	6	7	8	9	10
出口箱量	245	250	256	280	274	255	262	270	273	284

随着外贸经济大环境的波动和影响，前几个月的数据的参考价值较低，该如何改进预测方法呢？

根据前期的数据统计，请预测该塑料制品企业下个月的出口箱量是多少．

引导问题 1： 请借助 Excel 作出该塑料制品企业过去 10 个月的出口箱量的折线图，观察其变化的总体趋势．请问其适合用简单平均数法进行预测吗？

引导问题 2： 在实际中，各方面因素的影响导致时间久远的数据的参考价值较低，此时应如何改进预测方法？请谈一谈你的想法．

由加权平均数预测模型有

$$F_7 = \frac{502 \times 1 + 507 \times 2 + 496 \times 3 + 502 \times 4 + 497 \times 5 + 505 \times 6}{21} \approx 501.3.$$

由此可见，用算术平均数法和加权平均数法预测该企业 2022 年 7 月的销售额分别为 501.5 万元和 501.3 万元．

> 【小贴士】简单平均数法的选择依据如下．
> （1）加权平均数法的关键是确定权数，其确定方法没有统一的标准，可根据情况做出经验判断，一般采用离预测值距离由远及近逐步递增的方法确定权数．
> （2）算术平均数法方便简单，但一般只适用于趋势比较稳定的时间序列．加权平均数法强调时间序列近期变动对未来具有较大影响，比算术平均数法更合理．

二、移动平均数法

定义 1.12 根据时间序列逐项移动数据，用最近的若干个实际数据值的平均数来预测未来数据值的方法，称为**简单移动平均数法（Simple Moving Average Method）**．

设一组时间序列数据为 $x_1, x_2, \cdots, x_n$，若移动间隔为 t，则按简单移动平均数法预测的第 $n+1$ 期数据的预测值 F_{n+1} 为 $F_{n+1} = \dfrac{x_n + x_{n-1} + \cdots + x_{n-t+1}}{t}$，第 $n+2$ 期数据的预测值为 $F_{n+2} = \dfrac{F_{n+1} + x_n + \cdots + x_{n-t+2}}{t}$，依此类推，第 $n+3, n+4, \cdots$ 期数据的预测值为 $F_{n+3}, F_{n+4}, \cdots$．

定义 1.13 根据同一移动段内不同时间的数据对预测值的影响程度，分别给予不同的权数，然后进行移动平均预测未来数据值的方法，称为**加权移动平均数法（Weighted Moving Average Method）**．

此时，第 $n+1$ 期数据的预测值 F_{n+1} 为 $F_{n+1} = \dfrac{f_n x_n + f_{n-1} x_{n-1} + \cdots + f_{n-t+1} x_{n-t+1}}{m}$，其中 $f_{n-t+1}, f_{n-t+2}, \cdots, f_n$ 为数据 $x_{n-t+1}, x_{n-t+2}, \cdots, x_n$ 对应的权数，且 $f_{n-t+1} + f_{n-t+2} + \cdots + f_n = m$．

第 $n+2$ 期数据的预测值 F_{n+2} 为 $F_{n+2} = \dfrac{f_{n+1} F_{n+1} + f_n x_n + \cdots + f_{n-t+2} x_{n-t+2}}{m}$，其中 $f_{n-t+2}, f_{n-t+3}, \cdots, f_{n+1}$ 为数据 $x_{n-t+2}, x_{n-t+3}, \cdots, x_{n+1}$ 对应的权数．

类似地，可以得出第 $n+3, n+4, \cdots$ 期数据的预测值．

引导问题 1：对于例 1.2.2【出口箱量统计】的预测，若采用移动间隔 $t=4$，其结果又如何？请尝试进行计算．

引导问题 2：采用移动平均数法预测时，其移动间隔 t 的长短该如何确定？如何分析预测值与真实值的误差？

引导问题 3：Excel 除了具有常见的数据处理和计算功能外，还可以用于数据预测分析．利用 Excel 的图表功能，对数据进行可视化展示，以便更好地理解数据的趋势和关系，并直观地分析预测误差．请借助 Excel 的数据分析功能对例 1.2.2 进行移动平均数法预测，写出其操作步骤．

移动平均数法
预测的 Excel 操作

引导问题 4：移动平均数法是在算术平均法的基础上发展起来的一种更为优化的预测方法，请说一说其优、缺点体现在哪些方面．在生活中要注重解决问题的方法和思维方式的优化，这样可以大大提高学习和工作的效率，请分享你在此方面的体验实例．

例 1.2.2【出口箱量统计】 某塑料制品企业过去 10 个月出口箱量的数据如表 1.11 所示,试用移动平均数法预测该企业下个月的出口箱量.

表 1.11　某塑料制品企业过去 10 个月出口箱量统计　　　　　　　　　　箱

周期	1	2	3	4	5	6	7	8	9	10
出口箱量	245	250	256	280	274	255	262	270	273	284

取 $t=3$ 计算,并对简单移动平均数法和加权移动平均数法的预测结果进行比较.

解 （1）用简单移动平均数法预测下个月的出口箱量,如表 1.12 所示.

表 1.12　用简单移动平均数法预测下个月的出口箱量　　　　　　　　　箱

周期	实际值 x_n	$t=3$ 时简单移动平均数	$\|x_{n+1} - F_{n+1}\|$ ($t=3$)
1	245	—	—
2	250	—	—
3	256	—	—
4	280	$(245+250+256) \div 3 = 250.33$	29.67
5	274	$(250+256+280) \div 3 = 262.00$	12.00
6	255	$(256+280+274) \div 3 = 270.00$	15.00
7	262	$(280+274+255) \div 3 = 269.67$	7.67
8	270	$(274+255+262) \div 3 = 263.67$	6.33
9	273	$(255+262+270) \div 3 = 262.33$	10.67
10	284	$(262+270+273) \div 3 = 268.33$	15.67
—	—	$(270+273+284) \div 3 = 275.67$	—
平均绝对误差			13.86

当 $t=3$ 时,下个月出口箱量的预测值是 275.67 箱.

（2）用加权移动平均数法预测下个月的出口箱量. 设第 n, $n-1$, $n-2$ 期数据权重分别为 3,2,1,则预测过程如表 1.13 所示.

表 1.13　用加权移动平均数法预测下个月的出口箱量　　　　　　　　　箱

周期	实际值 x_n	$t=3$ 时加权移动平均数	$\|x_{n+1} - F_{n+1}\|$ ($t=3$)
1	245	—	—
2	250	—	—
3	256	—	—
4	280	$(245 \times 1 + 250 \times 2 + 256 \times 3) \div 6 = 252.17$	27.83
5	274	$(250 \times 1 + 256 \times 2 + 280 \times 3) \div 6 = 267.00$	7.00
6	255	$(256 \times 1 + 280 \times 2 + 274 \times 3) \div 6 = 273.00$	18.00
7	262	$(280 \times 1 + 274 \times 2 + 255 \times 3) \div 6 = 265.50$	3.50
8	270	$(274 \times 1 + 255 \times 2 + 262 \times 3) \div 6 = 261.67$	8.33
9	273	$(255 \times 1 + 262 \times 2 + 270 \times 3) \div 6 = 264.83$	8.17

■ 经济应用数学

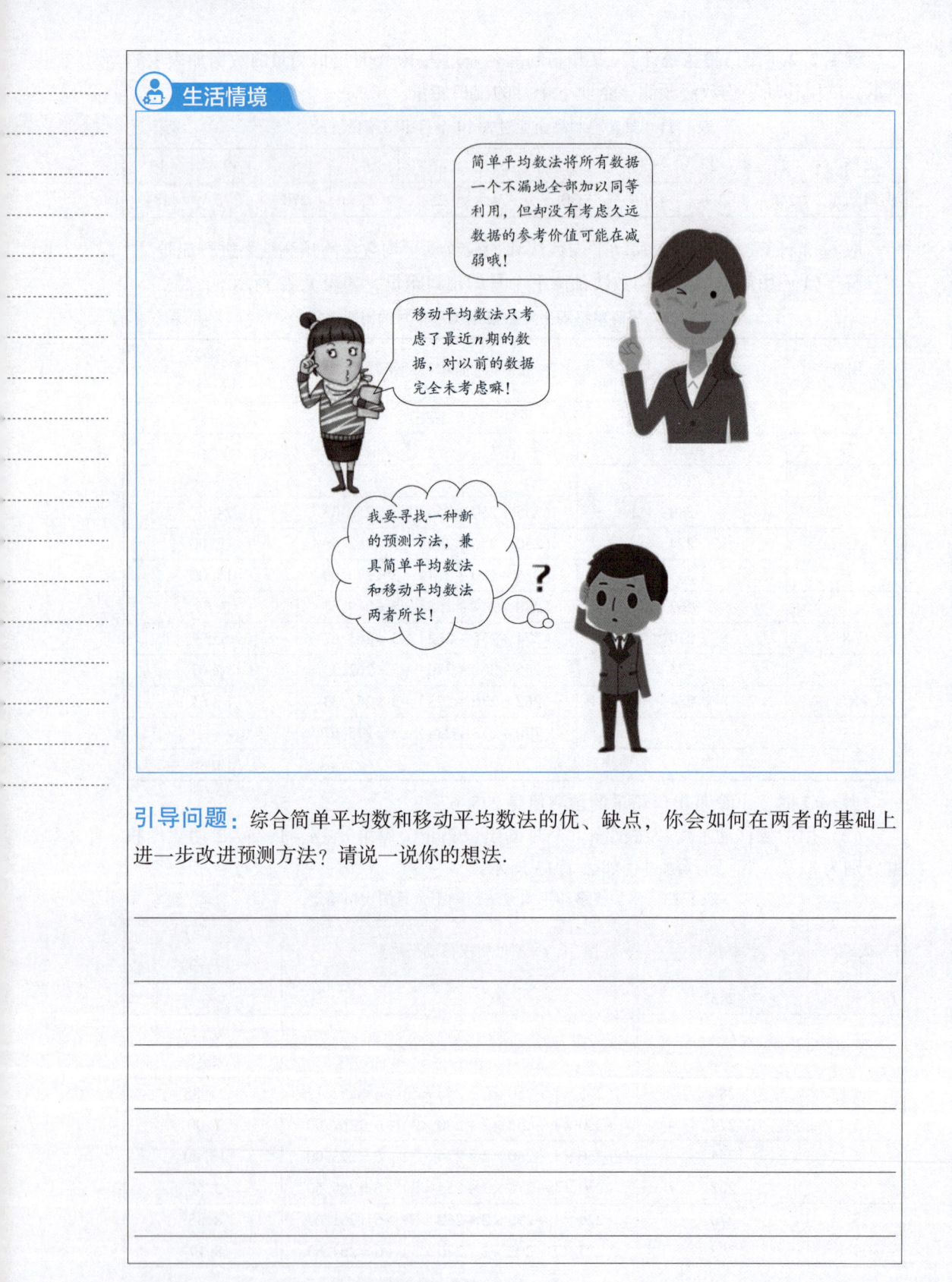

> **生活情境**
>
> 简单平均数法将所有数据一个不漏地全部加以同等利用，但却没有考虑久远数据的参考价值可能在减弱哦！
>
> 移动平均数法只考虑了最近n期的数据，对以前的数据完全未考虑嘛！
>
> 我要寻找一种新的预测方法，兼具简单平均数法和移动平均数法两者所长！

引导问题：综合简单平均数和移动平均数法的优、缺点，你会如何在两者的基础上进一步改进预测方法？请说一说你的想法.

续表

周期	实际值 x_n	$t=3$ 时加权移动平均数	$\lvert x_{n+1} - F_{n+1} \rvert$ ($t=3$)
10	284	$(262 \times 1 + 270 \times 2 + 273 \times 3) \div 6 = 270.17$	13.83
—	—	$(270 \times 1 + 273 \times 2 + 284 \times 3) \div 6 = 278$	—
平均绝对误差			12.38

当 $t=3$ 时，下个月出口箱量的预测值是 278 箱．

通过比较以上两种方法得出的预测数据与实际值的平均绝对误差，可以看出加权移动平均数法比简单移动平均数法的预测效果更准确．

【小贴士】移动平均数法的特点如下．

（1）根据预测时使用的各元素的权重不同，将移动平均数法分为简单移动平均数法和加权移动平均数法．它在一定程度上消除了时间序列数据受偶然性因素干扰而产生的随机变动影响．

（2）移动间隔（或步长）t 的值不宜过大或过小．

（3）移动平均数法主要适用于即期预测，即产品需求既不快速增长，也不快速下降，且不存在季节性因素的影响．

三、指数平滑法

定义1.14 对离预测期较近的历史数据给予较大的权数，对离预测期较远的历史数据给予较小的权数，权数由近到远呈指数递减的特殊加权平均数法，称为**指数平滑法（Exponential Smoothing Method）**．指数平滑法包括简单（一次）指数平滑法、二次指数平滑法和更高次指数平滑法．

设一组时间序列数据为 $x_1, x_2, \cdots, x_{t-1}, x_t$，按照 $x_t, x_{t-1}, \cdots, x_1$ 的顺序，各期数据被赋予的权数分别为 $\alpha, \alpha(1-\alpha), \alpha(1-\alpha)^2, \cdots, \alpha(1-\alpha)^{t-1}$，其中 α 为加权系数（又称为平滑系数），且 $0 \leq \alpha \leq 1$，则一次指数平滑值 $S_t^{(1)}$ 为

$$S_t^{(1)} = \alpha x_t + \alpha(1-\alpha)x_{t-1} + \alpha(1-\alpha)^2 x_{t-2} + \cdots + \alpha(1-\alpha)^{t-1} x_1$$
$$= \alpha x_t + (1-\alpha)[\alpha x_{t-1} + \alpha(1-\alpha) x_{t-2} + \cdots + \alpha(1-\alpha)^{t-2} x_1]$$
$$= \alpha x_t + (1-\alpha) S_{t-1}^{(1)}.$$

用上述平滑值进行预测，就是**简单（一次）指数平滑法（Simple Exponential Smoothing Method）**．它是一种特殊的加权移动平均数法，其预测模型为

$$\hat{x}_{t+1} = S_t^{(1)} = \alpha x_t + (1-\alpha) \hat{x}_t,$$

即以第 t 期的一次指数平滑值作为第 $t+1$ 期的预测值．

然而，当时间序列数据的变动出现直线趋势时，用一次指数平滑法进行预测仍然存在明显的滞后偏差，需要进行修正，即在一次指数平滑的基础上再作二次指数平滑，利用滞后偏差的规律找出曲线的发展方向和发展趋势，然后建立直线趋势预测模型，该方法称为**二次指数平滑法（Double Exponential Smoothing Method）**．其公式为

$$S_t^{(2)} = \alpha S_t^{(1)} + (1-\alpha) S_{t-1}^{(2)}.$$

引导问题 1：指数平滑法是在移动平均数法的基础上发展起来的一种时间序列分析预测法，其原理是任一期的指数平滑值都是本期实际观察值与前一期指数平滑值的加权平均．你认为使用一次指数平滑法预测时的难点是什么？

引导问题 2：一般地，平滑系数 α 的取值该如何确定？总体来说，时间序列数据的波动大小和平滑系数 α 的取值有怎样的依赖关系？

引导问题 3：均方误差（Mean Squared Error，为 MSE）是衡量平均误差的一种较方便的方法，可以评价数据的变化程度．MSE 是指预测值与真实值之差平方的平均值，写出其计算公式，并说明 MSE 的大小与预测模型好坏的关系．

引导问题 4：你能借助 Excel 进行一次指数平滑法预测吗？请尝试操作并写出操作步骤．

指数平滑法是生产预测中常用的一种方法,也用于中短期经济发展趋势预测,在所有预测方法中,指数平滑法是用得最多的一种方法.

例 1.2.3【销售额预测】 某公司 2020 年前 11 个月产品销售额如表 1.14 所示.

表 1.14 某公司 2020 年前 11 个月产品销售额　　　　　　　　　　　万元

月份	1	2	3	4	5	6	7	8	9	10	11
销售额	97	95	92	98	97	99	95	96	97	98	94

试利用一次指数平滑法预测该公司 2020 年 12 月的产品销售额,并比较 $\alpha=0.1$,$\alpha=0.3$,$\alpha=0.5$ 时预测值的好坏.

解 利用一次指数平滑法,该公司 2020 年 12 月的产品销售额如表 1.15 所示.

【销售额预测】指数平滑法的应用

表 1.15 某公司 2020 年 12 月的产品销售额　　　　万元

月份	销售额	$\alpha=0.1$	误差 1	$\alpha=0.3$	误差 2	$\alpha=0.5$	误差 3
1	97	97	0	97	0	97	0
2	95	97	4	97	4	97	4
3	92	96.8	23.04	96.4	19.36	96	16
4	98	96.32	2.822 4	95.08	8.526 4	94	16
5	97	96.488	0.262 144	95.956	1.089 936	96	1
6	99	96.539 2	6.055 537	96.269 2	7.457 269	96.5	6.25
7	95	96.785 28	3.187 225	97.088 44	4.361 582	97.75	7.562 5
8	96	96.606 75	0.368 148	96.461 91	0.213 359	96.375	0.140 625
9	97	96.546 08	0.206 046	96.323 34	0.457 875	96.187 5	0.660 156
10	98	96.591 47	1.983 959	96.526 33	2.171 689	96.593 75	1.977 539
11	94	96.732 32	7.465 585	96.968 43	8.811 603	97.296 88	10.869 38
12	—	96.459 09	—	96.077 9	—	95.648 44	—
均方误差	—	—	4.490 095	—	5.131 792	—	5.860 019

当 $\alpha=0.1$ 时预测值为 96.459 09,当 $\alpha=0.3$ 时预测值为 96.077 9,当 $\alpha=0.5$ 时预测值为 95.648 44,因为当 $\alpha=0.1$ 时的均方误差最小,所以选取预测值为 96.459 09(万元).

【小贴士】根据经验,指数平滑法中 α 的常用取值方法如下.

(1) 当时间序列数据呈现较稳定的水平趋势时,α 的取值一般为 0.05~0.20.

(2) 当时间序列数据有波动,但长期趋势变化不大时,α 的取值常为 0.1~0.4.

(3) 当时间序列数据波动很大,长期趋势变化幅度较大,呈现明显且迅速的变动倾向时,α 的取值可为 0.6~0.8,以使预测模型灵敏度高,能迅速跟上数据的变化.

(4) 当时间序列数据呈现上升(或下降)的发展趋势时,α 的取值一般为 0.6~1.

引导问题 1：使用一次指数平滑法进行预测时，初始值选取的不同会直接影响预测效果，例 1.2.3【销售额预测】中的初始值是直接用第 1 期的实际值代替的，你认为初始值的确定还可以采取哪些方式？

_____

_____

_____

引导问题 2：平滑系数的选择直接关系到预测模型对历史数据和新数据的适应能力，在实际操作中，可以借助 Excel 快速确定平滑系数的最优解，请以例 1.2.3【销售额预测】尝试操作．

_____

_____

_____

引导问题 3：指数平滑法的类型一般可根据原数据列散点图呈现的趋势来确定．若呈现直线趋势，通常选用二次指数平滑法；若呈现抛物线趋势，通常选用三次指数平滑法．其中，三次指数平滑法是在二次指数平滑法基础上的再平滑，请尝试写出其预测公式．

_____

_____

_____

引导问题 4：指数平滑法是布朗（Robert G. Brown）所提出的，他认为时间序列数据的态势具有稳定性或规则性，因此时间序列数据可以被合理地顺势推延；他认为最近的过去态势在某种程度上会持续到未来，因此将较大的权数放在最近的资料中．请说一说指数平滑法的优、缺点．

_____

_____

_____

除上述根据经验选择平滑系数 α，也可以借助 Excel 确定最适宜的平滑系数 α.

仍以例 1.2.3【销售额预测】为例，其具体操作方法（可扫码观看操作视频）如下.

平滑系数最优解的确定

首先，在 Excel 中插入相应的公式计算各期预测值及均方误差. 如对于第二个月预测值的 C3 单元格，输入公式"＝B2＊$C$1＋C2＊(1－$C$1)"，得出 2 月的预测值为 $\hat{x}_2$ =97，对于 D3 单元格，输入公式"＝(C3－B5)^2"，得出误差为 4，进而得出当平滑系数 α=0.3 时的各期预测值、误差及均方误差，如图 1.4 所示.

其次，利用"规划求解"（在"加载宏"对话框内勾选"规划求解"复选框）功能得出最优解. 单击【规划求解】按钮，弹出图 1.5 所示的对话框，"设置目标"是均方误差"$D$14"取得最小值，约束条件是 0≤α≤1，单击【求解】按钮得出最优解为 α=0.037，此时均方误差为 4.406 1.

	A	B	C	D
1	月份	销售额	0.3	误差
2	1	97	97	0
3	2	95	97	4
4	3	92	96.4	19.36
5	4	98	95.08	8.5264
6	5	97	95.956	1.089936
7	6	99	96.2692	7.45726864
8	7	95	97.08844	4.361581634
9	8	96	96.461908	0.213559
10	9	97	96.3233356	0.45787471
11	10	98	96.5263349	2.171688768
12	11	94	96.9684344	8.811603048
13	12		96.0779041	
14	均方误差			5.131791982

图 1.4　α=0.3 时的各期预测值、误差及均方误差

图 1.5　约束条件下的规划求解

在使用一次指数平滑法进行预测时，除选择合适的 α 值外，还需要确定初始值. 初始值的确定一般由预测者根据自己的个人经验主观指定或简单估算确定即可.

当时间序列数据资料比较多时（一般不少于 10 期时即认为数据资料比较多），初始值对预测值影响很小，可以直接选用第一期的实际观察值作为初始值；而如果时间序列数据资料比较少时（一般小于 10 期），由于初始值对后续预测值影响较大，所以可以选取最初几期（一般为前 3 期）的实际观察值的算术平均数作为初始值.

四、平均增长量法

定义 1.15　将一定观察期内逐期增长量的简单算术平均数，加上前一期的数据值作为下一期的预测值的时间序列分析法称为<u>平均增长量法（Average Growth Method）</u>.

■ 经济应用数学

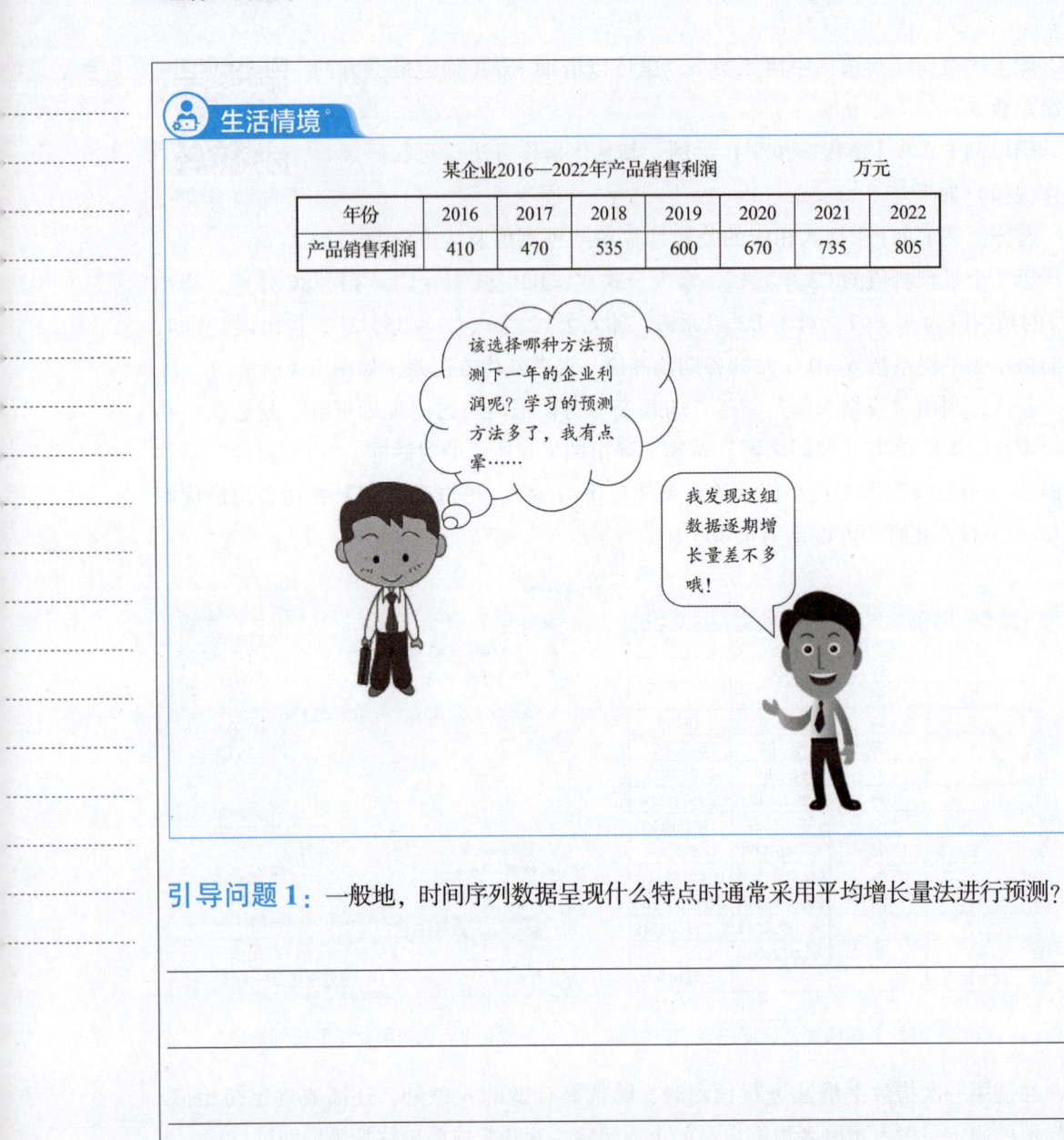

> **生活情境**

某企业2016—2022年产品销售利润　　　　　万元

年份	2016	2017	2018	2019	2020	2021	2022
产品销售利润	410	470	535	600	670	735	805

该选择哪种方法预测下一年的企业利润呢？学习的预测方法多了，我有点晕……

我发现这组数据逐期增长量差不多哦！

引导问题1：一般地，时间序列数据呈现什么特点时通常采用平均增长量法进行预测？

引导问题2：除了本教材所给出的平均增长量法的计算公式，你能否发现更加便捷的计算方法来刻画平均增长量法？尝试用简便方法求解例1.2.4【销售利润预测】.

设一组时间序列数据为 $x_1, x_2, \cdots, x_t, \cdots$，则运用平均增长量法对第 $t+1$ 期值进行预测的步骤如下.

第一步：计算各期的增长量的平均值，即 $\overline{\Delta x_t} = \dfrac{1}{n-1}\sum_{t=2}^{n}\Delta x_t$；

第二步：根据预测模型 $\hat{x}_{t+1} = x_t + \overline{\Delta x_t}$ 得出第 $t+1$ 期预测值.

平均增长量法适用于变量时间序列的逐期增减量大致相同的情况. 此时，未来变量的预测值可以通过即期值与平均增减量乘以期数差的和来计算，但如果逐期增长量相差很大、不均匀，即时间序列数据的变动幅度较大，则计算出的趋势值与实际值的偏离也就很大，用这种方法计算的准确性也就随之降低.

【销售利润预测】平均增长量法的应用

例 1.2.4 【销售利润预测】某企业 2016—2022 年产品销售利润如表 1.16 所示.

表 1.16　某企业 2016—2022 年产品销售利润　　　　　　　　　万元

年份	2016	2017	2018	2019	2020	2021	2022
产品销售利润	410	470	535	600	670	735	805

试用平均增长量法预测该企业 2023 年的产品销售利润.

解 利用平均增长量法预测该企业 2023 年的产品销售利润，如表 1.17 所示.

表 1.17　某企业 2023 年的产品销售利润　　　　　　　　　万元

年份	年销售利润	逐期增长量	平均增长量	趋势值
2016	410	—	—	—
2017	470	60	—	—
2018	535	65	62.5	530
2019	600	65	63.3	597.5
2020	670	70	65	663.3
2021	735	65	65	735
2022	805	70	65.8	800
2023	—	—	—	870.8

可得 2023 年的产品销售利润的预测值为：$\hat{x}_{2023} = x_{2022} + \dfrac{60+65+65+70+65+70}{6} = 870.8$（万元）.

五、季节变动预测法

定义 1.16 对包含季节波动的时间序列数据进行预测的方法称为**季节变动预测法**（Seasonal Forecast Method），季节变动预测法又称为季节周期法、季节指数法、季节变动趋势预测法.

引导问题 1：正确分析和掌握季节变动的规律，不仅有利于指导当前的社会生产和各种经济活动，也有利于消除季节变动对时间序列数据的影响，从而更好地研究长期趋势和循环变动．在市场中，哪些商品容易出现具有销售淡季和销售旺季之分的季节性变动规律？

_____

_____

_____

引导问题 2：季节变动的特点是什么？季节变动预测法的思想是什么？

_____

_____

_____

引导问题 3：在使用季节变动预测模型之前，首先要判断该时间序列数据是否具有季节变动规律，这时可以采用的判断方法有哪些？一般地，如何用季节指数的大小刻画商品的销售淡季和销售旺季？

_____

_____

_____

引导问题 4：利用季节变动预测法进行预测的求解步骤是什么？请写出来．

_____

_____

_____

引导问题 5：本教材介绍的季节变动预测法，是通过平均运算来消除时间序列数据中的不规则因素，此外还可以采用移动平均进行趋势剔除，通过查阅资料，尝试写出其步骤．

_____

_____

_____

要研究这种预测方法,首先要研究时间序列数据的变动规律. 季节变动是指许多经济现象受自然因素、生产条件和生活习惯等因素的影响,在一年内随着季节的变更而发生有规律的变动.

季节变动是有规律性的,它每年重复出现,表现为逐年同月(或季)有相同的变化方向和大致相同的变化幅度.

季节变动预测法可以通过平均运算来消除时间序列数据中的不规则因素,因此引入一种新的衡量指标——季节指数,它是以相对数来表示的季节变动衡量指标. 考虑到仅根据一两年的历史数据计算得出的季节变动指标往往含有很大的随机性,因此在实际预测中通常需要掌握至少3年的历史数据.

销售数据分析维度及案例分析

首先,计算出季节指数 S_i,常采用的方法为按季(月)平均法. 其计算公式为

$$S_i = \frac{\text{各年同季(或月)的平均值}}{\text{所有年所有季(或月)的平均值}} \times 100\%.$$

其次,根据未来年度的全年趋势预测值,求出季(月)的平均趋势预测值 $\hat{x}_{t+1}$,然后乘以相应季节指数 S_i,即得出未来年度季(月)包含季节变动的预测值 $\hat{x}_{t+1,i}$,即

$$\hat{x}_{t+1,i} = \hat{x}_{t+1} \cdot S_i.$$

例 1.2.5 【销售额预测】 某企业 2017—2021 年各季度销售额如表 1.18 所示.

表 1.18 某企业 2017—2021 年各季度销售额   万元

季度	年份				
	2017 年	2018 年	2019 年	2020 年	2021 年
一	354	338	432	368	354
二	370	407	398	416	405
三	312	289	317	276	286
四	352	422	447	390	388

如果预测出该企业 2022 年全年销售额在 2021 年的基础上增长 5%,试选用合适的方法预测该企业 2022 年各季节的销售额.

解 根据该时间序列数据的总体趋势,应该选择季节变动预测法进行预测.

对于该企业 2022 年第一季度销售额的预测,首先要计算第一季度的季节指数.

历年第一季度的平均数 $A_1 = \dfrac{354+338+432+368+354}{5} = 369.2.$

同样的,历年第二、三、四季度的平均数分别为 $A_2 = 399.2$,$A_3 = 296$,$A_4 = 399.8$.

5 年季度平均数为 $B = \dfrac{369.2+399.2+296+399.8}{4} = 366.05.$

【阅读材料——数学建模概述】

对于现实世界中的一个特定对象，为了一个特定的目的，根据特有的内在规律，做出一些必要的简化假设，运用适当的数学工具，得到的一个数学结构，称为数学模型. 数学模型的分类有多种，按照建模所用的数学方法的不同，可分为初等模型、微分方程模型、线性代数模型、概率统计模型等；按照数学模型应用领域的不同，可以分为气象模型、人口模型、生态模型等.

数学建模的一般步骤如下.

1. 模型准备

建立数学模型前，要了解问题的来源和它的实际背景，认清问题的类型和相关知识，明确问题的要求，分析其中的参变因素. 如果其中某些重要因素是定性的，而非定量的，还要设法对其进行定量化处理. 如考察顾客对某种新产品的满意程度，这个"满意程度"是个不确定量，要设法使其定量化才能用数学方法研究.

2. 模型假设

分析并列出与问题有关的因素，通过假设把所要研究的实际问题简化、抽象，明确数学模型中需要考虑的因素，以及它们在问题中的作用及影响.

3. 模型建立

运用数学语言和数学方法，如数学符号、数学公式、数学图表等描述参变因素之间的数量关系，建立数学模型.

4. 模型求解

用常规的、非常规的数学方法（包括计算机处理），对数学模型进行求解，得出问题的解答或解决方案.

5. 模型分析

对上面求得的结果进行数学上的分析. 有时根据问题的性质，分析各变量之间的关系和特定性态；有时根据所得的结果给出数学上的预测；有时则给出数学上的最优决策或控制.

6. 模型检验

求得的数学模型的解答或解决方案，是简化后的问题的理论上的答案. 它是否与实际情况相符，还需要进行实际检验. 经过检验，若数学模型与实际情况不符，则需对建模过程重新进行分析和修正、修改和补充假设，核对和修正数据，甚至变换思路，寻求另外的数学方法和途径，以求建立更加切合实际的数学模型.

7. 模型应用

经过检验的数学模型可以在实际中应用. 在应用中如果又发现问题，还要对数学模型进行修正，使之不断完善.

得出第一季度的季节指数为

$$S_1 = \frac{A_1}{B} \times 100\% = \frac{369.2}{366.05} \times 100\% = 100.86\%.$$

用同样的方法得出第二、三、四季度的季节指数依次为 109.06%，80.86%，109.22%.

将该企业各季度的季节指数列表，如表 1.19 所示.

表 1.19　各季度的季节指数

季度	年份					计算结果	
	2017 年	2018 年	2019 年	2020 年	2020 年	各季度平均 A_i	季节指数 S_i/%
一	354	338	432	368	354	369.2	100.86
二	370	407	398	416	405	399.2	109.06
三	312	289	317	276	286	296	80.86
四	352	422	447	390	388	399.8	109.22
5 年季度平均	—	—	—	—	—	366.05	—

其次，根据该企业 2022 年全年销售额在 2021 年的基础上增长 5% 的发展趋势，得出该企业 2022 年第一季度销售额的预测值为

$$\hat{x}_{2022,1} = \frac{1}{4}(354 + 405 + 286 + 388) \times (1 + 5\%) \times 100.86\% = 379.40(万元).$$

类似地，该企业 2022 年第二季度销售额的预测值为

$$\hat{x}_{2022,2} = \frac{1}{4}(354 + 405 + 286 + 388) \times (1 + 5\%) \times 109.06\% = 410.23(万元).$$

该企业 2022 年第三季度销售额的预测值为

$$\hat{x}_{2022,3} = \frac{1}{4}(354 + 405 + 286 + 388) \times (1 + 5\%) \times 80.86\% = 304.18(万元).$$

该企业 2022 年第四季度销售额的预测值为

$$\hat{x}_{2022,4} = \frac{1}{4}(354 + 405 + 286 + 388) \times (1 + 5\%) \times 109.22\% = 410.85(万元).$$

数据的推断性统计小测试

经济应用数学

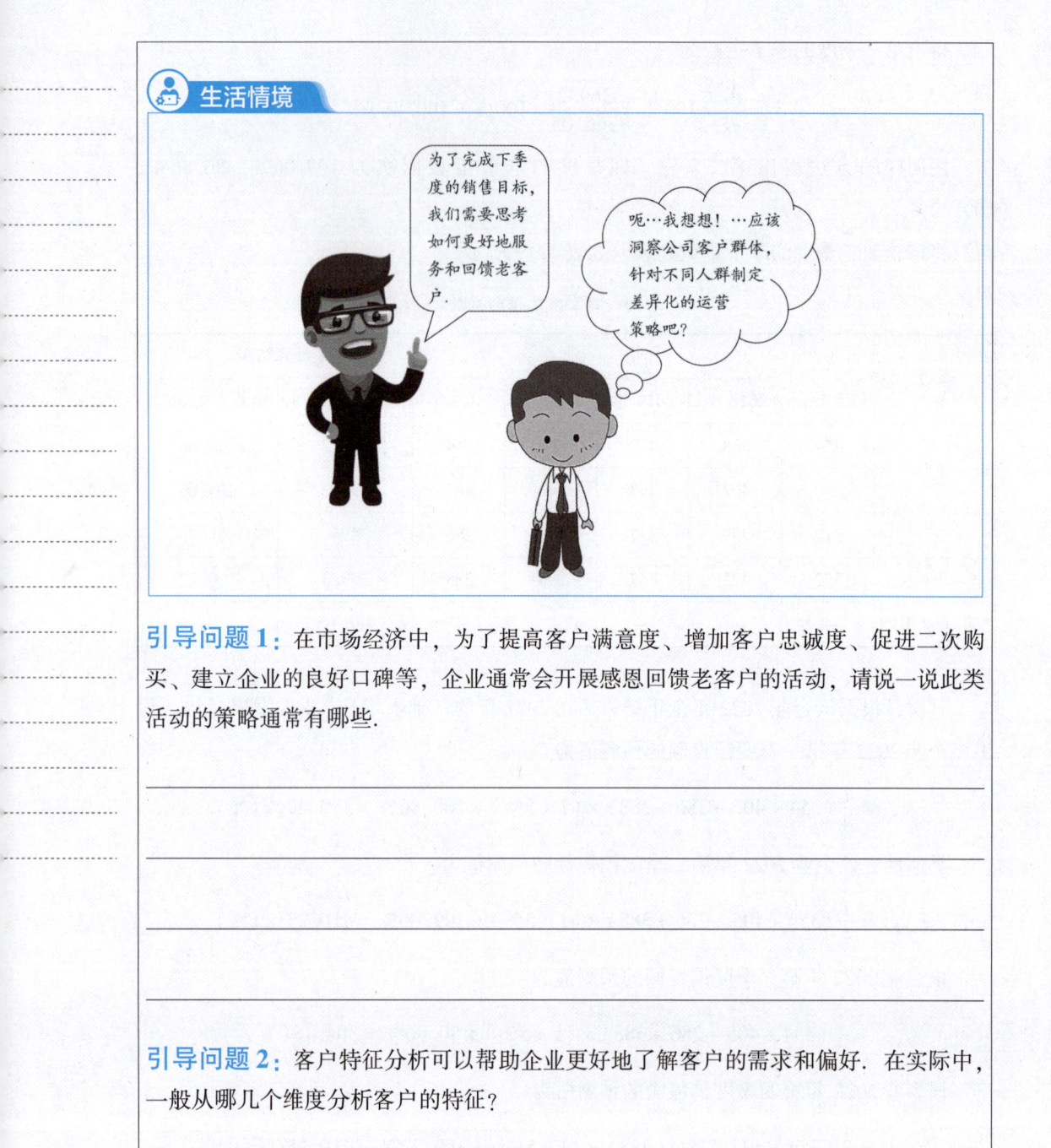

> **生活情境**
>
> 为了完成下季度的销售目标,我们需要思考如何更好地服务和回馈老客户.
>
> 呃…我想想!…应该洞察公司客户群体,针对不同人群制定差异化的运营策略吧?

引导问题 1:在市场经济中,为了提高客户满意度、增加客户忠诚度、促进二次购买、建立企业的良好口碑等,企业通常会开展感恩回馈老客户的活动,请说一说此类活动的策略通常有哪些.

引导问题 2:客户特征分析可以帮助企业更好地了解客户的需求和偏好.在实际中,一般从哪几个维度分析客户的特征?

任务三 统计分析的 Excel 操作
（数据透视和回归分析预测法）

灵活运用 Excel，可方便快捷地对数据进行统计分析．数据的描述性和推断性统计可以利用 Excel 中"数据分析"→"描述统计"选项，借助移动平均及指数平滑功能完成．本任务着重介绍 Excel 中数据透视和回归分析功能的应用．

一、数据透视表和数据透视图

利用 Excel 的插入图表功能可以快速地绘制饼图、柱形图、折线图等，但是在一些复杂的数据处理中常常需要先对数据进行分类汇总后才能呈现更加直观的数据和图表．

引例 1.7【成绩汇总】 现有某兴趣小班竞赛考试成绩汇总如表 1.20 所示．

表 1.20 考试成绩汇总　　　　　　　　　　　　　　分

序号	学号	姓名	性别	科目	成绩
1	20070612	张涛	男	语文	82
2	20070613	王刚	男	数学	68
3	20070615	刘燕	女	数学	79
4	20070614	柳苗苗	女	数学	86
5	20070615	刘燕	女	语文	90
6	20070612	张涛	男	英语	60
7	20070611	林杰	男	语文	86
8	20070614	柳苗苗	女	语文	87
9	20070612	张涛	男	数学	89
10	20070613	王刚	男	英语	58
11	20070611	林杰	男	英语	64
12	20070615	刘燕	女	英语	87
13	20070614	柳苗苗	女	英语	84
14	20070613	王刚	男	语文	64
15	20070611	林杰	男	数学	75

请对这 15 位同学的成绩做出合理的分析．

问题分析　表 1.20 中的成绩比较零散，不便于观察各科和总体成绩，此时考虑先对数据进行分类汇总，即对表中指定行或列中的数据进行汇总统计．通常使用 Excel 的数据透视功能，通过折叠或展开原工作表中的行、列数据及汇总结果，从汇总和明细两种角度显示数据，可以快捷地创建各种汇总报告．

第一步：插入数据透视表．选中表中需要汇总分析的区域，选择 Excel 中的"插入"→"数据透视表"命令．

子任务1.4：客户画像的描绘

某公司产品销售情况及客户信息如表1.21所示.

表1.21 某公司产品销售情况及客户信息

客户编号	年龄	访客来源	性别	常住地区	客户职业	产品名称	产品价格/元	订单数量/件
NO1002119	33	移动端	女	河南	医务人员	产品A	299	1
NO1002015	40	PC端	女	河南	工人	产品C	89	1
NO1002100	29	移动端	男	天津	公务员	产品C	89	1
NO1002023	48	移动端	女	浙江	工人	产品A	299	1
NO1002028	24	移动端	女	天津	医务人员	产品A	299	1
NO1002024	40	移动端	女	四川	工人	产品A	299	1
NO1002071	27	PC端	女	天津	医务人员	产品C	89	1
NO1002109	30	移动端	不详	河南	公司职员	产品C	89	1
NO1002077	30	PC端	女	天津	学生	产品A	299	1
NO1002014	42	移动端	不详	浙江	医务人员	产品B	189	1
NO1002034	20	移动端	不详	广东	学生	产品B	189	1
NO1002087	29	移动端	男	天津	学生	产品B	189	1
NO1002027	19	PC端	女	广东	医务人员	产品A	299	1
NO1002010	14	PC端	不详	浙江	医务人员	产品A	299	1
NO1002084	28	PC端	女	浙江	个体经营	产品C	89	1
NO1002130	31	移动端	女	天津	工人	产品A	299	1
NO1002044	25	移动端	女	广东	学生	产品E	99	1
NO1002108	28	移动端	男	浙江	学生	产品A	299	1
NO1002033	21	移动端	女	浙江	学生	产品A	299	1
NO1002049	18	PC端	男	天津	学生	产品A	299	1
NO1002009	17	移动端	女	天津	公务员	产品D	569	1
NO1002051	20	移动端	女	天津	教职工	产品A	299	1
NO1002060	24	移动端	男	天津	个体经营	产品A	299	1
NO1002042	53	移动端	男	河南	医务人员	产品D	569	1
NO1002063	28	移动端	女	四川	教职工	产品E	99	1
NO1002012	41	移动端	女	河南	医务人员	产品D	569	1
NO1002094	30	PC端	男	四川	教职工	产品F	159	1
NO1002031	25	PC端	女	天津	个体经营	产品A	299	1
NO1002101	26	移动端	男	浙江	医务人员	产品B	189	1
NO1002072	26	移动端	女	天津	医务人员	产品B	189	1
NO1002099	29	移动端	女	天津	学生	产品E	99	1
NO1002112	29	移动端	女	天津	教职工	产品A	299	1
NO1002003	18	移动端	女	天津	教职工	产品A	299	1
NO1002083	27	移动端	男	天津	医务人员	产品F	159	1

第二步：制定数据透视表放置的位置. 新建工作表，或者选择现有工作表的具体位置单击"确定"按钮，便会出现数据透视表. 其字段列表和数据透视表区域如图 1.6 所示.

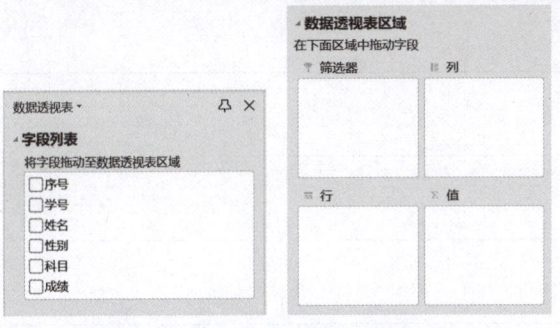

图 1.6　字段列表和数据透视表区域

第三步：拖放字段. 根据汇总需要，将字段列表中的"科目"拖至数据透视表中的"列"字段，将"姓名""学号""性别"拖至数据透视表中的"行"字段，将"成绩"拖至数据透视表中的"值"字段，经过以上设置，可以产生图 1.7 所示的效果.

图 1.7　透视汇总后的各科成绩及总分

第四步：进一步设置字段. 若想将"值"字段的"成绩"汇总方式由"求和"改变为"平均值"，则在任意成绩数据上单击鼠标右键，选择"值字段设置"命令，在出现的"值字段设置"对话框中选择"平均值"选项，如图 1.8 所示，单击"确定"按钮，进而得到新的数据汇总表，如图 1.9 所示.

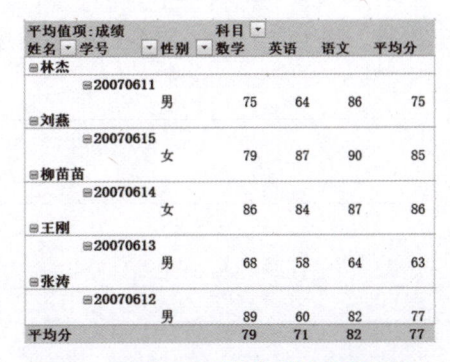

图 1.8　"值字段设置"对话框　　　图 1.9　透视汇总后的各科成绩及平均分

39

引导问题 1：基于表 1.21，对客户的地域、性别及客户端来源进行分析，其结果应该如何呈现才更加直观？尝试操作并写出步骤.

引导问题 2：基于表 1.21，对客户的产品偏好和价格偏好进行分析，制作其数据透视表和数据透视图. 尝试操作并写出步骤.

引导问题 3：基于表 1.21，对客户的职业进行分析，绘制客户职业统计直方图.

引导问题 4：基于表 1.21，对客户的年龄进行分析，绘制年龄分组直方图.

当然，在"字段设置"对话框中还可以设置其他计算方式，包括"求和""计数""平均值""最大值""最小值""乘积""数值计数""标准偏差""总体标准偏差""方差""总体方差"，总计11种计算方式，可以根据需要进行选择．

在实际中，为了让数据呈现方式更为直观，常常采用图表形式，如用直方图的形式展现每位同学的总分．

第一步：制作"姓名 – 成绩总分"数据汇总表．按照上面介绍的插入数据透视表的方式，将"姓名"拖至数据透视表中的"行"字段，将"成绩"拖至数据透视表中的"值"字段，得到图1.10所示"姓名 – 成绩总分"数据汇总表．

第二步：绘制直方图．选定表1.20，选择"插入"→"推荐的图表"命令，在"更改图表类型"对话框中选择"直方图"选项，单击"确定"按钮，得到图1.11所示的成绩汇总直方图．

行标签	求和项：成绩
林杰	225
刘燕	256
柳苗苗	257
王刚	190
张涛	231
总计	1 159

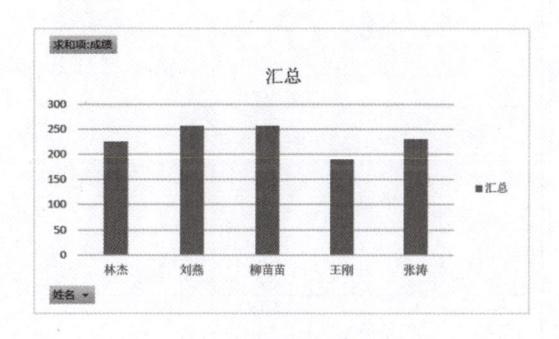

图1.10 "姓名 – 成绩总分"数据汇总表

图1.11 成绩汇总直方图

当然，在"更改图表类型"对话框中，还可以设置其他图表类型，常用的还有饼图、折线图、散点图及条形图等，可以根据实际需要进行选择．

以上汇总图表的绘制也可以直接利用Excel中的"插入"→"数据透视图"命令进行操作，只要将字段拖放到正确的轴和值的位置即可．对于上例，若对学生的性别进行分析，可选择数据表中"性别"单元列内容，插入数据透视图，将"轴"与"值"均设置为"性别"，此时系统默认为计数汇总的直方图，更改类型图标为"三维饼图"，在"数据标签格式"→"标签"选项中选择"类别名称"和"百分比"选项，即得兴趣小班性别比例饼图，如图1.12所示．

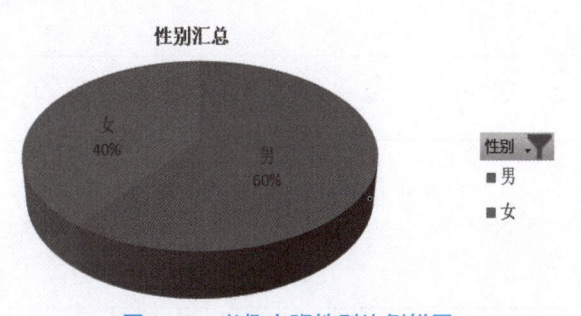

图1.12 兴趣小班性别比例饼图

引导问题 1：综合以上分析，请基于表 1.21 完成客户画像描绘表格的填写（表 1.22），包括客户画像和标签类型（动态或静态属性标签）.

表 1.22　客户画像描绘

标签	客户画像	标签类型
地域		
性别		
年龄		
价格偏好		
产品偏好		
客户端		
职业		

引导问题 2：通过客户画像的描绘，可以得出哪些结论？企业会如何针对不同人群制定差异化的运营策略？

项目一　经济数据的统计分析

此外，还可以利用透视功能对数据进行分组，仍借助引例 1.7 中的数据，假设不考虑姓名、科目等，仅对所有成绩进行分组。选择数据表中"成绩"单元列内容，插入数据透视表，将"行"与"值"均设置为"成绩"，"值"字段汇总方式设置为"计数"，在"成绩"列的任一单元格中单击鼠标右键，选择"组合"选项，弹出图 1.13 所示的"组合"对话框，并根据实际需要分别填写起始值、终止值及步长，单击"确定"按钮后便可得到图 1.14 所示的成绩分组透视表。

图 1.13　"组合"对话框

成绩	计数项：成绩
50—59	1
60—69	4
70—79	2
80—90	8
总计	15

图 1.14　成绩分组透视表

根据前面介绍的绘制直方图的方法，得到成绩分组直方图，如图 1.15 所示。

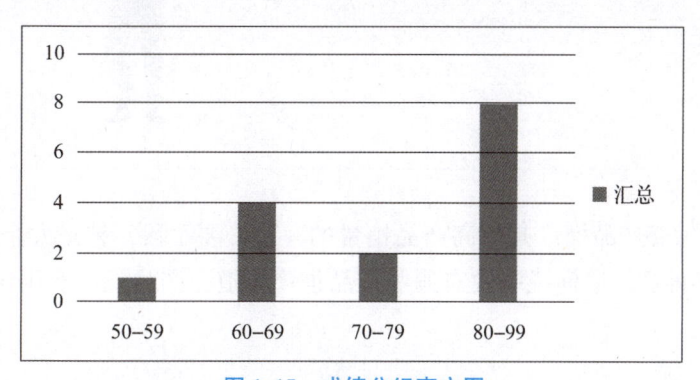

图 1.15　成绩分组直方图

【小贴士】数据透视表的使用注意事项如下。
（1）数据源表格中的每个数据都要有列标题，否则不能进行数据透视。
（2）为了避免数据透视结果出现"空白"字样，需要在单击"筛选"按钮，将"空白"前面的"√"取消。

二、回归分析预测法

前面所介绍的时间序列预测法的核心要素是时间序列，它仅刻画不同时期经济量的变化，并没有考虑外界其他因素的影响。事实上，客观世界中许多事物、现象、因素

■ 经济应用数学

> **生活情境**
>
> 又到了金秋十月，我们要制定好公司明年的战略目标！小丽，产品的推广预算方案由你来负责！
>
> 好的！我认为年销售额不仅和电视广告推广费用有关，也和网络平台推广费用有很大关系.
>
> 年销售额与多个变量有关，好像用时间序列预测法行不通. 那么该如何预测明年的销售额呢

引导问题： 做好产品推广是提高产品销量的一种必要手段，越是大企业、大品牌，越是注重产品推广. 请你说一说有哪些产品推广渠道，产品推广费用主要包含哪些项目.

彼此关联，它们的发展变化由多种因素决定．例如，市场是国民经济的综合反映，国民经济的任何变化，如国民经济发展速度、积累和消费比例关系的调整、人口增长和劳动就业状况、居民收入变化、消费者购买心理的变化，都会引起市场商品供需关系的变化．对于这类问题的预测，采用时间序列预测法得出的结果会与实际情形严重不符．此时，常常采用回归分析预测法对数据的发展规律进行预测．

引例 1.8【销售额预测】 某公司的管理人员认为，产品的年销售额与产品推广费用存在一定的关系，因此，他们想通过产品推广费用对明年的销售额做出估计，该公司最近 8 年的销售额与产品推广费用数据如表 1.23 所示．

【销售额预测】回归分析预测法的应用

表 1.23　某公司最近 8 年的销售额与产品推广费用数据　　　　万元

销售额 y	电视广告推广费用 x_1	抖音平台推广费用 x_2
1 001	484	110
1 013	491	108
1 016	506	111
1 030	517	112
1 030	534	120
1 037	543	118
1 049	549	119
1 060	554	119

（1）试将电视广告推广费用作为自变量，将产品的年销售额作为因变量，建立估计的回归方程．

（2）试将电视广告推广费用和抖音平台推广费用作为自变量，将产品的年销售额作为因变量，建立估计的回归方程．

问题分析　虽然该问题同样涉及一个时间序列数据，但和上一任务中预测问题不同的是存在两个影响销售额的因素——电视广告推广费用和抖音平台推广费用，因此，运用时间序列预测法无法解决此此类预测问题，这时考虑运用回归分析预测法解决问题．

定义 1.17　利用数据统计原理，对大量统计数据进行数学处理，并确定因变量与某些自变量的相关关系，建立一个相关性较好的回归方程（函数表达式），并加以外推，用于预测今后的因变量的变化的分析方法，称为 **回归分析预测法（Regression Analysis Method）**．

如果在回归分析中，只包括一个自变量和一个（多个）因变量，且因变量和自变量之间的关系可用一条直线近似表示，这种回归分析称为**一元（多元）线性回归分析**．

由于回归分析预测法涉及较多的统计学原理知识，理解有一定的难度，所以本教材中仅以引例 1.8 为载体分别介绍利用 Excel 对数据进行回归分析的两种方法．

对于引例 1.8 中的问题（1）采用回归分析的第一种方法：利用散点图功能．

【阅读材料——回归分析的起源】

"回归"一词是由英国著名的生物学家兼统计学家弗朗西斯·高尔顿（Francis Galton, 1822—1911 年）在研究人类遗传问题时提出来的.

弗朗西斯·高尔顿在进行遗传学研究时，对父母的身高与儿女的身高之间的关系很感兴趣，他发现父母的身高数据和儿女的身高数据的散点图大致呈直线状态，即总的趋势是父母高，儿女也高；父母矮，儿女也矮，但是随着对试验数据的深入分析，他发现一些例外却有趣的现象——回归效应，即尽管父母都异常高或异常矮，儿女并非普遍地异常高或异常矮，而是具有回归于人口总平均身高的趋势. 随后，统计学家卡尔·皮尔逊（Karl Pearson）（弗朗西斯·高尔顿的学生）又用一些家庭的 1 000 多名成员的身高数据证实了这一现象.

对于这个一般结论的解释是：大自然具有一种约束力，使人类身高的分布相对稳定而不产生两极分化. 弗朗西斯·高尔顿把这一现象叫作"向平均数方向的回归"（regression toward mediocrity）. 虽然这是一种特殊情况，与线形关系拟合的一般规则无关，但是"线形回归"的术语却因此沿用下来，人们将这种根据一种变量（父母的身高）预测另一种变量（儿女的身高）或描述多种变量关系方法称为回归分析预测法.

"回归"的现代意义比其原始意义广泛得多，其内容包括：①确定响应变量与预测变量间的回归模型，即变量间相关关系的数学表达式（通常称为经验公式）；②根据样本估计并检验回归模型及未知参数；③从众多预测变量中，判断哪些变量对响应变量的影响显著；④根据预测变量的已知值或给定值来估计或预测响应变量的平均值并给出预测精度或根据响应变量的给定值来估计预测变量的值，即所谓的预测与控制问题.

引导问题：回归分析在实际中应用十分广泛，它可用于预测、时间序列建模以及发现各种变量之间的因果关系. 请举例说明回归分析预测法在经济市场中的具体应用.

第一步：插入散点图. 选择 Excel 中的"插入"→"推荐的图表"→"XY 散点图"→"选择数据"命令，出现图 1.16 所示的"选择数据源"对话框.

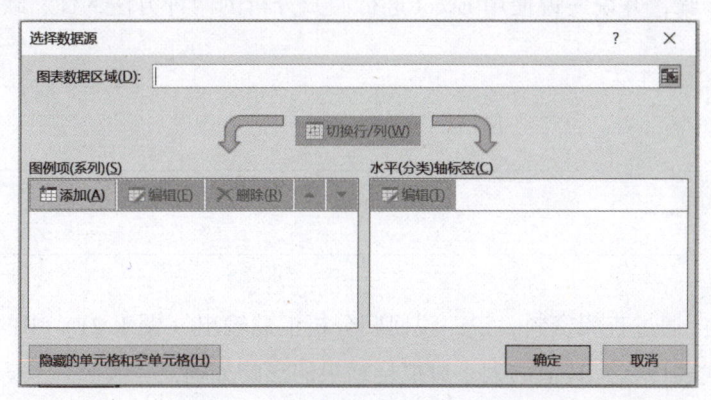

图 1.16 "选择数据源"对话框

第二步：编辑数据系列，画出散点图. 单击"选择数据源"对话框中的"确定"按钮，出现图 1.17 所示的"编辑数据系列"对话框，在"系列名称"框中输入散点图名称，在"X 轴系列值"框中选择数据中自变量对应的单元格，在"Y 轴系列值"框中选择数据中因变量对应的单元格，单击"确定"按钮便得到所需要的散点图.

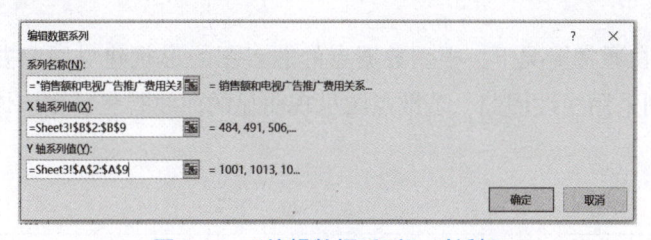

图 1.17 "编辑数据系列"对话框

第三步：得出回归方程. 用鼠标右键单击散点图中的任一数据点，选择"添加趋势线"命令，出现"设置趋势格式"对话框，选择"线性""显示公式""显示 R 平方值"选项，则得到图 1.18 所示的拟合图及回归方程.

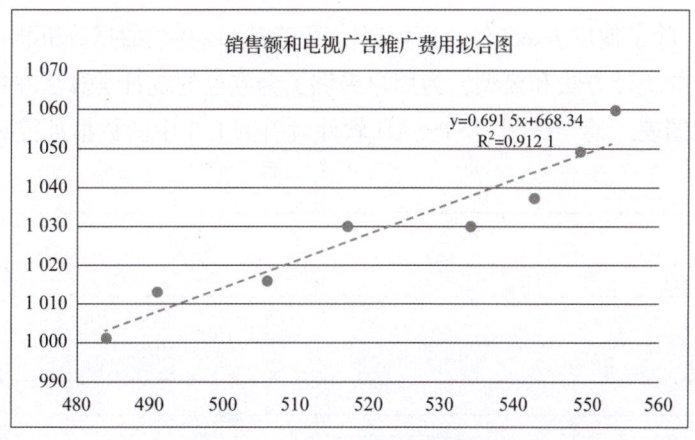

图 1.18 拟合图及回归方程

■ 经济应用数学

引导问题 1：尝试使用 Excel 对引例 1.8 进行回归分析，并建立回归方程，说明建立回归方程的步骤，并说一说使用 Excel 进行回归分析的两种方法的优、缺点.

引导问题 2：通过查阅资料，说一说回归分析汇总输出（图 1.21）中的英文单词在数据统计中代表什么，其值的大小对拟合结果的影响如何.

引导问题 3：在通常情况下，根据数据点的散点图的形状建立回归方程，若散点图呈线性趋势，则采用线性回归，若散点图呈现明显的曲线趋势，则应该如何建立回归方程？

引导问题 4：除了使用 Excel 外，还可以使用 SPSSAU 在线数据分析软件，该软件囊括了各种成熟的统计方法和模型，为用户提供了全方位的统计学算法并自动提供对应需要的可视化图表．请尝试利用 SPSSAU 软件对引例 1.8 中的数据进行回归分析.

因此，年销售额 y 与电视广告推广费 x_1 对应的回归方程为
$$y = 0.691\ 5x_1 + 668.34.$$
对引例 1.8 中的问题（2）采用回归分析的第二种方法：利用数据分析的回归功能．

第一步：选择"回归"选项．选择 Excel 中的"数据分析"命令，在出现的"数据分析"对话框中选择"回归"选项，如图 1.19 所示，单击"确定"按钮．

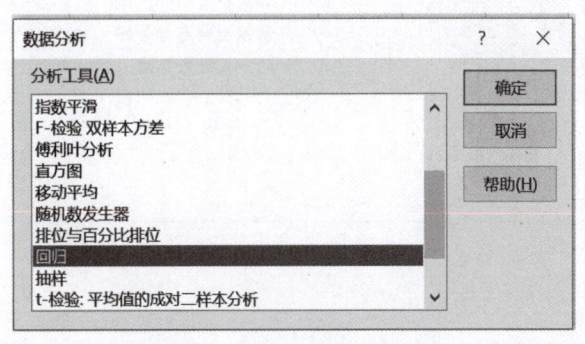

图 1.19 "数据分析"对话框

第二步：在出现的"回归"对话框中（图 1.20），在"Y 值输入区域"框中选择数据中因变量对应的单元格，在"X 值输入区域"框中选择数据中自变量对应的单元格，勾选"标志""置信度"复选框并设置"置信度"为"95%"，单击"新工作表组"单选按钮，单击"确定"按钮．

图 1.20 "回归"对话框

第三步：分析结果．得到回归分析结果汇总输出，如图 1.21 所示．从回归分析结果汇总输出可以看出电视广告推广费用、抖音平台推广费用和销售额对应的线性回归方程为
$$y = 1.078\ 5x_1 - 2.298\ 2x_2 + 729.699\ 2.$$

■ 经济应用数学

> 🧑 **生活情境**
>
> 这么快就学完了吗？我们将本项目的内容做个总结吧！试试以绘制思维导图的方式进行总结.

根据以上线性回归方程可以得出结论：倘若该公司明年预投放的电视广告推广费用和抖音平台推广费用分别是 555 万元和 120 万元，则代入线性回归方程即可预测明年的销售额为

$$\hat{y} = 1.078\ 5 \times 555 - 2.298\ 2 \times 120 + 729.699\ 2 \approx 1\ 052.5(万元).$$

	A	B	C	D	E	F	G	H	I
	SUMMARY OUTPUT								
	回归统计								
	Multiple R	0.977329288							
	R Square	0.955172537							
	Adjusted R Square	0.937241551							
	标准误差	4.859537813							
	观测值	8							
	方差分析								
		df	SS	MS	F	Significance F			
	回归分析	2	2515.924	1257.962	53.26938347	0.000425462			
	残差	5	118.0755	23.61511					
	总计	7	2634						
		Coefficients	标准误差	t Stat	P-value	Lower 95%	Upper 95%	下限 95.0%	上限 95.0%
	Intercept	729.6992312	45.48223	16.04361	1.7135E-05	612.7834463	846.6150161	612.7834463	846.6150161
	电视广告推广费用	1.078471305	0.189354	5.695532	0.002327656	0.591721507	1.565220763	0.591721507	1.565220763
	抖音平台推广费用	-2.298196566	1.048386	-2.19213	0.079882046	-4.993157532	0.3967644	-4.993157532	0.3967644

图 1.21　回归分析结果汇总输出

【小贴士】回归分析预测法的补充.

（1）回归分析结果汇总输出中的 "R Square" 是 R 平方值，也可以叫作判定系数或拟合优度，它是回归分析的决定系数，其取值范围是 [0, 1]，在线性模型中，R 平方值越接近 1，回归方程拟合数据越好，线性关系越强. 本例中 R 平方值为 0.955，可见线性关系相当不错.

（2）在统计分析中，通常用 Significance F（F 显著性统计量）的值对应的显著水平来评估回归分析的统计学意义：若显著水平小于 0.05，则回归分析具有统计学意义；若显著水平高于 0.05，则回归分析没有统计学意义. 图 1.21 中的 Significance F 值约为 0.000 4，小于显著性水平 0.05，说明该回归方程的回归效果显著.

项目完成评价表一
（经济数据的统计分析）

姓名		班级		组名		考评日期	
评价指标		评价标准	分值/分	自我评价/分	小组评分/分	实际得分/分
知识掌握情况	平均数、中位数、极差及方差的计算方法	熟练掌握	10			
	5种时间序列预测法的数学模型	熟练掌握	10			
	数据透视分析、回归分析	熟练掌握	10			
专业技能培养	子任务1.1：销售部门的业绩差异分析	熟练完成	10			
	子任务1.2：销售员工奖金金额的确定	熟练完成	10			
	子任务1.3：销售业绩目标的制定	熟练完成	10			
	子任务1.4：客户画像的描绘	熟练完成	10			

续表

姓名		班级		组名		考评日期	
	评价指标		评价标准	分值/分	自我评价/分	小组评分/分	实际得分/分
通用素养培养	出勤		按时到岗，学习准备就绪	5			
	道德自律		自觉遵守纪律，乐于助人，有责任心和荣誉感	10			
	学习态度		主动积极，不怕困难，勇于探索	10			
	团队分工合作		能融入集体，愿意接受任务并积极完成	5			
	合计			100			
	考评辅助项目				备注		
	本组之星				该评选的目的是激励学生的学习积极性		
	填表说明		1. 知识、能力和素养三方面的各指标分为三个等级：熟练掌握（完成）得该指标下的满分；基本掌握（完成）得该指标下的一半分；不能掌握（完成）得 0 分. 2. 实际得分 = 自我评价 ×40% + 小组评价 ×60%. 3. 考评满分为 100 分，60 分以下为不及格；60 ~ 74 分为及格；75 ~ 84 分为良好；85 分以上为优秀. 4. "本组之星"可以是本项目完成中突出贡献者，也可以是进步最大者，还可以是其他某一方面表现突出者.					

【动手试试一】

练习1.1

1. 由于某个生产小组的 8 名工人是计件取酬的，所以他们的月工资各不相同，分别是 3 480 元、3 540 元、3 600 元、3 650 元、3 650 元、3 740 元、3 900 元、4 500 元. 说明这 8 名工人的工资的一般水平.

2. 某种蔬菜在早、中、晚市的每斤价格和早、中、晚市购买该蔬菜所支付的金额如表 1.24 所示.

表 1.24　早、中、晚市蔬菜单价与购买金额

市场类型	单价/(元·斤$^{-1}$)	购买菜金额	购买量/斤
早市	5	10	2
中市	4	20	5
晚市	2	8	4
合计	—	38	11

求购进的该种蔬菜的平均价格.

3. 生产某产品需要经过 6 道工序，每道工序的合格率分别为 98%、91%、93%、98%、98%、91%，求这 6 道工序的平均合格率.

4. 一位投资者持有一种股票，已知 2018—2021 年每年的收益率分别为 4.5%、2.1%、25.5%、1.9%，计算该投资者在这 4 年内的平均收益率（保留 1 位小数）.

5. 宁波奥克斯空调在某区域的 20 家门店的第二季度的销售台数情况如下.

　　1 050　1 000　1 200　1 410　1 590　1 400　1 100　1 570　1 710　1 550
　　1 690　1 380　1 060　1 470　1 300　1 560　1 250　1 560　1 350　1 460

通过各种描述统计量对该品牌空调第二季度的销售量进行分析，并且绘制其直方图.

练习1.2

1. 某商场近 12 年来的年销售额如表 1.25 所示.

表 1.25　某商场 12 年来的年销售额　　　　　　　　　　万元

年份	销售额	年份	销售额	年份	销售额
2010	680	2014	780	2018	920
2011	689	2015	850	2019	960
2012	767	2016	865	2020	1 100
2013	752	2017	878	2021	1 110

试用简单平均数法和 3 期移动平均数法预测该商场下一年度的销售额（保留 1 位小数）.

2. 某书城在过去 18 个月的营业额数据如表 1.26 所示.

表 1.26　某书城在过去 18 个月的营业额　　　　　　　　　　　万元

月份	营业额	月份	营业额	月份	营业额
1	290	7	383	13	450
2	283	8	434	14	545
3	325	9	425	15	603
4	353	10	473	16	590
5	288	11	470	17	648
6	380	12	481	18	666

（1）试用 3 期移动平均数法预测该书城第 19 个月的营业额.

（2）采用一次指数平滑法，分别用平滑系数 $\alpha=0.3$ 和 $\alpha=0.5$ 预测该书城各月的营业额，分析预测误差，说明用哪一个平滑系数预测更合适.

3. 某物品过去 12 个月的销售记录如表 1.27 所示.

表 1.27　某物品过去 12 个月的销售记录　　　　　　　　　　　件

月份	1	2	3	4	5	6	7	8	9	10	11	12
实际销售量	30	31	33	34	35	37	36	35	36	38	37	39

（1）采用一次指数平滑法，分别用平滑系数 $\alpha=0.3$ 和 $\alpha=0.8$ 预测该物品各月的销售量，分析预测误差，说明用哪一个平滑系数预测更合适.

（2）采用平均增长量法预测该物品第 13 个月的销售量.

4. 为了推进新时代职业教育高质量发展，聚焦深化产教融合、校企合作，高职教师需要身入企业实践，并为企业提供技术服务．某学校近 5 年横向课题数据如表 1.28 所示.

表 1.28　某学校近 5 年横向课题数据　　　　　　　　　　　　个

年份	2016	2017	2018	2019	2020
横向课题数	120	200	260	340	432

试根据该学校近 5 年横向课题数据，科学合理地预测该学校 2021 年的横向课题数.

5. 某企业 2018—2020 年的产品销售量如表 1.29 所示.

表 1.29　某企业 2018—2020 年的产品销售量　　　　　　　　　件

季度	年份		
	2018 年	2019 年	2020 年
一	182	231	330
二	1 728	1 705	1 932
三	1 144	1 208	1 427
四	118	134	132

试选用合适的方法预测该企业 2021 年各季度的销售量（假设该企业 2021 年的销售量以 2020 年的销售量为基数按 8% 递增）.

练习 1.3

1. 某公司 2022 年上半年营销业绩如表 1.30 所示.

表 1.30　某公司 2022 年上半年营销业绩　　　　　　　　万元

部门	1 月	2 月	3 月	4 月	5 月	6 月
营销一部	130	140	180	200	189	120
营销二部	120	110	168	150	145	135
营销三部	230	190	150	250	280	201
营销四部	100	150	145	210	201	180

请用 Excel 的数据透视功能对该公司 2022 年上半年营销业绩进行分析.

2. 某地区连续 10 年最大积雪深度和灌溉面积的关系数据如表 1.31 所示.

表 1.31　某地区连续 10 年最大积雪深度和灌溉面积的关系数据

年份	最大积雪深度 x/米	灌溉面积 y/千亩①	年份	最大积雪深度 x/米	灌溉面积 y/千亩
2010	15.2	28.6	2015	23.4	45
2011	10.4	19.3	2016	13.5	29.2
2012	21.2	40.5	2017	16.7	34.1
2013	18.6	35.6	2018	24	46.7
2014	26.4	48.2	2019	19.1	37.4

试建立最大积雪深度与灌溉面积的回归方程，并尝试解释回归系数的意义.

3. 据调查，某公司某部门的 14 位员工的薪资、年龄、司龄（在该公司的工作年限）以及受教育程度的相关数据如表 1.32 所示.

---

① 1 千亩 ≈ 6.67×10^5 平方米.

表 1.32 某公司某部门员工数据

工号	性别	年龄/岁	司龄/年	受教育程度	薪资/元
001	女	39	12	4	76 900
002	男	44	8	6	101 824
003	男	24	2	4	58 712
004	女	25	1	4	55 500
005	男	56	25	8	218 570
006	女	41	10	4	96 884
007	女	33	2	6	80 414
008	男	37	6	4	84 662
009	女	51	16	6	174 978
010	男	23	1	4	52 236
011	女	31	4	6	83 912
012	女	27	8	0	34 878
013	男	47	9	4	59 276
014	女	35	6	6	86 368

（1）用年龄作自变量，用薪资作因变量，求出估计的回归方程，并解释回归系数的意义.

（2）用年龄、司龄及受教育程度作自变量，用薪资作因变量，求出估计的回归方程.

项目一思维导图

项目一综合训练

项目二

经济活动中的变化趋势分析

◇ 学习目标

▶ **知识目标**

(1) 理解函数极限、无穷大（小）的概念和极限的四则运算法则.

(2) 理解并掌握不同类型极限的计算方法及了解函数连续性的概念.

▶ **能力目标**

(1) 会用极限思想方法分析经济市场的变化趋势，会计算不同类型的极限.

(2) 会计算永续年金的现值及连续复利下的银行借贷本息和问题.

▶ **情感目标**

(1) 体会中国古典文化的魅力及数学家们坚韧不拔的科学探索精神.

(2) 感受团队合作的职场氛围，体验为企业提供正确方案的成就与喜悦.

▶ **价值目标**

(1) 树立家国情怀，坚定国家政治认同和文化自信，进一步强化法制观念.

(2) 增强规划意识，坚定理想信念，培养勇攀高峰、精益求精的工匠精神.

◇ 学习任务描述

  为了进一步提升企业在市场中的竞争优势和品牌权益，某公司着力进行技术和工艺转型升级和新型产品的研发. 这涉及从研究选择适应市场需要的产品、产品设计、工艺制造设计，直至产品投入正常生产及在市场上销售等一系列决策过程. 为了保证新产品开发的可行性，该公司的管理人员需要关注市场调研情况，产品在市场上的需求量预测，生产和销售过程中的成本、收入及利润问题，整个项目的运营成本及资金借贷，同时，建立企业奖励基金，长期有效地激励员工的工作积极性，从而进一步提升企业文化、企业凝聚力及品牌形象.

项目二　经济活动中的变化趋势分析

任务一　经济变化趋势的数学思想（函数极限的概念）

在企业管理和社会生活中，常常需要考察事物的变化趋势，如商品在市场上需求量的变化趋势、商品成本的变化趋势、后疫情时代中国经济的走势等，这些问题都涉及函数的极限．极限所研究的对象是函数，因此，首先需要掌握函数的相关知识．

一、常见的经济函数及概念

引例 2.1【需求量预测】　某企业升级转型后，计划在新产品投入市场 3 年后市场需求量达到 30 万件．该企业想根据调研得到的市场需求量数据及对市场行业发展的研究，预测 3 年后能否实现计划，如何利用数学工具进行预测？

问题分析　先对调研得到的市场需求量数据进行分析，然后根据行业发展及市场预期逐步分析市场需求量的变化趋势，根据变化趋势确定需求量．这种从量变到质变的过程就是极限的思想方法．当然，这需要具备相关函数知识和建立经济问题模型的能力．

定义 2.1　一般地，设 x 和 y 是两个变量，若当变量 x 在非空数集 D 内任取一数值时，变量 y 按照一定的法则 f 总有唯一确定的数值与之对应，则称变量 y 为变量 x 的函数（Function），记为 $y=f(x)$．其中，x 叫作自变量，y 叫作因变量，非空数集 D 称为该函数的定义域，$W=\{y\mid y=f(x),x\in D\}$ 称为函数的值域．

通俗地讲，函数刻画的是一个变量与另一个变量之间的关系，它们是相互影响，相互制约的．在用数学方法分析经济变量的关系时，需要找到变量间的函数关系，然后利用微积分等知识作为工具来分析经济函数的特征．市场经济活动常涉及的函数有以下几种．

1. 需求函数

"需求"是指在一定的价格条件下，消费者愿意购买并且有能力购买的商品量．

消费者对某种商品的需求的影响因素有很多，商品的价格是影响需求的一个主要因素，还有其他因素，如消费者收入的高低、其他代用品的价格以及消费者的偏好等都会影响需求．

如果把价格以外的其他因素都看作常量，则需求量可视为该商品的价格的函数，这个函数称为需求函数（Demand Function）．若记商品的价格为 p，需求量为 q，则需求函数为 $q=q(p)$．一般地，一种商品的市场需求量 q 与该商品的价格 p 的关系是：降价使需求量增加，涨价使需求量减少．因此，需求量可以看成价格的单调减少函数．

子任务 2.1：市场上产品需求量的预测

引导问题 1：函数概念的形成与发展经历了漫长的历史，它是多位数学家探索与研究的成果，请具体说一说函数的发展史及其中值得你学习的精神。

函数概念的发展历程

引导问题 2：函数的概念反映出要学会用联系和发展眼光观察和处理问题．除了产品的价格因素外，影响产品在市场上的需求量的因素还有哪些？说一说如何建立产品的需求函数．

引导问题 3：在市场经济中，产品的生产成本和市场供求关系是经常变化的，这决定了产品的价格是上下波动的．请说一说产品的需求和供给与其价格的依赖关系．尝试勾勒出其图形趋势，并确定产品的均衡价格．

引导问题 4：研究函数首先要关注函数的定义域，这反映出"做事先看前提，善于抓住事物的主要矛盾，再逐个击破"．对于分式、偶次根式、对数函数、三角函数等定义域的求解，其关注点是什么？举例说明．

定义域的求法

最常见、最简单的需求函数是线性需求函数：$q = a - bp$（$a \geq 0$，$b \geq 0$）. 此外还有反比例需求函数、二次需求函数、指数需求函数等.

2. 供给函数

"供给"是指在一定的价格条件下，生产者愿意出售并且可供出售的商品量. 供给是与需求相对的概念，需求是对购买者而言的，供给是对生产者而言的.

供给量也是由多个因素决定的，同样地，若把价格以外的其他因素都看作常量，则供给量就是价格的函数，这个函数称为供给函数（Supply Function）. 若记商品的价格为 p，供给量为 S，则供给函数为 $S = S(p)$.

最常见、最简单的供给函数是线性供给函数：$S = -a + bp$（$a \geq 0$，$b \geq 0$）. 此外还有二次供给函数、指数供给函数等.

3. 成本函数

生产一定数量的产品所需的费用总额，称为总成本（Total Cost），记为 $C(q)$（其中 q 表示产量）. 它由固定成本 C_0 和可变成本 C_1 组成. 总成本函数为

$$C(q) = C_0 + C_1(q).$$

固定成本指在一定时间内不随产品数量变化而变化的成本，即产量为 0 时的成本，如厂房、设备等成本. 可变成本指随产品数量变化而变化的成本，如原材料、能源、工资等成本.

平均每单位产品所分摊的成本称为平均成本（Average Cost），当生产产量为 q 时，其平均成本函数为

$$\bar{C}(q) = \frac{C(q)}{q} = \frac{C_0}{q} + \frac{C_1(q)}{q}.$$

4. 总收入函数

销售一定数量的产品所得的全部收入，称为总收入（Total Revenue）. 设产品的价格为 p，销售量为 q，总收入为 R，则总收入函数为

$$R(q) = pq.$$

5. 总利润函数

生产一定数量产品的总收入与总成本之差称为总利润（Total Profit）. 设产品的销售量为 q，总利润为 L，则总利润函数为

$$L(q) = R(q) - C(q).$$

函数小测试

■ 经济应用数学

引导问题1：盈亏平衡分析常作企业管理和分析各种定价和生产决算的依据. 其目的是找出盈利和亏本的临界值，即盈亏平衡点. 请说一说如何找出盈亏平衡点.

引导问题2：库存的作用在于防止生产中断、稳定生产、节省订货费用、改善服务质量、防止产品短缺，但它也存在一定的弊端，因此需要做好库存控制. 请说一说库存的弊端体现在哪些方面.

引导问题3：请分别写出幂函数、指数函数、对数函数、三角函数的函数表达式，尝试绘制其图像，并查阅资料了解反三角函数.

引导问题4：研究经济问题时常常需要以数学为工具，用建立经济模型的方式模拟现实，这也是数学建模应用的体现. 请说一说常见的经济函数，并写出其函数表达式.

例 2.1.1【盈亏平衡】 某商品的成本函数为 $C(q) = 12 + 3q + q^2$，若销售单价定为 11 元/件，试求：

(1) 该商品经营活动的盈亏平衡点是多少？

(2) 若每天销售 10 件商品，为了不亏本，销售单价定为多少才合适？

解 (1) 该商品的利润函数为

$$L(q) = R(q) - C(q) = 11q - (12 + 3q + q^2) = -q^2 + 8q - 12 = -(q-2)(q-6).$$

令 $L(q) = 0$，得到两个盈亏平衡点 $q_1 = 2$ 和 $q_2 = 6$.

因此，当 $q < 2$ 或 $q > 6$ 时，都有 $L(q) < 0$，此时生产经营是亏损的；当 $2 < q < 6$ 时，有 $L(q) > 0$，此时生产经营是盈利的. 可见 $q = 2$ 件和 $q = 6$ 件分别是盈利的最低产量和最高产量.

(2) 设销售单价为 p 元/件，则商品的利润函数为 $L(q) = pq - (12 + 3q + q^2)$.

因此，每天销售 10 件产品时 $L(10) = 10p - 142$.

为了使生产经营不亏本，必须有 $L(10) \geq 0$，即 $p \geq 14.2$. 因此，为了使生产经营不亏本，销售单价应不低于 14.2 元/件.

6. 库存函数

库存是为了满足未来需要而暂时闲置的资源. 工厂为了生产，必须储存一些原料，如果把全年所需原料一次性购入，则不仅占用资金、库存，还会增加保管成本，把这些费用统称为库存费. 但是，如果分散购入所需原料，则每次购货都会有固定成本（与购货数量无关），从而使费用（订货费）增大. 为了找到一种两全其美的订购原料的方案，需要建立库存费与订货费之和与批量的函数关系，其称为**库存函数**（Inventory Function），亦称**库存模型**.

为了简化问题，这里仅对"成批到货，一致需求，不允许缺货"的库存模型加以讨论.

"成批到货"是指工厂生产的每批产品，先整批存购入仓库；"一致需求"是指市场对这种商品的需求，在单位时间内数量相同，因此产品由仓库均匀提取后投放市场；"不许缺货"是指当前一批产品由仓库提取完后，下一批产品立刻进入仓库. 在这种假设下，规定仓库的平均库存量为每批产量的一半.

例 2.1.2【库存费用】 某工厂生产某型号车床，年产量为 a 台，分若干批进行生产，每批生产准备费为 b 元，假设每批产品均匀投入市场，且上一批销售完后立即生产下一批，即平均库存量为批量的一半. 设每年每台车床的库存费为 c 元. 显然，生产批量大则库存费高；生产批量小则批数增多，生产准备费高. 为了选择最优批量，试求一年中库存费与生产准备费之和与批量的函数关系.

解：设批量为 x 台，库存费与生产准备费之和为 $P(x)$ 元，因为年产量为 a 台，所以每年生产的批数为 $\dfrac{a}{x}$，则生产准备费为 $b \cdot \dfrac{a}{x}$ 元.

因为平均库存量为 $\dfrac{x}{2}$ 台，所以库存费为 $c \cdot \dfrac{x}{2}$ 元，由此可得 $P(x) = \dfrac{ab}{x} + \dfrac{c}{2}x, x \in (0, a]$.

引导问题 1：由"中国 GDP 增长动态"视频可以看出，自改革开放以来，我国经济进入"超车道"，跃居全球第二大经济体．说一说中国经济实现高速增长的原因有哪些．

引导问题 2：请挖掘引例 2.2 和引例 2.3 中的数学变量，分析其中变量的变化趋势，并用数学语言进行描述．

引导问题 3：请找出生活中体现极限思想的实例，分析其中变量的变化趋势，并尝试将其用极限式表示．

引导问题 4：庄子与惠子虽是好朋友，但性格的差异导致他们具有不同的基本立场，两人在讨论问题时经常互相"抬杠"，正所谓"君子和而不同"．请说一说你对这句话的进一步理解以及庄子与惠子间的辩论故事，并体会其中的哲学思想．

二、函数极限的概念

引例 2.2【中国 GDP 增长动态】 党的二十大报告中指出,"贯彻新发展理念,着力推进高质量发展,推动构建新发展格局,实施供给侧结构性改革".我国经济实力实现历史性跃升,经济总量稳居世界第二,通过扫码观看视频,分析自改革开放以来我国 GDP 的变化趋势.

函数极限的概念（1）　　中国 GDP 增长动态

引例 2.3【一尺之棰的变化】 我国春秋战国时期的哲学名著《庄子》(图 2.1) 记载着惠施的一句名言:"一尺之棰,日取其半,万世不竭."这句话的意思是:一尺的木棒,每天截取前一天剩下的一半,永远也取不完.那么随着时间的流逝,木棒的长度会如何变化?

问题分析 不管是中国 GDP 的变化趋势还是木棒的长度的变化,它们刻画的都是随着自变量的变化,因变量发生一定的变化.除了观察总体变化趋势外,还要确定因变量逼近的量具体是多少.

图 2.1　庄子

以上两个引例的共同特征是:当自变量逐渐增大时,相应函数值无限接近某个确定的常数,这种从量变到质变的过程就是极限的思想方法.其中,在"一尺之棰"的变化中,一尺长的木棒可以被无限地分割下去,这蕴含着"有限和无限的统一,有限包含无限"的辩证思想,这也是中国极限思想的萌芽.

要研究事物的发展趋势,可以分别从短期发展和长期发展的角度来考察,因此,本任务从自变量趋于无穷 ($x \to \infty$) 和某个特定的值 ($x \to x_0$) 这两个方面来讨论函数的极限.

1. 当 $x \to \infty$ 时函数 $f(x)$ 的极限

定义 2.2 如果当自变量 x 的绝对值无限增大（即 $x \to \infty$）时,函数 $f(x)$ 无限接近一个确定的常数 A,那么称 A 为函数 $f(x)$ 当 $x \to \infty$ 时的**极限（Limit）**,记作

$$\lim_{x \to \infty} f(x) = A \quad \text{或} \quad f(x) \to A (x \to \infty).$$

如果不存在这样的常数 A,则称 $\lim_{x \to \infty} f(x)$ 不存在.

定义中自变量 x 的绝对值无限增大（$x \to \infty$）,指的是 x 取正值且无限增大（$x \to +\infty$）和 x 取负值且无限增大（$x \to -\infty$）两种情况.

对于 $\lim_{x \to \infty} f(x) = A$,若 A 代表中国梦,则 x 就代表为了实现中国梦所做的不懈努力——砥砺前行,拼搏定能成就梦想!

引导问题 1："孤帆远影碧空尽，唯见长江天际流"出自诗仙李白的一首送别诗，该诗抒发对好友孟浩然离别时的依依不舍之情．请挖掘其中蕴含的数学变量关系，并分析其变化趋势．

引导问题 2：2022 年冬奥会上自由式滑雪大跳台金牌得主谷爱凌，在赛场上挑战自己的极限：首次 1620 转体取得成功，连她自己都难以相信．请说一说从中你领悟到的体育精神及其中渗透的人生态度．

引导问题 3："梦想的可贵在于它不是非得有实现的结果，而在于它给了个体更加自觉自愿地扩充人生价值，释放人生精彩的可能与过程．"你曾经有过梦想吗？现在还坚守梦想吗？你为梦想的实现做出怎样的努力？

引导问题 4："要舍弃片面局限的思维，学会全面辩证地看待问题．"考察函数 $f(x)$ 当 $x \to \infty$ 时的极限，要综合考虑哪些方面的问题？

定义 2.3 如果当 $x \to +\infty$ 时，函数 $f(x)$ 无限接近一个确定的常数 A，那么称 A 为函数 $f(x)$ 当 $x \to +\infty$ 时的极限，记作 $\lim\limits_{x \to +\infty} f(x) = A$.

如果当 $x \to -\infty$ 时，函数 $f(x)$ 无限接近一个确定的常数 A，那么称 A 为函数 $f(x)$ 当 $x \to -\infty$ 时的极限，记作 $\lim\limits_{x \to -\infty} f(x) = A$.

例 2.1.3 分析函数 $y = \dfrac{1}{x}$ 当 $x \to \infty$ 时的变化趋势.

解 观察 $y = \dfrac{1}{x}$ 的图像（图 2.2）的变化，当 $x \to +\infty$ 时，函数 $y = \dfrac{1}{x}$ 无限趋于常数 0，即 $\lim\limits_{x \to +\infty} \dfrac{1}{x} = 0$；

当 $x \to -\infty$ 时，函数 $y = \dfrac{1}{x}$ 也无限趋于常数 0，即 $\lim\limits_{x \to -\infty} \dfrac{1}{x} = 0$.

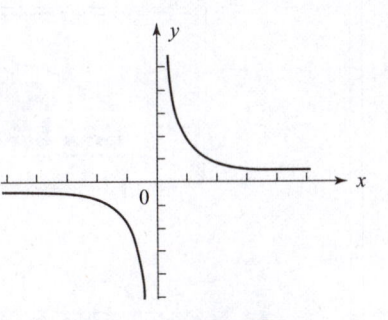

图 2.2 例 2.1.3 图

综合两种情况：当 x 的绝对值无限增大时，有 $f(x) = \dfrac{1}{x} \to 0$，即 $\lim\limits_{x \to \infty} \dfrac{1}{x} = 0$.

例 2.1.4 分析函数 $y = \arctan x$ 当 $x \to \infty$ 时的变化趋势.

解 观察 $y = \arctan x$ 的图像（图 2.3）的变化，当 $x \to +\infty$ 时，有 $\arctan x \to \dfrac{\pi}{2}$，即 $\lim\limits_{x \to +\infty} \arctan x = \dfrac{\pi}{2}$；

当 $x \to -\infty$ 时，有 $\arctan x \to -\dfrac{\pi}{2}$，即 $\lim\limits_{x \to -\infty} \arctan x = -\dfrac{\pi}{2}$.

反正切函数的变化趋势

因为 $\lim\limits_{x \to +\infty} \arctan x \neq \lim\limits_{x \to -\infty} \arctan x$，所以 $\lim\limits_{x \to \infty} \arctan x$ 不存在.

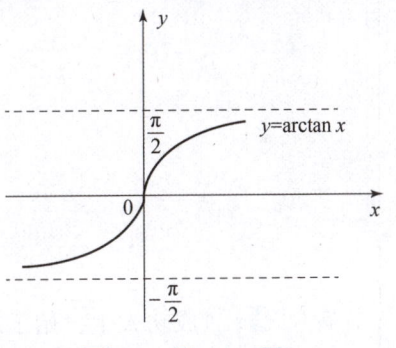

图 2.3 例 2.1.4 图

【小贴士】

（1）研究当 $x \to \infty$ 时函数的变化趋势时，需要讨论当 $x \to +\infty$ 时和当 $x \to -\infty$ 时函数的变化趋势，当且仅当两种情况下函数的变化趋势相同，并且都无限接近同一确定的常数 A 时，当 $x \to \infty$ 时函数的极限才存在，即 $\lim\limits_{x \to \infty} f(x) = A \Leftrightarrow \lim\limits_{x \to +\infty} f(x) = \lim\limits_{x \to -\infty} f(x) = A$.

（2）极限值是一个确定的常数，即函数极限若存在，则具有唯一性.

（3）图像法是观察函数变化趋势的一种方法，也是数形结合思想的体现.

■ 经济应用数学

| 生活情境 |

新产品从投入到被市场认可再到畅销，公司计划3年后新产品市场需求量达到30万件，该如何具体制定3年计划呢？

将3年计划分解为"三步走"发展战略，制定好每个阶段的短期目标，并由各个部门合力完成。

引导问题："成功人生，始于规划！"规划自己的人生从正确确立目标开始. 请制定一份大学生活的规划书，说明其中每个阶段的短期目标是什么，并用极限知识表示.

2. 当 $x \to x_0$ 时函数 $f(x)$ 的极限

定义 2.4 如果当 $x \to x_0$ 时，函数 $f(x)$ 无限接近一个确定的常数 A，那么称 A 为函数 $f(x)$ 当 $x \to x_0$ 时的极限，记作 $\lim\limits_{x \to x_0} f(x) = A$.

例 2.1.5 根据图像观察下列函数当 x 无限趋近 1 时的变化趋势.

(1) $f(x) = x + 1$；(2) $f(x) = \dfrac{x^2 - 1}{x - 1}$.

解 (1) 结合 $f(x) = x + 1$ 的图像（图 2.4）可观察到，无论 x 从大于 1 的方向逼近 1，还是从小于 1 的方向逼近 1，函数 $f(x) = x + 1$ 的值都无限趋近 2，即 $\lim\limits_{x \to 1}(x + 1) = 2$.

进一步发现函数 $f(x) = x + 1$ 在 $x = 1$ 处的定义值和极限值相等，即 $f(1) = 2 = \lim\limits_{x \to 1} f(x)$.

(2) 虽然函数 $f(x) = \dfrac{x^2 - 1}{x - 1}$ 在 $x = 1$ 处没有定义，但结合 $f(x) = \dfrac{x^2 - 1}{x - 1}$ 的图像（图 2.5）可观察到，无论 x 从大于 1 的方向逼近 1，还是从小于 1 的方向逼近 1，函数 $f(x)$ 的值都无限趋近同一个常数 2，即 $\lim\limits_{x \to 1} \dfrac{x^2 - 1}{x - 1} = 2$.

图 2.4 例 2.1.5 图（1）   图 2.5 例 2.1.5 图（2）

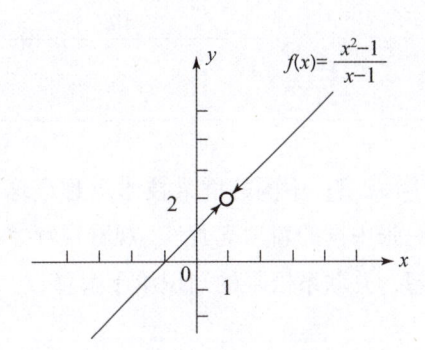

【小贴士】

(1) 当 $x \to x_0$ 时，函数 $f(x)$ 的极限是否存在与函数 $f(x)$ 在 x_0 处是否有定义无关.

(2) $\lim\limits_{x \to x_0} x = x_0$，$\lim\limits_{x \to x_0} C = C$（其中 C 为常数）.

定义 2.5 如果当 $x \to x_0^+$ 时，函数 $f(x)$ 无限接近一个确定的常数 A，那么称 A 为函数 $f(x)$ 在点 x_0 处的右极限（Right-hand Limit），记作 $\lim\limits_{x \to x_0^+} f(x) = A$.

如果当 $x \to x_0^-$ 时，函数 $f(x)$ 无限接近一个确定的常数 A，那么称 A 为函数 $f(x)$ 在点 x_0 处的左极限（Left-hand Limit），记作 $\lim\limits_{x \to x_0^-} f(x) = A$.

左极限与右极限统称为单侧极限.

引导问题 1：通过例 2.1.5 的学习，你认为求函数在某点处的极限值就是将这一点直接代入函数式中吗？还是在满足一定条件下可以直接代入呢？说明函数在某点处的极限值与定义值的关系．

引导问题 2：税收是国家财政收入的主要来源，我国对个人所得税的征收模式是累进征收制，在累进征收制下指税率随个人收入的增加而上升．通过查阅个人所得税税率表，构建个人所得税与月收入的函数关系式，并分析月收入为 8 000 元时所需缴纳的个人所得税的变化趋势．

引导问题 3：中国的桥梁技术堪称全球"学霸级"，创下无数世界第一．桥梁正在成为一张中国的新"名片"，观看视频"大桥完美'空中芭蕾'后对接"，说一说你的感想，并联系极限的知识给予解释．

引导问题 4：试着从生活中找出能刻画分段函数在某点处极限思想的实例．

通过观看视频"大桥完美'空中芭蕾'后对接"可知，造桥时先分别做好每两段桥身，再用先进的技术将两部分巧妙地无缝对接．这也是左、右极限知识在桥梁技术上应用的体现．

例2.1.6 设 $f(x)=\begin{cases} x+1, & x<0 \\ x^2, & 0\leq x<1 \\ 2-x, & x\geq 1 \end{cases}$，观察图2.6，求：（1）$\lim\limits_{x\to 0}f(x)$；（2）$\lim\limits_{x\to 1}f(x)$；（3）$\lim\limits_{x\to 2}f(x)$．

大桥完美"空中芭蕾"后对接

分段函数的极限

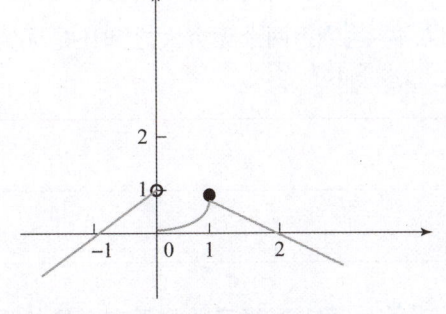

图2.6 例2.1.6图

解 可以看出 $x=0$ 和 $x=1$ 是分段函数 $f(x)$ 分段点.

（1）在 $x=0$ 处的左极限：$\lim\limits_{x\to 0^-}f(x)=\lim\limits_{x\to 0^-}(x+1)=1$.

在 $x=0$ 处的右极限：$\lim\limits_{x\to 0^+}f(x)=\lim\limits_{x\to 0^+}x^2=0$.

因为 $\lim\limits_{x\to 0^+}f(x)\neq\lim\limits_{x\to 0^-}f(x)$，所以 $\lim\limits_{x\to 0}f(x)$ 不存在.

（2）在 $x=1$ 处的左极限：$\lim\limits_{x\to 1^-}f(x)=\lim\limits_{x\to 1^-}x^2=1$.

在 $x=1$ 处的右极限：$\lim\limits_{x\to 1^+}f(x)=\lim\limits_{x\to 1^+}(2-x)=1$.

因为 $\lim\limits_{x\to 1^+}f(x)=\lim\limits_{x\to 1^-}f(x)=1$，所以 $\lim\limits_{x\to 1}f(x)=1$.

（3）$\lim\limits_{x\to 2}f(x)=\lim\limits_{x\to 2}(2-x)=0$.

函数极限的概念小测试

由图2.6可以看出，在 $x=0$ 处左、右两侧，函数 $f(x)$ 的图像是断开的，没有对接，即在 $x=0$ 处的左极限不等于右极限，因此，在该点处极限不存在；而 $x=1$ 处左、右两侧的图像对接，即在 $x=1$ 处的左极限等于右极限，因此，在该点处极限存在.

【小贴士】

（1）研究当 $x\to x_0$ 时函数的变化趋势时，需要讨论当 $x\to x_0^+$ 和 $x\to x_0^-$ 时函数的变化趋势，且 $\lim\limits_{x\to x_0}f(x)=A\Leftrightarrow\lim\limits_{x\to x_0^+}f(x)=\lim\limits_{x\to x_0^-}f(x)=A$.

（2）一般地，求分段函数的极限 $\lim\limits_{x\to x_0}f(x)$ 时，首先判断 x_0 是不是分段函数 $f(x)$ 的分段点，如果是分段点，则一定要分别计算其左极限 $\lim\limits_{x\to x_0^-}f(x)$ 和右极限 $\lim\limits_{x\to x_0^+}f(x)$ 后进行判断；如果 x_0 不是分段点，通常可以直接求 $\lim\limits_{x\to x_0}f(x)$ 的值.

引导问题 1：尝试找出日常生活中反映无穷小思想的实例，并说一说你对无穷小概念的理解.

引导问题 2：两个无穷大之和还是无穷大吗？若不是，请举出反例说明.

引导问题 3：有界函数与无穷小量的乘积是无穷小，那么有界函数与无穷大的乘积还是无穷大吗？请举例说明.

对于无穷小的认识，可以追溯到古希腊哲学家史葛西罗氏，他认为数目类比可以得出宇宙空间中没有任何实体介质，从而有理由认定"最小"的物质. 后来科学史家们把这一思想发挥到极致. 在 17 世纪创立的微积分中，关于无穷小的数学推导过程中在逻辑上自相矛盾，贝克莱主教对牛顿提出的无穷小提出质疑，双方在"无穷小是否为零"的问题上产生了极大的争论，从而引发了第二次数学危机.

直到 1821 年，伟大的数学家柯西（图 2.7）在他的《分析教程》中用"极限"的定义对"无穷小"这一概念给出了明确的定义，从而有关无穷小的理论就是在柯西理论的基础上发展起来的. 此后，"数学分析"的基本概念得到了"严格化"，使微积分不再依赖于"几何概念""运动"和"直观了解"而发展成现代数学中最为基础和庞大的数学学科.

图 2.7 柯西

三、无穷小和无穷大

1. 无穷小的概念

引例 2.4【产品的库存量】 随着市场上对某公司新产品的需求日渐增加，如果不加紧加快生产进度，新产品的库存将逐渐减少并趋于零.

可见，随着时间的增加库存量无限趋于常数 0，为这种特殊的极限赋予新的定义如下.

定义 2.6 若当 $x \to x_0$（或 $x \to \infty$）时，函数 $f(x)$ 的极限为零，则称函数 $f(x)$ 为当 $x \to x_0$（或 $x \to \infty$）时的**无穷小量（Infinitesimal Quantity）**，简称**无穷小**.

例如，因为 $\lim\limits_{x \to \infty} \dfrac{1}{x^2} = 0$，所以 $\dfrac{1}{x^2}$ 是当 $x \to \infty$ 时的无穷小.

又如，因为 $\lim\limits_{x \to 2} \sin(x-2) = 0$，所以 $\sin(x-2)$ 是当 $x \to 2$ 时的无穷小.

> 【小贴士】
>
> （1）说一个函数是无穷小时必须指明自变量的变化趋势. 如函数 $f(x) = \dfrac{1}{x^2}$，当 $x \to \infty$ 时为无穷小，而当 $x \to 1$ 时 $\lim\limits_{x \to 1} \dfrac{1}{x^2} = 1 \neq 0$，此时它就不是无穷小.
>
> （2）无穷小不是一个"很小的数"，而是一个以零为极限的函数.
>
> （3）数"0"是常数中唯一的一个无穷小.

2. 无穷小的性质

性质 2.1 有限个无穷小的代数和与乘积仍为无穷小.

性质 2.2 有界函数与无穷小的乘积仍为无穷小.

例 2.1.7 求下列极限.

（1） $\lim\limits_{x \to \infty} \dfrac{\cos x}{x^2}$；　　（2） $\lim\limits_{x \to \infty} \dfrac{1}{x} \arctan x$.

解 （1）因为 $\lim\limits_{x \to \infty} \dfrac{1}{x^2} = 0$，所以 $\dfrac{1}{x^2}$ 是当 $x \to \infty$ 时的无穷小.

$|\cos x| \leq 1$，即 $\cos x$ 是有界函数.

由无穷小的性质 2.2 知：$\lim\limits_{x \to \infty} \dfrac{\cos x}{x^2} = 0$.

（2）因为 $\lim\limits_{x \to \infty} \dfrac{1}{x} = 0$，所以 $\dfrac{1}{x}$ 是当 $x \to \infty$ 时的无穷小.

引导问题 1：庄子曰："吾生也有涯，而知也无涯."这句话启示我们要树立终身学习的观念，要以有限的生命去追求无穷无尽的知识. 请用极限知识阐述这句话的含义.

引导问题 2：数学危机虽然带来了极大的困惑和争论，但每一次数学危机都极大地推动了数学理论的发展. 请了解数学史上的三次数学危机，并说一说第二次数学危机产生的根源和解决办法.

第二次数学危机

引导问题 3：公元前 5 世纪，古希腊数学家、哲学家芝诺发表了著名的"阿基里斯悖论". 他提出让乌龟以阿基里斯前面 100 米处为起点和阿基里斯赛跑，并且假定阿基里斯的速度是乌龟的 10 倍. 在比赛开始后，若阿基里斯跑了 100 米，设所用的时间为 t，此时乌龟便领先他 10 米；当阿基里斯跑完下一个 10 米时，他所用的时间为 $t/10$，乌龟仍然领先他 1 米；当阿基里斯跑完下一个 1 米时，他所用的时间为 $t/100$，乌龟仍然领先他 0.1 米……芝诺认为，阿基里斯能够继续逼近乌龟，但绝不可能追上它. 请说一说你对该悖论的看法并分析其错误原因.

阿基里斯悖论

又借助图 2.3 知 $|\arctan x| < \dfrac{\pi}{2}$，即 $\arctan x$ 是有界函数.

由无穷小的性质 2.2 知：$\lim\limits_{x\to\infty}\dfrac{1}{x}\arctan x = 0.$

3. 无穷大的概念

引例 2.5【学海无涯】 "书山有路勤为径，学海无涯苦作舟."这句话告诉人们，在学习的道路上没有捷径可走，只能勤学苦读，若能一直坚持不懈，则获取的知识和技能将越来越丰富并趋于无穷大.

定义 2.7 如果当 $x\to x_0$（或 $x\to\infty$）时，函数 $f(x)$ 的绝对值无限增大，那么称 $f(x)$ 为当 $x\to x_0$（或 $x\to\infty$）时的**无穷大量（Infinity Quantity）**，简称**无穷大**，记作 $\lim\limits_{x\to x_0}f(x)=\infty$ 或 $\lim\limits_{x\to\infty}f(x)=\infty.$

例如：因为 $\lim\limits_{x\to 0}\dfrac{1}{x}=\infty$，所以函数 $\dfrac{1}{x}$ 是当 $x\to 0$ 时的无穷大.

> 【小贴士】
> （1）说一个函数是无穷大时，必须指明自变量的变化趋势.
> （2）一个函数当 $x\to x_0$（$x\to\infty$）时为无穷大，其实它的极限是不存在的，但是为了方便起见，人们也常说"函数的极限是无穷大"，并记作 $\lim\limits_{x\to x_0}f(x)=\infty$ 或 $\lim\limits_{x\to\infty}f(x)=\infty.$
> （3）无穷大不是一个"很大的数"，而是一个以无穷为极限的函数.

4. 无穷大与无穷小的关系

由无穷大与无穷小的定义可知，它们有如下关系.

定理 2.1 在自变量的同一变化过程中，若 $f(x)$ 为无穷大，则 $\dfrac{1}{f(x)}$ 为无穷小；若 $f(x)(f(x)\neq 0)$ 为无穷小，则 $\dfrac{1}{f(x)}$ 为无穷大.

定理 2.1 可归纳为：无穷大的倒数为无穷小，无穷小（除零外）的倒数为无穷大.

无穷小与无穷大小测试

例 2.1.8 求 $\lim\limits_{x\to 1}\dfrac{x}{x-1}.$

解 因为 $\lim\limits_{x\to 1}\dfrac{x-1}{x}=0$，所以由无穷大与无穷小的关系知：$\lim\limits_{x\to 1}\dfrac{x}{x-1}=\infty.$

■ 经济应用数学

生活情境

虽然由于产品转型及研发等，公司资金相对比较紧张些，但也要激励员工，增强企业凝聚力，提升企业文化和企业在社会上的形象.在这些方面的投入不能省！对此，大家有好的想法吗？

可以制定合理的激励制度，为优秀的员工赋予更多的荣誉和奖金！

可以建立企业慈善基金，饮水思源，推动爱心捐助，为企业树立更好的社会形象，提升品牌的社会效益.

引导问题：建立激励制度或推动慈善捐助对企业的发展有哪些积极的帮助？你知道我国哪些民族企业或个人经常为慈善事业做贡献？这些企业或个人有哪些值得我们学习的优秀品质？

任务二　经济变化趋势的定量分析 1（极限的四则运算）

引例 2.5【激励基金的建立】　某公司为了有效激励员工的发展，决定设立一项奖励基金，用于对年度优秀员工进行激励．该公司相关规定如下．

（1）该项激励基金每年发放一次，发放时间为每年年底．

（2）每年发放奖金总额为 10 万元．

为保证激励基金的有效运转，该公司决定先拿出一笔钱作为激励基金的投资，已知该投资的固定收益，试根据激励基金设定年限（一定年限的基金或永续基金），科学地做出基金投入金额决策．

问题分析　基金的投入资金取决于基金的年限、投入资金的固定收益计算等．要科学地做出该项基金的资金投入决策，必须解决单利或复利形式下的资金本息和的计算、资金的现值计算及函数极限的计算等问题，因此需要掌握相关数学知识．

一、激励基金建立相关函数

1. 资金终值

在企业经济活动中，由于进行项目投资或维持企业正常运营，常常需要向银行、其他机构或企业存款或贷款，随之便会产生利息．所谓利息，是指一定资金在一定时期内的收益．计算利息有 3 个基本要素：本金、利率和时期．

贷（存）款人所借（存）入的贷（存）款数量，称为本金；使用本金的时间，称为时期；一定时期内利息额与存款本金或贷款本金的比率，称为利率．

若年利率为 r，一年分为 m 期，则每期的利率为 $\dfrac{r}{m}$，如月利率为 $\dfrac{r}{12}$，日利率为 $\dfrac{r}{360}$ 等．

计算利息有单利和复利两种方法．在金融活动中，获得的利息不计入本金的计息方法称为**单利（Simple Interest）**，获得的利息计入本金的方法称为**复利（Compound Interest）**．

现在一定量的资金在未来某一时点上的价值，称为**资金终值（Future Value）**，俗称本息和，通常用 F 表示．

设某笔贷（存）款本金为 A_0，年利率为 r，投资年限为 t，一年分为 m 期，每期结算一次，则本息和（即资金终值）F 的计算公式如下．

（1）按单利方式，到期后的本息和为 $F = A_0(1 + rt)$．

（2）按复利方式，到期后的本息和为 $F = A_0\left(1 + \dfrac{r}{m}\right)^{mt}$．

■ 经济应用数学

引导问题 1：正确理解资金的现值与终值有助于进行投资决策. 资金的现值、终值是如何计算的？尝试总结出普通年金的终值和现值计算公式.

_____

_____

_____

_____

引导问题 2：预付年金又称为即付年金，是指在每期期初等额收付的年金. 它与普通年金的区别在于付款时间不同. 预付年金终值是一定时期内每期期初等额收付款项的复利终值之和. 在例 2.2.2【企业收益】中，若题目条件改为企业每年年初收到 75 万元的投资款，则 4 年后企业收到投资总额是多少？

_____

_____

_____

_____

>   1926 年，荷兰人用价值约 24 美元的珠子和饰物从印第安人手里买下了纽约. 当时买到的土地总面积约为 22 平方英里[①]，这么便宜地把纽约卖掉，人们通常认为是印第安人上了荷兰人的当，但是如果用复利终值公式计算一下，却可能得出印第安人是最为精明的商人的结论. 假如当时印第安人把这 24 美元存入银行，按每年 6% 的复利计算，那么到 2008 年大约变为 1 051 亿美元；按 7% 的复利计算，那么到 2008 年大约变为 37 621 亿美元；按 8% 的复利计算，那么到 2008 年大约变为 130 万亿美元，美国 2007 年的国民生产总值是 11.6 亿美元. 另外，还应注意到一个问题，就是收益率即使有很小的差别，在很多年后计算终值也会差别很大，这就是复利增长的魔力所在. 因此，爱因斯坦称复利是人类金融史上最伟大的数学发现，是"世界的第八大奇迹".

---

① 1 平方英里 ≈ 2.59×10^6 平方米.

80

特别地，若每年结算一次，则按复利方式计算，到期后的本息和为 $F=A_0(1+r)^t$.

在一定时期内，每隔相同的时间，收入或支出相同金额的系列款项称为 年金（Annuity），通常用 A 表示．例如，租房户每月要支付相等的租金、定期支付保险费、等额分期偿还贷款、按直线法计提固定资产折旧等都属于年金问题．

年金主要可分为普通年金、预付年金、递延年金和永续年金 4 种．其中，现实经济生活中最常见的是普通年金，又称为"后付年金"，是指每期期末有等额的收付款项的年金．

例 2.2.1【资金终值】 某人用 100 000 元投资一项为期 5 年的项目，年利率为 10%，试求：

（1）按一年为一期的复利方式计息，到第 5 年年末的终值；（2）按一个月为一期的复利方式计息，到第 5 年年末的终值．

解（1）本金 $A_0=100\ 000$ 元，5 年计息期数为 5 期，期利率 $r=10\%$，因此，第 5 年年末的终值为

$$S_5=A_0(1+r)^t=100\ 000\times(1+10\%)^5=161\ 051(元).$$

（2）按一个月为一期的复利方式计息，5 年计息期数为 12×5 期，期利率 $r=\dfrac{10\%}{12}$，因此，第 5 年年末的终值为

$$S_5=A_0\left(1+\dfrac{r}{m}\right)^{mt}=100\ 000\times\left(1+\dfrac{10\%}{12}\right)^{12\times5}=164\ 530.9(元).$$

例 2.2.2【企业收益】 由于正确的转型投资，某企业研发的新产品投放市场后的第 1~4 年每年年末收到投资收益 75 万元，将收到的投资收益立即存入银行，银行存款年利率为 5%，每年计一次复利，并于第 4 年年末将所有存款本息和一次性取出，计算该企业收益共为多少．

解 这是已知普通年金求复利终值之和的问题，其中年金 $A=75$ 万元，年利率 $r=5\%$，则第 1 年年末存入的 75 万元至第 4 年年末时的终值为 $F_1=75\times(1+5\%)^3$．依此类推，得到总的本息和为

$$F=F_1+F_2+F_3+F_4=75\times[(1+5\%)^3+1+(1+5\%)^2+(1+5\%)+1]$$
$$=323.26(万元).$$

在企业经济活动中，常常要对市场分析、产品开发、投资项目的评估等进行决策，资金终值技术可以帮助企业计算不同投资收益和经营成本，准确地预测市场需求及可能带来的经济收益，进而确定最适合企业的投资方案．

2. 资金现值

未来某一时点上的一定量现金折合到现在的价值，称为资金的 现值（Present Value），也称为折现值或贴现值，通常用 P 表示．

81

子任务2.2：永续年金投入金额的确定

引导问题1：某公司希望在每年年末发放激励奖金10万元（即普通年金），年复利率为10%，假设此激励基金制度需持续5年，现在该公司需要投入多少资金？请将计算过程写出来.

引导问题2：为了长期有效地激励员工的工作积极性，需要将激励基金永远持续下去，那么现在需要投入多少资金（又称为"永续年金"）？尝试总结出永续年金的计算公式.

引导问题3：诺贝尔奖旨在表彰在诸多领域对人类做出最大贡献的人士，进而弘扬科学精神. 诺贝尔奖包含哪五个奖项？有哪些中国人获得过诺贝尔奖？说一说其主要贡献.

引导问题4：最初的诺贝尔遗产只有3 100万瑞典克朗，为什么120多年过去了，奖金一直用不完，而且越发越多？

若某笔资金 t 年价值为 F_t 元，假设在这 t 年之间年利率 r 不变．

（1）按单利方式计息，则资金现值 P 为 $P=\dfrac{F_t}{1+rt}$．

（2）按年复利方式计息，则资金现值 P 为 $P=\dfrac{F_t}{(1+r)^t}$．

例 2.2.3【资金现值】 某公司希望所投资项目在第 5 年年末有 1 000 万元资金，年复利为 10%，试问现在需要一次性投资多少钱？

解 这是求资金现值问题，终值 $F_5=1\,000$，计息次数为 $t=5$，年利率为 $r=10\%$．

$$P=\frac{F_5}{(1+r)^5}=\frac{1\,000}{(1+10\%)^5}=620.3（万元）.$$

例 2.2.4【偿债基金】 因拓展业务，满足目前的资金需求，甲公司向乙公司借款，甲公司 3 年后要偿还乙公司借款 300 万元，年复利率为 10%，那么甲公司每年应该向乙公司还款多少钱？

解 这是已知普通年金终值求年金的问题，且被求出的年金叫作"年偿债基金"．设甲公司每年应该向乙公司还款 A 万元（即年金），则有

$$A[1+(1+10\%)+(1+10\%)^2]=300,$$

解得 $A=90.63$（万元）．

例 2.2.5【资本回收额】 甲企业为了扩大规模，进行一项投资，初始投资金额为 200 万元，投资回报率为 20%，预计在 5 年内收回投资成本，那么甲企业至少每年应该收回多少钱？

解 这是已知普通年金现值求年金的问题，且被求出的年金叫作"年资本回收额"．设甲企业每年至少应该收回 A 万元，则有

$$A[1+(1+20\%)+(1+20\%)^2+(1+20\%)^3+(1+20\%)^4]=200,$$

解得 $A=26.875$（万元）．

普通年金的极限形式为永续年金，也称为永久年金或无限期年金，是指无限期等额收付的年金，可以理解为当普通年金的收付次数为无限大时即永续年金，例如存本取息的利息、无限期附息债券的利息、企业为激励员工积极性而制定的永续激励基金等．

普通年金的终值、现值的计算　　年偿债基金和资本回收额　　极限的四则运算（1）

二、极限的四则运算法则

引例 2.6【产品价格预测】 设某产品的价格满足 $p(t)=20-20e^{-0.5t}$（单位：元），请对该产品的长期价格进行预测．

问题分析 进行长期预测，即探索该产品价格 $p(t)=20-20e^{-0.5t}$ 当 $t\to+\infty$ 时的变化趋势．前面的学习中主要利用函数的图像进行分析，但该函数图像不易作出，这说明仅用图像分析函数的变化趋势是有局限性的，因此，还需要掌握函数极限的相关运算．

引导问题 1：要分析函数的变化趋势，你会使用哪些方法？说一说其优、缺点分别是什么.

引导问题 2：遵纪守法是每个公民的责任和义务，法律边界不容僭越. 请说一说作为大学生，你需要遵守的规章制度主要体现在哪几个方面.

引导问题 3：在使用极限的四则运算法则时，要做到"依法求解". 其使用的前提是两个极限均存在，若有一个极限本身是不存在的，则不能使用极限的四则运算法则. 特别地，对于商的极限运算法则，当分子、分母的极限都存在，且分母的极限不为零时才可使用，但是当两者的极限均不存在时，其四则运算的极限却有可能存在，请举例说明.

引导问题 4：定理 2.2 中（1）和（2）若推广到无限个则不一定成立，请通过对极限 $\lim\limits_{n\to\infty}\left(\dfrac{1}{n^2}+\dfrac{2}{n^2}+\cdots+\dfrac{n}{n^2}\right)$ 的求解进行说明.

定理 2.2【极限的四则运算法则】

设 $\lim\limits_{x\to x_0}f(x)=A$，$\lim\limits_{x\to x_0}g(x)=B$，则有以下结论.

(1) $\lim\limits_{x\to x_0}[f(x)\pm g(x)]=\lim\limits_{x\to x_0}f(x)\pm\lim\limits_{x\to x_0}g(x)=A\pm B.$

(2) $\lim\limits_{x\to x_0}[f(x)g(x)]=\lim\limits_{x\to x_0}f(x)\cdot\lim\limits_{x\to x_0}g(x)=A\cdot B.$

(3) $\lim\limits_{x\to x_0}\dfrac{f(x)}{g(x)}=\dfrac{\lim\limits_{x\to x_0}f(x)}{\lim\limits_{x\to x_0}g(x)}=\dfrac{A}{B}(B\neq 0).$

【小贴士】

(1) 定理 2.2 中的法则 (1) 和 (2) 可推广到有限个函数的情形.

(2) 定理 2.2 在 $x\to x_0^+$、$x\to x_0^-$、$x\to\infty$、$x\to-\infty$ 及 $x\to+\infty$ 的情况下同样成立.

(3) 定理 2.2 中法则 (2) 的特例是：$\lim\limits_{x\to x_0}Cf(x)=C\lim\limits_{x\to x_0}f(x)=CA$（$C$ 为常数）.

(4) 谨记使用极限的四则运算法则的前提是函数 $f(x)$，$g(x)$ 当 $x\to x_0$ 时极限均存在.

例 2.2.6 求极限 $\lim\limits_{x\to 2}(x^2+3x-1).$

解：当 $x\to 2$ 时，函数中每一部分的极限均存在，可以直接利用极限的四则运算法则进行计算，称该极限为**直接代入型极限**.

$$\lim\limits_{x\to 2}(x^2+3x-1)=\lim\limits_{x\to 2}x^2+\lim\limits_{x\to 2}3x-\lim\limits_{x\to 2}1=(\lim\limits_{x\to 2}x)^2+3\lim\limits_{x\to 2}x-1$$
$$=2^2+3\times 2-1=9.$$

【小贴士】

(1) 设 $P(x)=a_0x^n+a_1x^{n-1}+\cdots+a_n$ 为 n 次多项式，则 $\lim\limits_{x\to x_0}P(x)=P(x_0).$

(2) 设 $P(x)$，$Q(x)$ 均为多项式，若 $Q(x_0)\neq 0$，则 $\lim\limits_{x\to x_0}\dfrac{P(x)}{Q(x)}=\dfrac{P(x_0)}{Q(x_0)}.$

例 2.2.7 求极限 $\lim\limits_{x\to 2}\dfrac{x^2+3x-1}{x-2}.$

解 当 $x\to 2$ 时，分母的极限为 0，分子的极限不为 0，称该极限为"$\dfrac{A}{0}$"型极限（其中 $A\neq 0$），它不能使用商的极限运算法则，可以先考虑它的倒数.

引导问题 1：一般地，在进行极限的求解时，每一步都要做的事情是什么？你知道常见的极限未定式有哪几种吗？请写出来.

_____

_____

_____

引导问题 2：透过现象看本质是辩证唯物主义认识论观点. 在生活和学习中要善于抓住事物的本质. 这一观点也体现在函数极限的求解中，即使函数解析式相同，但由于自变量的趋向不同，所以最后所得极限也不同. 请结合下面极限的求解做进一步说明：$\lim\limits_{x\to\infty}\dfrac{x^2-4}{x^2-6x+8}$ 和 $\lim\limits_{x\to 2}\dfrac{x^2-4}{x^2-6x+8}$.

_____

_____

_____

引导问题 3：极限的求解中最关键的是将自变量代入，对于未定式极限，则需要对函数进行变形转化，使之成为非未定式极限，这样便容易得出极限值，即在函数极限的求解中，若不满足极限的四则运算法则，就想办法进行适当的变形使之满足条件. 这种思想对我们的生活和学习有哪些启示？

_____

_____

_____

引导问题 4：对于"$\dfrac{0}{0}$"型未定式极限的计算，本教材介绍了哪两种不同的方法？选择不同方法的依据是什么？

_____

_____

_____

解 $\lim\limits_{x\to 2}\dfrac{x-2}{x^2+3x-1}=\dfrac{\lim\limits_{x\to 2}(x-2)}{\lim\limits_{x\to 2}(x^2+3x-1)}=\dfrac{0}{9}=0$，因此 $\lim\limits_{x\to 2}\dfrac{x^2+3x-1}{x-2}=\infty$.

例 2.2.8 求极限 $\lim\limits_{x\to 3}\dfrac{x^2-9}{x^2-7x+12}$.

解 当 $x\to 3$ 时，分子、分母都趋于 0，将该极限称为"$\dfrac{0}{0}$"型未定式极限，这种极限不能用商的极限运算法则进行计算，这里采用因式分解进行约分.

$$\lim_{x\to 3}\dfrac{x^2-9}{x^2-7x+12}=\lim_{x\to 3}\dfrac{(x+3)(x-3)}{(x-3)(x-4)}=\lim_{x\to 3}\dfrac{x+3}{x-4}=-6.$$

例 2.2.9 求极限 $\lim\limits_{x\to 0}\dfrac{\sqrt{1+x}-1}{x}$.

解 当 $x\to 0$ 时，该极限也是"$\dfrac{0}{0}$"型未定式极限，商的极限运算法则不能使用，故采用分子有理化后约分的方法求极限. $\lim\limits_{x\to 0}\dfrac{\sqrt{1+x}-1}{x}=\lim\limits_{x\to 0}\dfrac{(\sqrt{1+x}-1)(\sqrt{1+x}+1)}{x(\sqrt{1+x}+1)}=$
$\lim\limits_{x\to 0}\dfrac{x}{x(\sqrt{1+x}+1)}=\lim\limits_{x\to 0}\dfrac{1}{\sqrt{1+x}+1}=\dfrac{1}{2}$.

极限求解之有理化

极限的四则运算（2）

例 2.2.10 求极限 $\lim\limits_{x\to\infty}\dfrac{x^3+2x^2+1}{2x^3+3x^2}$.

解 当 $x\to\infty$ 时，分子、分母都趋于 ∞，将该极限称为"$\dfrac{\infty}{\infty}$"型未定式极限，这种极限不能使用商的极限运算法则进行计算，这里将分子、分母同除以 x^3 后，再利用四则运算法则求极限.

$$\lim_{x\to\infty}\dfrac{x^3+2x^2+1}{2x^3+3x^2}=\lim_{x\to\infty}\dfrac{1+\dfrac{2}{x}+\dfrac{1}{x^3}}{2+\dfrac{3}{x}}=\dfrac{1}{2}.$$

例 2.2.11【销售预测】 一款新的网络游戏推出时，在短期内用户量往往会迅速增加，然后下降，设其函数关系为 $y=\dfrac{200t}{t^2+100}$，请对该款游戏的用户量做出长期的预测.

解 对该款游戏的用户量做出长期的预测，即求当 $t\to +\infty$ 时的销售量.

因为

$$\lim_{t\to +\infty}y=\lim_{t\to +\infty}\dfrac{200t}{t^2+100}=\lim_{t\to +\infty}\dfrac{\dfrac{200}{t}}{1+\dfrac{100}{t^2}}=0,$$

所以该款游戏的玩家将越来越少，人们会转向新的网络游戏.

■ 经济应用数学

> 生活情境

> 慢点，慢点……好像极限类型与方法各有不同，整得我有点晕乎！

> 哈哈！我教你个方法——将不同类型极限求解的方法进行归类总结，再尝试实践．相信自己，你一定行！

引导问题：尝试用思维导图的形式总结不同类型极限的求解方法，并写出你在极限求解过程中的心得体会与反思．

【思考】 极限 $\lim\limits_{x\to\infty}\dfrac{x^3+2x^2+1}{2x^5+3x^2}$ 和 $\lim\limits_{x\to\infty}\dfrac{x^4+2x^2+1}{2x^3+3x^2}$ 该如何求？

> **【小贴士】**
>
> 对于"$\dfrac{\infty}{\infty}$"型未定式极限，求解的方法是：分子、分母同时除以自变量的最高次幂，俗称"抓大头"，并有如下结果：
>
> $$\lim_{x\to\infty}\dfrac{a_0x^m+a_1x^{m-1}+\cdots+a_m}{b_0x^n+b_1x^{n-1}+\cdots+b_n}=\begin{cases}0,&n>m,\\ \dfrac{a_0}{b_0},&n=m,\\ \infty,&n<m.\end{cases}$$ 其中 $a_0\neq 0$，$b_0\neq 0$，且 m，n 为非负整数．

例 2.2.12 求极限 $\lim\limits_{x\to 1}\left(\dfrac{1}{x-1}-\dfrac{2}{x^2-1}\right)$．

解 当 $x\to 1$ 时，$\dfrac{1}{x-1}\to\infty$，$\dfrac{2}{x^2-1}\to\infty$，将该极限称为"$\infty-\infty$"型未定式极限，不能直接使用极限的四则运算法则，这里先通分，化为"$\dfrac{0}{0}$"型未定式极限后再求解．

$$\lim_{x\to 1}\left(\dfrac{1}{x-1}-\dfrac{2}{x^2-1}\right)=\lim_{x\to 1}\dfrac{x+1-2}{x^2-1}=\lim_{x\to 1}\dfrac{x-1}{(x-1)(x+1)}=\lim_{x\to 1}\dfrac{1}{x+1}=\dfrac{1}{2}.$$

例 2.2.13【利润增长额】 已知生产 x 对汽车挡泥板的成本是 $C(x)=10+\sqrt{1+x^2}$（美元），每对的售价为 5 美元．出售 $x+1$ 对比出售 x 对产生的利润增长额为 $L(x)=[R(x+1)-C(x+1)]-[R(x)-C(x)]$，当生产稳定、产量很大时，试求增长额 $\lim\limits_{x\to+\infty}L(x)$．

解 由题意知：

$$\lim_{x\to+\infty}L(x)=\lim_{x\to+\infty}\{[R(x+1)-C(x+1)]-[R(x)-C(x)]\}$$

$$=\lim_{x\to+\infty}[5+\sqrt{1+x^2}-\sqrt{1+(1+x)^2}]=5-\lim_{x\to+\infty}\dfrac{2x+1}{\sqrt{1+x^2}+\sqrt{1+(1+x)^2}}$$

$$=5-\lim_{x\to+\infty}\dfrac{2+\dfrac{1}{x}}{\sqrt{\dfrac{1}{x^2}+1}+\sqrt{\dfrac{1}{x^2}+\left(1+\dfrac{1}{x}\right)^2}}=4.$$

极限的四则运算小测试

本例的解决过程中也涉及"$\infty-\infty$"型未定式极限，这里采用的是先进行有理化，将之化为"$\dfrac{\infty}{\infty}$"型未定式极限后再求解的方法．

■ 经济应用数学

生活情境

公司此次转型投资，除了预测市场带给企业的收益外，也要做好成本的预算．由于资金短缺，很大部分资金需要从银行贷．如何解决银行借贷的本息和计算问题呢？

这个很简单！我知道利用数学中的第二个重要极限可以解决银行借贷的本息和计算问题！

呃……第二个重要极限，那一定也有第一个重要极限吧？你都给我讲讲吧！

引导问题：根据刘徽的"割圆术"的无限逼近思想，请用极限思想推导出圆的面积公式．

刘徽的"割圆术"

任务三　经济变化趋势的定量分析2（两个重要极限）

一、第一个重要极限

引例2.7【圆的面积】 小学时，我们就学习过圆的面积公式为 $S = \pi R^2$（其中圆的半径为 R），那能不能用更加高深的数学理论（极限思想）推导出圆的面积公式呢？

问题分析 用极限的思想探究圆的面积公式．极限研究的是一个对象在一定变化过程下的变化趋势．因此，要找出一个能够刻画处于变化状态中的对象的方法．可以借助魏晋时期伟大的数学家刘徽创立的"割圆术"，它是以"圆内接正多边形的面积来无限逼近圆的面积"．只要计算出圆内接正多边形的面积在其边数趋于无穷大的极限值即可得到圆的面积（图2.8）．

图 2.8　圆内接正多边形

在圆的面积的探究中，涉及 $\lim\limits_{x \to 0} \dfrac{\sin x}{x}$ 的求解，从极限的类型上判断它是 "$\dfrac{0}{0}$" 型未定式极限，但是用上一节介绍的两种方法均无法解决．这里借助计算器得出的表格数值或用数学软件 Wolfram Alpha 的 "Plot" 命令作出图像进行观察．函数 $f(x) = \dfrac{\sin x}{x}$ 的变化趋势和图像分别如表2.1、图2.9所示．

表 2.1　函数 $f(x) = \dfrac{\sin x}{x}$ 的变化趋势

x	±1	±0.1	±0.01	⋯
$\sin x/s$	0.841 471	0.998 33	0.999 98	⋯

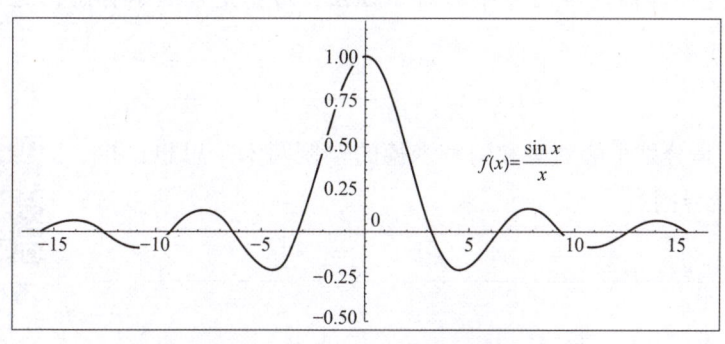

图 2.9　函数 $f(x) = \dfrac{\sin x}{x}$ 的图像

从表2.1和图2.9均可以看出，当 $x \to 0$ 时，函数 $\dfrac{\sin x}{x}$ 的值无限趋于1，即 $\lim\limits_{x \to 0} \dfrac{\sin x}{x} = 1$．

这就是**第一个重要极限公式**：$\lim\limits_{x \to 0} \dfrac{\sin x}{x} = 1$．

【阅读材料——割圆术与圆周率】

中国古代从先秦时期开始，一直是取"周三径一"（即圆周周长与直径的比为 3∶1）的数值来进行有关圆的计算，但用这个数值进行计算的结果往往误差很大．到魏晋时期，数学刘徽创立了"割圆术"——"割之弥细，所失弥少，割之又割，以至于不可割，则与圆合体，而无所失矣"，即把圆周分割得越细，误差就越小，其内接正多边形的周长就越接近圆的周长．如此不断地分割下去，一直到圆周无法再分割为止，也就是到了圆内接正多边形的边数无限多的时候，它的周长就与圆周"合体"而完全一致了．

按照这样的思想，刘徽把圆内接正多边形的周长一直算到了正 3 072 边形，并由此而求得了圆周率为 3.141 5 和 3.141 6 这两个近似数值．这个结果是当时世界上圆周率的最精确数据．刘徽把自己创立的"割圆术"新方法推广到有关圆形计算的各个方面，从而使汉代以来的数学发展大大向前推进了一步．

到了南北朝时期，祖冲之（及他的儿子祖暅）在刘徽的基础上继续努力，他通过对圆内接正 6 144 边形和正 12 288 边形的面积的计算，精确地得出圆周率在 3.141 592 6 和 3.141 592 7 之间，成为世界上第一个将圆周率精确到小数点后 7 位的数学家．在西方，这个成绩是由法国数学家韦达于 1593 年取得的，比祖冲之要晚了 1 100 多年．祖冲之还给出了圆周率的两个分数形式，22/7（约率）和 335/113（密率），其中约率 22/7 这个值，在西方是由德国的奥托和荷兰的安东尼兹在 16 世纪末才得到的．

可以说，刘徽所创立的"割圆术"新方法对中国古代数学发展做出了重大贡献，它是计算圆周率的最早的科学方法，历史是永远不会忘记这一伟大创举的．

引导问题：请分别了解刘徽和阿基米德的"割圆术"思想，并说一说两者的异同点．

刘徽和阿基米德"割圆术"的异同

例 2.3.1 求极限 $\lim\limits_{x\to 1}\dfrac{\sin(x-1)}{x-1}$.

解 这是含有三角函数的"$\dfrac{0}{0}$"型未定式极限,考虑使用第一个重要极限公式 $\lim\limits_{x\to 0}\dfrac{\sin x}{x}=1$,该公式也可以写成 $\lim\limits_{u\to 0}\dfrac{\sin u}{u}=1$,从而想到使用换元的数学思想.

令 $u=x-1$,当 $x\to 1$ 时,$u\to 0$,因此有 $\lim\limits_{x\to 1}\dfrac{\sin(x-1)}{x-1}=\lim\limits_{u\to 0}\dfrac{\sin u}{u}=1$.

例 2.3.2 求极限 $\lim\limits_{x\to 0}\dfrac{\tan x}{x}$.

解 这是含有三角函数的"$\dfrac{0}{0}$"型未定式极限,仍使用第一个重要极限公式 $\lim\limits_{x\to 0}\dfrac{\sin x}{x}=1$,根据 $\tan x=\dfrac{\sin x}{\cos x}$ 有

$$\lim_{x\to 0}\dfrac{\tan x}{x}=\lim_{x\to 0}\dfrac{\sin x}{x\cos x}=\lim_{x\to 0}\dfrac{\sin x}{x}\cdot\dfrac{1}{\cos x}=\lim_{x\to 0}\dfrac{\sin x}{x}\cdot\lim_{x\to 0}\dfrac{1}{\cos x}=1.$$

【小贴士】

(1) 用换元思想求解极限时,注意也要将自变量的变化趋势部分进行换元.

(2) 根据 $\lim\limits_{x\to 0}\dfrac{\sin x}{x}=1$,$\lim\limits_{x\to 0}\dfrac{\tan x}{x}=1$,亦可由整体结构思想得出其推广形式:

$$\lim_{\square\to 0}\dfrac{\sin\square}{\square}=1 \text{ 和 } \lim_{\square\to 0}\dfrac{\tan\square}{\square}=1(\text{这里}\square\text{代表同一变量}).$$

例 2.3.3 求下列极限.

(1) $\lim\limits_{x\to 0}\dfrac{\sin 4x}{5x}$; (2) $\lim\limits_{x\to 0}\dfrac{\tan 8x}{\sin 3x}$; (3) $\lim\limits_{x\to 2}\dfrac{\sin(x^2-4)}{x-2}$; (4) $\lim\limits_{x\to 0}\dfrac{1-\cos x}{x^2}$.

解 (1) $\lim\limits_{x\to 0}\dfrac{\sin 4x}{5x}=\lim\limits_{x\to 0}\dfrac{\sin 4x}{4x}\cdot\dfrac{4}{5}=\dfrac{4}{5}$.

(2) $\lim\limits_{x\to 0}\dfrac{\tan 8x}{\sin 3x}=\lim\limits_{x\to 0}\dfrac{\dfrac{\tan 8x}{8x}\cdot 8x}{\dfrac{\sin 3x}{3x}\cdot 3x}=\dfrac{\lim\limits_{x\to 0}\dfrac{\tan 8x}{8x}}{\lim\limits_{x\to 0}\dfrac{\sin 3x}{3x}}\lim\limits_{x\to 0}\dfrac{8x}{3x}=\dfrac{8}{3}$.

"$\dfrac{0}{0}$"型未定式极限之三角函数

(3) $\lim\limits_{x\to 2}\dfrac{\sin(x^2-4)}{x-2}=\lim\limits_{x\to 2}\dfrac{\sin(x^2-4)}{x^2-4}\cdot(x+2)=\lim\limits_{x\to 2}(x+2)=4$.

(4) $\lim\limits_{x\to 0}\dfrac{1-\cos x}{x^2}=\lim\limits_{x\to 0}\dfrac{2\sin^2\dfrac{x}{2}}{x^2}=\lim\limits_{x\to 0}\dfrac{\sin^2\dfrac{x}{2}}{2\left(\dfrac{x}{2}\right)^2}=\dfrac{1}{2}\lim\limits_{x\to 0}\left(\dfrac{\sin\dfrac{x}{2}}{\dfrac{x}{2}}\right)^2=\dfrac{1}{2}$.

为了培养读者的发散思维和创新思维,请尝试用不同的方法对以上例题的极限进行求解.

子任务 2.3：银行贷款本息和计算

引导问题 1： 请分别写出单利和复利下银行的本息和计算的数学模型，并说一说什么是连续复利，将之用数学符号刻画出来．

引导问题 2： 连续复利下的银行借贷本息和计算涉及第二个重要极限公式的应用，请写出第二个重要极限公式及其推广公式的特征，并尝试用不同的方法完成例 2.3.6 中的极限求解．

引导问题 3： 如今，网络诈骗或网络贷款无处不在，网络诈骗形式多样，一不留神就会上当．你是如何警惕各种网络诈骗的？请进行分享，并尝试进一步了解网络贷款的本息和计算方式．

引导问题 4： 爱因斯坦说：世界上最强大的力量不是原子弹，是"复利+时间"．成功的关键就是追求稳定而持续的增长，哪怕只是持续保持较小的盈利．请说明 $1.01^{365} = 37.8$ 及 $0.99^{365} = 0.03$ 所蕴含的人生启示．

二、第二个重要极限

引例2.8【银行还贷问题】 由于产品和工艺升级转型需要较高的费用,而某公司资金短缺,所以该公司准备从银行贷款100万元,约定以连续复利的方式计息,年利率为5%,5年后一次性还清,试计算该笔贷款到期时的还款总额.

问题分析 计算该笔贷款到期时的还款总额,也就是计算100万元在连续复利下,5年后的本息和,这里连续复利下的计息方式是指结息期数n的无限增加,因此,它是一个变化趋势的探讨问题,其计算过程涉及计算$\left(1+\dfrac{5\%}{n}\right)^{5n}$当$n\to+\infty$时的极限,它是"$1^\infty$"型未定式极限. 要计算此类型的极限,需要学习第二个重要极限.

从表2.2考察当$x\to+\infty$及$x\to-\infty$时,函数$\left(1+\dfrac{1}{x}\right)^x$的变化趋势.

表2.2 函数$\left(1+\dfrac{1}{x}\right)^x$的变化趋势

x	10	100	1 000	10 000	100 000	1 000 000	...
$\left(1+\dfrac{1}{x}\right)^x$	2.593 74	2.704 81	2.716 92	2.718 15	2.718 27	2.718 28	...
x	-10	-100	$-1\,000$	$-10\,000$	$-100\,000$	$-1\,000\,000$	...
$\left(1+\dfrac{1}{x}\right)^x$	2.867 97	2.732 00	2.719 64	2.718 42	2.718 30	2.718 28	...

从表2.2可以看出,当x无限增大时函数$\left(1+\dfrac{1}{x}\right)^x$变化的大致趋势. 可以证明当$x\to\infty$时,$\left(1+\dfrac{1}{x}\right)^x$的极限确实存在,且其值为$e=2.718\,281\,828\,45\cdots$. 读者也可以尝试利用数学软件作出图像,进而更为直观地观察该函数的变化趋势.

这就是**第二个重要极限公式**:$\displaystyle\lim_{x\to\infty}\left(1+\dfrac{1}{x}\right)^x=e.$

在数学中,e是一个无理数,它和圆周率π一样,是数学中最重要的两个常数. 1727年,瑞士数学家欧拉首先用字母e表示了这个无理数,因此,e又常被称为欧拉数.

例2.3.4 求极限$\displaystyle\lim_{x\to\infty}\left(1+\dfrac{1}{2x}\right)^{2x}$.

解 经判断这是"1^∞"型未定式极限,可考虑用第二个重要极限公式$\displaystyle\lim_{x\to\infty}\left(1+\dfrac{1}{x}\right)^x=e$,也可以写成$\displaystyle\lim_{u\to\infty}\left(1+\dfrac{1}{u}\right)^u=e$,从而想到用换元的思想进行计算.

令$u=2x$,当$x\to\infty$时,$u\to\infty$,因此有

$$\lim_{x\to\infty}\left(1+\dfrac{1}{2x}\right)^{2x}=\lim_{u\to\infty}\left(1+\dfrac{1}{u}\right)^u=e.$$

【数学人物——欧拉】

莱昂哈德·欧拉（瑞士人，1707—1783 年），18 世纪数学界最杰出的人物之一，他不但为数学界做出贡献，更把整个数学推至物理领域（图 2.10）.

他是历史上最多产的数学家，几乎每一个数学领域都可以看到欧拉的名字——初等几何的欧拉线、多面体的欧拉定理、立体解析几何的欧拉变换公式、数论的欧拉函数、变分法的欧拉方程、复变函数的欧拉公式……

图 2.10 欧拉

他一生写下 886 部（篇）书籍和论文，其中分析、代数、数论占 40%，几何占 18%，物理和力学占 28%，天文学占 11%，弹道学、航海学、建筑学等占 3%，彼得堡科学院为了整理他的著作，足足忙碌了 47 年. 他的著作《无穷小分析引论》《微分学》《积分学》是 18 世纪欧洲标准的微积分教科书. 欧拉还创造了一批数学符号，如 $f(x)$、Σ、i、e 等，此外，他还发明了"数独"，解决了"哥尼斯堡七桥问题"等.

在欧拉的数学生涯中，他的视力一直在恶化. 到 1766 年，他的双眼完全失明，即便如此，病痛似乎并未影响到欧拉的学术生产力. 1771 年，彼得堡的大火灾殃及欧拉住宅，他的书房和大量研究成果全部化为灰烬，但是坚强的欧拉并没有倒下，仍然以惊人的毅力与黑暗搏斗，凭着记忆和心算进行研究，口述论文 400 多篇、著作多部，直到逝世，竟达 17 年之久.

欧拉

引导问题：欧拉是 18 世纪数学界最杰出的人物之一，通过查阅资料，说一说欧拉在数学领域的重大成就有哪些，让你印象深刻的事迹是什么，他的哪些精神感染着你，对你今后的学习和生活有哪些启示.

例 2.3.5 求极限 $\lim\limits_{x \to 0}(1+x)^{\frac{1}{x}}$.

解：这是"1^{∞}"型未定式极限，考虑使用第二个重要极限公式，仍采用换元的思想.

令 $u = \dfrac{1}{x}$，当 $x \to 0$ 时，$u \to \infty$，因此有 $\lim\limits_{x \to 0}(1+x)^{\frac{1}{x}} = \lim\limits_{u \to \infty}\left(1+\dfrac{1}{u}\right)^{u} = e$.

【小贴士】

从第二个重要极限公式可以推出 $\lim\limits_{x \to 0}(1+x)^{\frac{1}{x}} = e$，亦可得出其推广形式：

$\lim\limits_{\square \to \infty}\left(1+\dfrac{1}{\square}\right)^{\square} = e$ 和 $\lim\limits_{\square \to 0}(1+\square)^{\frac{1}{\square}} = e$.（这里 □ 代表同一变量）

例 2.3.6 求下列极限.

(1) $\lim\limits_{x \to \infty}\left(1+\dfrac{4}{3x}\right)^{2x}$；(2) $\lim\limits_{x \to 0}\left(1-\dfrac{3x}{4}\right)^{\frac{1}{2x}}$；(3) $\lim\limits_{x \to 1}\left(1-\dfrac{1}{2x}\right)^{4x}$；(4) $\lim\limits_{x \to \infty}\left(\dfrac{2x-1}{2x+3}\right)^{x}$.

解 (1) $\lim\limits_{x \to \infty}\left(1+\dfrac{4}{3x}\right)^{2x} = \lim\limits_{x \to \infty}\left(1+\dfrac{4}{3x}\right)^{\frac{3x}{4} \cdot \frac{4}{3x} \cdot 2x} = \lim\limits_{x \to \infty} e^{\frac{4}{3x} \cdot 2x} = e^{\frac{8}{3}}$.

(2) $\lim\limits_{x \to 0}\left(1-\dfrac{3x}{4}\right)^{\frac{1}{2x}} = \lim\limits_{x \to 0}\left(1-\dfrac{3x}{4}\right)^{-\frac{4}{3x} \cdot \left(-\frac{3}{8}\right)} = e^{-\frac{3}{8}}$.

(3) $\lim\limits_{x \to 1}\left(1-\dfrac{1}{2x}\right)^{4x} = \left(\dfrac{1}{2}\right)^{4} = \dfrac{1}{16}$.

1 的无穷型极限求解

(4) $\lim\limits_{x \to \infty}\left(\dfrac{2x-1}{2x+3}\right)^{x} = \lim\limits_{x \to \infty} \dfrac{\left(1-\dfrac{1}{2x}\right)^{x}}{\left(1+\dfrac{3}{2x}\right)^{x}} = \dfrac{e^{-\frac{1}{2}}}{e^{\frac{3}{2}}} = e^{-2}$.

【小贴士】

(1) 由整体拼凑思想，可总结出 $\lim\limits_{x \to \infty}\left(1+\dfrac{b}{ax}\right)^{\frac{d}{c}x} = e^{\frac{bd}{ac}}$.

(2) 在极限的求解中，不要被函数的形式所迷惑，要透过现象看本质，关注事物的变化趋势，这样才能更加全面地审视问题. 例如，例 2.3.6 的第 (3) 题属于直接代入型.

例 2.3.7【空气净化问题】 随着人们环保意识的不断增强，如何净化空气，提高空气质量日益受到人们的重视. 有一种空气净化装置，它吸附某种有害气体的量与该气体的百分浓度及吸附层厚度成正比. 已知含有 8% 某种有害气体的空气，通过吸附厚度为 10 厘米的吸附层后，该有害气体的含量下降为 2%.

(1) 若通过的吸附层厚度为 30 厘米，则出口处的空气中该有害气体的含量是多少？

(2) 若要使出口处空气中该有害气体的含量为 1%，其吸附层的厚度应为多少？

【数学建模之"银行贷款本息和计算"】

在企业的建设和发展过程中,为了进行固定资产购建、技术改造等大额长期投资,企业常常需要向银行或其他金融机构进行借款. 这就需要了解银行贷款的本息和计算方法,进而决策是否应该向银行贷款.

设某企业需从银行贷款 A 万元,银行规定年复利率为 r,结息方式为连续复利,请计算贷款 t 年后该企业需要支付给银行的本息和.

1. 模型的假设

(1) 假设贷款期限内银行的年复利率 r 保持不变.

(2) 该企业在贷款过程中不考虑其他干扰因素.

2. 模型的建立

假设银行每年按照复利方式结息 m 次,则每期的复利率为 $\dfrac{r}{m}$,贷款 t 年共结息 mt 次,根据复利下的本息和计算模型,得出 t 年后贷款本息和为

$$R_t = A\left(1 + \frac{r}{m}\right)^{mt}.$$

所谓连续复利的结息方式,指银行连续不断地收取利息,即结算周期变为无限小. 因此,在连续复利下,该企业最终支付给银行的本息和为

$$R_t = \lim_{m \to \infty} A\left(1 + \frac{r}{m}\right)^{mt}.$$

3. 模型的求解

容易发现 $R_t = \lim\limits_{m \to \infty} A\left(1 + \dfrac{r}{m}\right)^{mt}$ 的极限类型是"1^∞"型,想到运用第二个重要极限,从而有

$$R_t = \lim_{m \to \infty} A\left(1 + \frac{r}{m}\right)^{mt} = \lim_{m \to \infty} A\left(1 + \frac{r}{m}\right)^{\frac{m}{r} \cdot \frac{r}{m} \cdot mt}$$

$$= A \lim_{m \to \infty} e^{\frac{r}{m} \cdot mt} = Ae^{rt}.$$

4. 模型的应用

见引例 2.8【银行还贷问题】,可知贷款金额为 $A = 100$ 万元,连续复利下的年利率为 $r = 5\%$,贷款年限为 $t = 5$,代入以上模型公式得到该笔贷款到期时的还款总额为

$$R_5 = 100e^{5\% \times 5} = 100e^{0.25} \approx 128.4(万元).$$

解 设吸附层厚度为 d 厘米,现将吸附层分成 n 小段,每小段吸附层的厚度为 $\dfrac{d}{n}$ 厘米.

因为吸附该有害气体的量与该有害气体的百分比浓度及吸附层厚度成正比,设比例常数为 k,所以含有 8% 某种有害气体的空气,通过第一小段吸附层后,吸附有害气体的量为 $k \times 8\% \times \dfrac{d}{n}$,过滤后空气中有害气体的含量为 $8\%\left(1-\dfrac{kd}{n}\right)$;通过第二小段吸附层后,空气中有害气体的含量为 $8\%\left(1-\dfrac{kd}{n}\right)^2$;……依此类推,通过第 n 小段吸附层后,空气中有害气体的含量为 $8\%\left(1-\dfrac{kd}{n}\right)^n$. 当将吸附层无限细分,即 $n \to +\infty$ 时,通过厚度为 d 厘米的吸附层后,出口处该有害气体的含量为

$$\lim_{n\to+\infty} 8\%\left(1-\dfrac{kd}{n}\right)^n = 8\% \lim_{n\to+\infty}\left(1-\dfrac{kd}{n}\right)^{-\frac{n}{kd}\cdot(-kd)} = 8\% \mathrm{e}^{-kd}.$$

已知通过厚度为 10 厘米的吸附层后,有害气体含量为 2%,即

$$8\% \mathrm{e}^{-10k} = 2\%,$$

解得 $k = \dfrac{\ln 2}{5}$.

(1) 若通过的吸附层厚度为 30 厘米,即 $d = 30$ 厘米,则出口处空气中有害气体含量为

$$8\% \mathrm{e}^{-\frac{30\ln 2}{5}} = \dfrac{8\%}{2^6} = 0.125\%.$$

(2) 要使出口处空气中有害气体的含量为 1%,则

$$8\% \mathrm{e}^{-kd} = 8\% \mathrm{e}^{-\frac{\ln 2}{5}d} = 1\%.$$

即 $2^{\frac{d}{5}} = 8$,解得 $d = 15$ 厘米. 此时吸附层厚度为 15 厘米.

在现实世界中,许多事物的变化都属于这种模型,如镭的衰变、细胞及病毒的繁殖、树木的生长等,最终都可以归结为以上极限的求解问题.

在新冠疫情期间,陈薇院士勇担重任,带队成功研制出疫苗. 疫苗的研制本质就是人为地控制病毒的繁殖和生长. 现假设某种病毒繁殖的速度在培养基充足等条件满足时,与当时已有的数量 A_0 成正比,即 $V = kA_0$,请读者尝试建立病毒繁殖的数学模型.

两个重要极限小测试

【数学人物——刘徽】

刘徽（约225—约295年），魏晋时期伟大的数学家、天文学家、地理学家和工程师（图2.11）．他的杰作《九章算术注》和《海岛算经》是中国最宝贵的数学遗产．

刘徽是世界上最早提出十进小数概念的人，他用十进小数来表示无理数的立方根．他提出了正、负数的概念，以及其加、减运算的法则，改进了线性方程组的解法．

刘徽在为《九章算术》作注时，发现其中提到"圆田术"——半周半径相乘得积步，这就是著名的圆面积公式，但在《九章算术》中只是提到了这一结论，却未给出严谨的证明．为了给出这一公式的严格证明方法，刘徽创立了"割圆术"，用圆内接正多边形的面积来逼近圆的面积，这也是微积分中的极限思想在古代数学研究中的体现，同时在世界上把圆周率计算精度提高到了一个新的水平．刘徽还发现并采用了一种被叫作"牟合方盖"的模型用于计算球体体积．这一模型后来被祖冲之以及他的儿子祖暅发展完善，最终完美解决了球的体积和表面积的计算．

图2.11　刘徽

除了数学研究外，刘徽还是一位优秀的工程师，他参与了多项重大的工程建设，如灌溉工程和房屋建筑工程等．他还设计了一种可以用水力驱动的自动车，被认为是中国古代机械制造史上的一大成就．

在天文学方面，刘徽著有多篇天文学论文，其中最著名的是《九章算术》中的"天元术"一章，这一章主要讲述了日月运行的规律和预测方法，被后人称为"刘徽日月行度法"．刘徽还研究了行星运动的规律和天文测量方法，他的一些成果被《宋史》称为"精奇之论"．

在地理学方面，刘徽撰写了一本名为"水经注"的地理著作，这是一部关于中国河流、湖泊和水利工程的详细记录，对中国古代水利工程和水文地理的研究具有重要的价值和影响．

刘徽的学问和成就影响广泛，其成果被传到了阿拉伯和欧洲，他的数学贡献和影响使他成为中国古典数学理论的奠基者之一，被称为"中国的欧几里得"．

三、无穷小阶的比较

引例 2.9【库存消耗快慢】 由于市场中消费者的不断需求，超市中不同商品的库存均将消耗殆尽，为了提前做好库存补给，需要适时掌握不同商品的库存消耗情况，如何用极限知识比较畅销商品和滞销商品的库存消耗快慢？

问题分析 随着商品的销售时间的延长，畅销品或滞销品的库存均逐渐趋于零，而考察两类商品的库存消耗快慢，需要进一步分析两类商品库存趋于零的速度，即无穷小的阶的比较.

从表 2.3 可以看出，当 $x \to 0$ 时，x，$3x$，x^2 均是无穷小，但它们趋于零的速度是不一样的. 其中 $3x$ 与 x 趋于零的速度相当，而 x^2 比 x 趋于零的速度要快.

表 2.3 各无穷小趋于零的速度

x	1	0.5	0.1	0.01	…	→0
$3x$	3	1.5	0.3	0.03	…	→0
x^2	1	0.25	0.01	0.000 1	…	→0

为了反映无穷小趋于零的快慢程度，引入无穷小的阶的概念.

定义 2.8 设在某极限过程中，α 与 β 都是无穷小.

(1) 如果 $\lim \dfrac{\alpha}{\beta} = 0$，则称 α 是比 β 高阶的无穷小，记作 $\alpha = o(\beta)$.

(2) 如果 $\lim \dfrac{\alpha}{\beta} = \infty$，则称 α 是比 β 低阶的无穷小.

(3) 如果 $\lim \dfrac{\alpha}{\beta} = C \neq 0$，则称 α 与 β 是同阶的无穷小.

特别地，若 $\lim \dfrac{\alpha}{\beta} = 1$，则称 α 与 β 是等价无穷小，记作 $\alpha \sim \beta$.

定理 2.3【等价无穷小的替换定理】 设当 $x \to x_0$ 时，$\alpha(x) \sim \alpha_1(x)$，$\beta(x) \sim \beta_1(x)$，且 $\lim\limits_{x \to x_0} \dfrac{\alpha_1(x)}{\beta_1(x)}$ 存在，则 $\lim\limits_{x \to x_0} \dfrac{\alpha(x)}{\beta(x)} = \lim\limits_{x \to x_0} \dfrac{\alpha_1(x)}{\beta_1(x)}$.

也就是说，在极限计算中，函数的分子或分母中的无穷小因子用与其等价的无穷小来替代，函数的极限值不会改变.

等价无穷小的替换

【小贴士】 求极限中常用的等价无穷小如下：

当 $x \to 0$ 时，$\sin x \sim x$，$\tan x \sim x$，$\arcsin x \sim x$，$\arctan x \sim x$，$\sqrt[n]{1+x} - 1 \sim \dfrac{1}{n} x$，$\ln(1+x) \sim x$，$e^x - 1 \sim x$，$1 - \cos x \sim \dfrac{1}{2} x^2$ 等.

引导问题 1： 过多的滞销产品对商家的不利影响有哪些？你会如何销售和处理滞销产品？请结合实际给出建设性的建议和方案.

引导问题 2： "不以规矩，无以至方圆." 虽然使用等价无穷小给极限的求解带来了便捷，但也要注意其使用条件，请写出等价无穷小的使用条件.

引导问题 3： 请说一说你在学习使用等价无穷小求解极限时的心得与体会，并分享你容易出错的环节，践行"在错误中学习，在错误中成长".

引导问题 4： 当 $x \to 0$ 时，有 $\ln(1+x) \sim x$，请尝试根据等价无穷小的定义予以其证明.

引导问题 5： 当 $x \to 0$ 时，有 $1 - \cos x \sim \dfrac{1}{2}x^2$，请尝试根据等价无穷小的定义进行证明.

例 2.3.8 求下列极限.

(1) $\lim\limits_{x\to 0}\dfrac{\sin 4x}{\tan 7x}$;

(2) $\lim\limits_{x\to 0}\dfrac{\ln(1+2x^3)}{(1-\cos x)\cdot \tan x}$.

解 (1) 由于 $x\to 0$ 时，$4x\to 0$，$7x\to 0$，所以 $\sin 4x \sim 4x$，$\tan 7x \sim 7x$.

因此，$\lim\limits_{x\to 0}\dfrac{\sin 4x}{\tan 7x}=\lim\limits_{x\to 0}\dfrac{4x}{7x}=\dfrac{4}{7}$.

(2) 由于 $x\to 0$ 时，$2x^3\to 0$，所以有 $\ln(1+2x^3)\sim 2x^3$，$1-\cos x \sim \dfrac{1}{2}x^2$，$\tan x \sim x$.

因此，$\lim\limits_{x\to 0}\dfrac{\ln(1+2x^3)}{(1-\cos x)\cdot \tan x}=\lim\limits_{x\to 0}\dfrac{2x^3}{\dfrac{1}{2}x^2\cdot x}=4$.

可见，在使用等价无穷小的替换定理时，若无穷小的替换运用得当，则可大大简化极限的计算.

例 2.3.9 求 $\lim\limits_{x\to 0}x^3\sin\dfrac{1}{x^3}$.

错解 因为 $\sin\dfrac{1}{x^3}\sim \dfrac{1}{x^3}$，所以 $\lim\limits_{x\to 0}x^3\sin\dfrac{1}{x^3}=\lim\limits_{x\to 0}x^3\cdot \dfrac{1}{x^3}=1$.

正解 因为 $\lim\limits_{x\to 0}x^3=0$，所以 x^3 是当 $x\to 0$ 时的无穷小，而 $\left|\sin\dfrac{1}{x^3}\right|\leqslant 1$，所以 $\sin\dfrac{1}{x^3}$ 是有界函数.

由无穷小的性质有 $\lim\limits_{x\to 0}x^3\sin\dfrac{1}{x^3}=0$.

例 2.3.10 求 $\lim\limits_{x\to 0}\dfrac{\tan x-\sin x}{x^3}$.

错解 $\lim\limits_{x\to 0}\dfrac{\tan x-\sin x}{x^3}=\lim\limits_{x\to 0}\dfrac{x-x}{x^3}=0$.

正解 $\lim\limits_{x\to 0}\dfrac{\tan x-\sin x}{x^3}=\lim\limits_{x\to 0}\dfrac{\tan x(1-\cos x)}{x^3}=\lim\limits_{x\to 0}\dfrac{x\cdot \dfrac{1}{2}x^2}{x^3}=\dfrac{1}{2}$.

【小贴士】在利用等价无穷小的替换定理求极限时，要注意以下两点.

(1) 被替换的量在取极限时其极限必须为零.

(2) 对于分子、分母中的乘积因子，可以放心使用等价无穷小的替换定理. 若分子或分母是两个等价无穷小之和或差，则应慎用此种方法.

数学知识拓展——函数的连续性

客观世界中的许多现象和事物不仅是运动变化的，而且其运动变化的过程往往是连续不断的，比如斗转星移、岁月流逝、植物生长、温度变化等，这些连续不断地发展变化的事物的量的方面反映在数学上就是函数的连续性.

一、函数连续的概念

1. 函数的增量

定义 2.9 对函数 $y=f(x)$，当自变量 x 由初值 x_0 变到终值 x_1 时，把差 x_1-x_0 叫作自变量的**增量**，用记号 Δx 表示，即 $\Delta x = x_1 - x_0$. 此时对应的函数值也从 $f(x_0)$ 变到 $f(x_1)$，把差 $f(x_1)-f(x_0)$ 叫作函数 $y=f(x)$ 的**增量**，用记号 Δy 表示，如图 2.12 所示，$\Delta y = f(x_1)-f(x_0)$ 或 $\Delta y = f(x_0+\Delta x)-f(x_0)$.

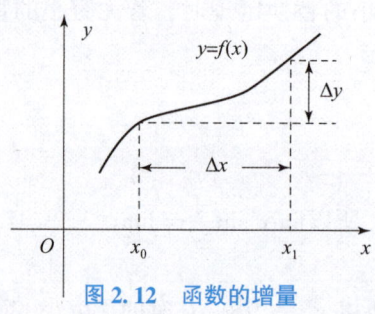

图 2.12 函数的增量

2. 函数在一点的连续性

定义 2.10 设函数 $y=f(x)$ 在点 x_0 处及其左、右近旁有定义，如果当自变量 x 在点 x_0 处的增量 Δx 趋于零时，函数 $y=f(x)$ 相应的增量也趋于零，即

$$\lim_{\Delta x \to 0} \Delta y = \lim_{\Delta x \to 0}[f(x_0+\Delta x)-f(x_0)] = 0,$$

那么称函数 $y=f(x)$ 在点 x_0 处连续，x_0 叫作函数的连续点.

定义 2.11 设函数 $y=f(x)$ 在点 x_0 处及其左、右近旁有定义，如果 $\lim_{x \to x_0} f(x) = f(x_0)$，则称函数 $y=f(x)$ 在点 x_0 处连续.

> 【小贴士】由定义 2.11 可知，函数 $y=f(x)$ 在点 x_0 处连续必须同时满足三个条件.
>
> （1）函数 $f(x)$ 在点 x_0 处有定义，即函数值 $f(x_0)$ 存在.
>
> （2）函数 $f(x)$ 当 $x \to x_0$ 时有极限，即极限 $\lim_{x \to x_0} f(x)$ 存在.
>
> （3）函数 $f(x)$ 在点 x_0 处的极限值等于定义值，即 $\lim_{x \to x_0} f(x) = f(x_0)$.
>
> 如果这三个条件中至少有一个不满足，则函数在 $y=f(x)$ 在点 x_0 处间断（不连续）.

例 2.4.1【冰雪融化所需的热量】 设 1 克冰从 –40 ℃升到 100 ℃所需的热量（单位：焦耳）为

$$f(x) = \begin{cases} 2.1x + 84, & -40 \leq x < 0 \\ 4.2x + 420, & 0 \leq x \leq 100 \end{cases}.$$

试问函数 $f(x)$ 在 $x = 0$ 处是否连续？解释其实际意义.

解 $\lim\limits_{x \to 0^-} f(x) = \lim\limits_{x \to 0^-} (2.1x + 84) = 84$, $\lim\limits_{x \to 0^+} f(x) = \lim\limits_{x \to 0^+} (4.2x + 420) = 420$.

可见

$$\lim\limits_{x \to 0^+} f(x) \neq \lim\limits_{x \to 0^-} f(x),$$

即 $\lim\limits_{x \to 0} f(x)$ 不存在，因此函数 $f(x)$ 在 $x = 0$ 处不连续.

这说明冰融化成水时需要的热量会突然增加.

3. 函数在区间上的连续性

定义 2.12 如果函数 $f(x)$ 在开区间 (a, b) 内每一点都连续，则称函数 $f(x)$ 在**开区间 (a, b) 内连续**；如果函数 $f(x)$ 在闭区间 $[a, b]$ 上有定义，在开区间 (a, b) 内连续，且在左端点 a 处右连续（即 $\lim\limits_{x \to a^+} f(x) = f(a)$），在右端点 b 处左连续（即 $\lim\limits_{x \to b^-} f(x) = f(b)$），那么称函数 $f(x)$ 在**闭区间 $[a, b]$ 上连续**.

【注】 连续函数的图像是一条连续不间断的曲线.

二、函数间断点的分类

在实际生活中还有一类现象，如股票价格的变化、某市人口的变化等，它们的图像在某些点上也会出现不连续的情形.

函数间断点的分类

1. 间断点的定义

定义 2.13 如果函数 $f(x)$ 有以下三种情形之一，则函数 $f(x)$ 在点 $x = x_0$ 处**不连续或间断**.

(1) 在点 $x = x_0$ 处没有定义.

(2) 虽然在点 $x = x_0$ 处有定义，但 $\lim\limits_{x \to x_0} f(x)$ 不存在.

(3) 虽在点 $x = x_0$ 处有定义，且 $\lim\limits_{x \to x_0} f(x)$ 存在，但 $\lim\limits_{x \to x_0} f(x) \neq f(x_0)$.

2. 间断点的分类

设 $f(x)$ 在点 x_0 处间断，若 $f(x)$ 在点 x_0 处的左、右极限都存在，则称点 x_0 为 $f(x)$ 的**第一类间断点**；若 $f(x)$ 在点 x_0 处的左、右极限中至少有一个不存在，则称点 x_0 为 $f(x)$ 的

第二类间断点.

其中左、右极限存在且相等的间断点称为**可去间断点**；左、右极限存在但不相等的间断点称**跳跃间断点**；左、右极限中至少有一个为无穷大的间断点为**无穷间断点**.

在第二类间断点中，除了无穷间断点外，还有一种常见的间断点，称为**振荡间断点**，常见的例子是函数 $y = \sin\dfrac{1}{x}$，点 $x=0$ 就是它的振荡间断点.

例 2.4.2 求函数 $f(x) = \dfrac{x+1}{x^2-2x-3}$ 的间断点，并指出其间断点类型.

解 $f(x)$ 在点 $x=-1$ 和 $x=3$ 处无定义，因此点 $x=-1$ 和 $x=3$ 是函数 $f(x)$ 的间断点.

在点 $x=-1$ 处，$\lim\limits_{x\to -1}\dfrac{x+1}{x^2-2x-3} = \lim\limits_{x\to -1}\dfrac{1}{x-3} = -\dfrac{1}{4}$，因此点 $x=-1$ 是第一类可去间断点.

在点 $x=3$ 处，$\lim\limits_{x\to 3}\dfrac{x+1}{x^2-2x-3} = \infty$，因此点 $x=3$ 是第二类无穷间断点.

> **【小贴士】** 根据定义可得以下结论.
> (1) 无定义的点一定是函数的间断点.
> (2) 若 $f(x)$ 是初等函数，x_0 是定义区间内的一点，那么 $\lim\limits_{x\to x_0}f(x) = f(x_0) = f(\lim\limits_{x\to x_0}x)$，即极限符号与函数符号可以交换.
> (3) 一切初等函数在定义区间内都是连续的.
> (4) 求初等函数的连续区间就是求其定义区间，对于分段函数的连续性，除按上述结论考虑每一段函数的连续性外，还必须讨论函数在分界点处的连续性.

三、闭区间上连续函数的性质

定理 2.4【最大值与最小值定理】 如果函数 $f(x)$ 在闭区间 $[a,b]$ 上连续，那么 $f(x)$ 在 $[a,b]$ 上必有最大值与最小值.

定理 2.5【介值定理】 设函数 $f(x)$ 在闭区间 $[a,b]$ 上连续，且在该区间两端点取不同的函数值 $(f(a)\neq f(b))$，则对介于 $f(a)$ 与 $f(b)$ 之间的任意一个数 μ，至少存在一点 $\xi \in (a,b)$，使 $f(\xi)=\mu$.

介值定理的几何意义是：闭区间 $[a,b]$ 上的连续函数 $y=f(x)$ 的图像从点 A 连续画到点 B 时，至少与直线 $y=\mu$ 相交一次（图 2.13）.

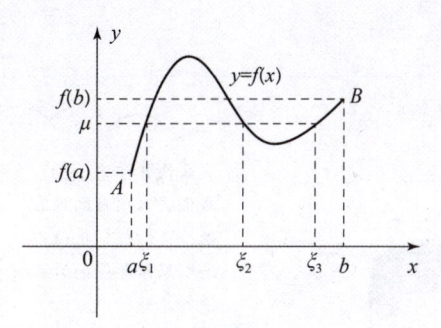

图 2.13　介值定理的几何意义

定理 2.6【零点定理】　如果函数 $f(x)$ 在闭区间 $[a,b]$ 上连续，$f(a)$ 与 $f(b)$ 异号，则在 (a,b) 内至少存在一点 ξ，使 $f(\xi)=0$.

零点定理的几何意义是：如果连续的曲线 $y=f(x)$ 的两个端点位于 x 轴的上、下两侧（即 $f(a)$ 与 $f(b)$ 异号），那么 $y=f(x)$ 与 x 轴至少有一个交点 $(\xi,0)$（图 2.14）.

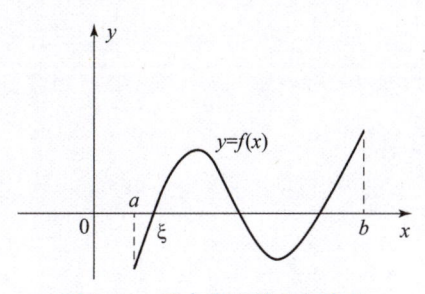

图 2.14　零点定理的几何意义

【小贴士】

（1）以上三个定理中"闭区间"和"连续函数"这两个条件缺一不可.

（2）零点定理常被用来判定方程 $f(x)=0$ 在某个区间内实根的存在性，因此又被称为**根的存在性定理.**

例 2.4.3　证明方程 $x^3-4x^2+1=0$ 在 $(0,1)$ 内至少有一个实根.

证明　设函数 $f(x)=x^3-4x^2+1$，易知函数 $f(x)$ 在闭区间 $[0,1]$ 上连续，且 $f(1)=-2<0$，$f(0)=1>0$.

由零点定理知，在 $(0,1)$ 内至少存在一点 ξ，使 $f(\xi)=0$，即有

$$\xi^3-4\xi^2+1=0 \quad (0<\xi<1).$$

这就证明了方程 $x^3-4x^2+1=0$ 在 $(0,1)$ 内至少有一个实根.

■ 经济应用数学

生活情境

这么快就学完了吗?我们将本项目的内容做个总结吧!试试以绘制思维导图的方式进行总结.

项目完成评价表二（经济活动中的变化趋势分析）

姓名		班级		组名		考评日期	
评价指标		评价标准	分值/分	自我评价/分	小组评分/分	实际得分/分	
知识掌握情况	函数，极限，无穷大（小）及左、右极限的概念	熟练掌握	10				
	函数极限的四则运算法则及等价无穷小的替换	熟练掌握	10				
	不同类型极限的计算方法	熟练掌握	10				
专业技能培养	子任务2.1：市场上产品需求量的预测	熟练完成	10				
	子任务2.2：永续年金投入金额的确定	熟练完成	15				
	子任务2.3：银行贷款本息和计算	熟练完成	10				

续表

姓名		班级		组名		考评日期	
评价指标		评价标准	分值/分	自我评价/分	小组评分/分	实际得分/分	
通用素养培养	出勤	按时到岗，学习准备就绪	5				
	道德自律	自觉遵守纪律，乐于助人，有责任心和荣誉感	10				
	学习态度	主动积极，不怕困难，勇于探索	10				
	团队分工合作	能融入集体，愿意接受任务并积极完成	10				
合计			100				
考评辅助项目				备注			
本组之星				该评选的目的是激励学生的学习积极性			
填表说明		1. 知识、能力和素养三方面的各指标分为三个等级：熟练掌握（完成）得该指标下的满分；基本掌握（完成）得该指标下的一半分；不能掌握（完成）得0分。 2. 实际得分＝自我评价×40％＋小组评价×60％。 3. 考评满分为100分，60分以下为不及格；60～74分为及格；75～84分为良好；85分以上为优秀。 4. "本组之星"可以是本项目完成中突出贡献者，也可以是进步最大者，还可以是其他某一方面表现突出者。					

【动手试试二】

练习 2.1

1. 【平均成本】某产品的需求函数为 $q = 200 - 4p$（p 为价格），总成本函数为 $C(q) = 1\,000 + 6q$，试建立该产品的总利润函数，并求出该产品产量 $q = 100$ 时的平均成本.

2. 【供求平衡价格】商品在市场的投放量和销售量与商品的价格密切相关，某商品销售价格为 15 元时，有 56 单位商品投放市场，当销售价格为 30 元时，有 116 单位商品投放市场；同时，当该商品销售价格为 15 元时，市场的需求量为 40 单位，当销售价格上升至 30 元时，市场的需求量为 20 单位. 若需求函数和供给函数都是线性的，试建立需求函数和供给函数模型，并求出市场上供需平衡时的该商品销售价格.

3. 求下列函数的定义域.

   (1) $y = \dfrac{2x}{x^2 - 3x - 4}$； (2) $y = \dfrac{1}{x} + \sqrt{1 - x^2}$； (3) $y = \dfrac{\ln(1-x)}{\sqrt{x+3}}$.

4. 设函数 $f(x) = \begin{cases} x, & x < 3 \\ 3x - 1, & x \geq 3 \end{cases}$，求极限 $\lim\limits_{x \to 3^+} f(x)$，$\lim\limits_{x \to 3^-} f(x)$ 及 $\lim\limits_{x \to 3} f(x)$.

5. 【药物含量变化】在新药试验过程中，不仅要关注药物的疗效，还要关注药物的毒副作用. 某种新药的试验数据表明，试验对象血液中药物含量 Q 随时间 t（单位：小时）变化的关系为

$$Q(t) = \begin{cases} \dfrac{8}{3}t, & 0 < t \leq 3 \\ -\dfrac{8}{11}t + \dfrac{112}{11}, & 3 < t \leq 14 \end{cases}.$$

试分析试验对象血液中药物含量 Q 当 $t \to 3$ 时的变化趋势.

6. 设函数 $f(x) = \begin{cases} 3x + 2, & x \leq 0 \\ x^2, & 0 < x \leq 1 \\ \dfrac{x}{2}, & x > 1 \end{cases}$，分别讨论当 $x \to 0$，$x \to 1$ 及 $x \to 2$ 时 $f(x)$ 的极限是否存在，若存在，请计算出其极限值.

练习 2.2

1. 【资金总额】某项目现在投入 200 万元，若投资年回报率为 10%，计息方式为复利，则 5 年后项目资金总额是多少？（保留 1 位小数）

2. 【投资成本】某人 5 年后需用资金 20 万元，现想将手中的钱进行理财，若年收益率为 5%，计息方式为复利，请问现在需要投资多少钱？（保留 2 位小数）

3. 【库存成本】在企业生产管理过程中，原材料的库存管理是其中的一个重要环

节，库存管理的水平高低、科学与否直接影响产品的生产成本．若已知某种原材料平均每天的库存成本 $C(t)$（单位：万元）为

$$C(t) = \frac{10}{t} + 0.2t$$

其中，t（单位：天）表示采购周期，试分析当 $t \to 7$ 天时该原材料库存成本的变化趋势．

4．【并联电路电阻】一个 5 Ω 的电阻与一个电阻为 R 的可变电阻并联，电路的总电阻为 $R_r = \dfrac{5R}{5+R}$，当含有可变电阻 R 的这条支路突然断路时（即 $R \to \infty$），电路的总电阻为多少？

5．求下列函数的极限．

(1) $\lim\limits_{x \to 1} \dfrac{x^2 - 3}{x + 1}$;

(2) $\lim\limits_{x \to 4} \dfrac{x^2 - 5x + 4}{x - 4}$;

(3) $\lim\limits_{x \to 0} \dfrac{\sqrt{1 + x^2} - 1}{x^2}$;

(4) $\lim\limits_{x \to 0} \dfrac{\sqrt{1 + 3x^2} - 1}{x^2}$;

(5) $\lim\limits_{x \to \infty} \dfrac{3x^2 - 2}{1 + 4x^3}$;

(6) $\lim\limits_{x \to \infty} \dfrac{x^2 - 1}{x^2 + x - 2}$;

(7) $\lim\limits_{x \to 1} \dfrac{x^3 - 1}{\sqrt{x} - 1}$;

(8) $\lim\limits_{x \to 4} \dfrac{\sqrt{x^2 - 8} - 2\sqrt{2}}{x - 4}$;

(9) $\lim\limits_{x \to 2} \left(\dfrac{1}{x - 2} - \dfrac{4}{x^2 - 4} \right)$;

(10) $\lim\limits_{x \to +\infty} \left(\sqrt{x^2 + x} - x \right)$.

练习 2.3

1．【贷款总额】某企业从银行贷款 20 万美元，约定以连续复利方式计算利息，且年利率为 4%，若 10 年后一次性还本付息，试帮助该企业计算贷款到期时的还款总额．

2．求下列函数的极限．

(1) $\lim\limits_{x \to 0} \dfrac{\sin 2x}{4x}$;

(2) $\lim\limits_{x \to 0} \dfrac{\tan 3x}{4x}$;

(3) $\lim\limits_{x \to 3} \dfrac{x^2 - 4x + 3}{\sin(x - 3)}$;

(4) $\lim\limits_{x \to \infty} 5x \sin \dfrac{1}{4x}$;

(5) $\lim\limits_{x \to 0} \sin 4x \cot 3x$;

(6) $\lim\limits_{x \to 0} \dfrac{x^2}{\sin^2 \dfrac{x}{3}}$;

(7) $\lim\limits_{x \to 1} \dfrac{\tan(x - 1)}{x^2 - 1}$;

(8) $\lim\limits_{x \to 0} \dfrac{x - \sin x}{x + \sin x}$.

3．求下列函数的极限．

(1) $\lim\limits_{x \to \infty} \left(1 + \dfrac{3}{5x} \right)^x$;

(2) $\lim\limits_{x \to 0} (1 - 4x)^{\frac{2}{x}}$;

(3) $\lim\limits_{x\to\infty}\left(\dfrac{2x-1}{2x+1}\right)^x$;

(4) $\lim\limits_{x\to\infty}\left(\dfrac{3+x}{2+x}\right)^{2x}$;

(5) $\lim\limits_{x\to 0}\dfrac{\ln(1+x)}{x}$;

(6) $\lim\limits_{x\to 0}\dfrac{e^x-1}{x}$.

练习 2.4

1. 讨论函数 $f(x)=\begin{cases}x+1, & x\geqslant 1\\ 3-x, & x<1\end{cases}$ 在点 $x=1$ 处的连续性,并画出它的图像.

2. 求下列函数的连续区间.

(1) $f(x)=\dfrac{1}{x^2+x-2}$;

(2) $f(x)=\dfrac{1}{x-1}+\sqrt{x+2}$.

3. 求下列函数的间断点,并指出间断点类型.

(1) $f(x)=\dfrac{x}{x^3-1}$;

(2) $f(x)=\dfrac{x+3}{x^2-9}$;

(3) $f(x)=\dfrac{\tan x}{x}$;

(4) $f(x)=\begin{cases}\cos x+1, & x\leqslant 0\\ 2x+1, & x>0\end{cases}$.

4. 设函数 $f(x)=\begin{cases}a+e^x, & x<0\\ x^2, & x\geqslant 0\end{cases}$,当 a 为何值时,才能使 $f(x)$ 在点 $x=0$ 处连续?

项目二思维导图　　项目二综合训练

项目三

经济活动中的边际分析与最优决策

◇学习目标

> **知识目标**

(1) 理解导数、弹性、微分、单调性、极值和最值等概念.

(2) 熟练掌握导数的计算方法及函数单调性、极值和最值的求法.

> **能力目标**

(1) 会利用边际分析和弹性分析制定商品定价策略.

(2) 会利用导数和微分知识分析商品销售量的变化速度、增长率及变化量等.

(3) 会利用单调性、极值与最值做出经济管理中的最优决策.

> **情感目标**

(1) 感悟中国政府有态度、有力度、有温度,激发民族自豪感和幸福体验感.

(2) 体会导数知识在经济分析中的魅力及数学家们坚韧不拔的科学探索精神.

(3) 感受团队合作氛围,体验为企业做出正确决策方案的成就与喜悦.

> **价值目标**

(1) 树立家国情怀,坚定国家政治认同和文化自信,进一步强化法制观念.

(2) 树立决策优化意识,塑造不气馁、不放弃、不断创新、勇攀高峰的人生信念.

◇学习任务描述

对产品进行合理的定价是研发的新产品投入市场前的重要工作,其不仅关系到新产品能否顺利进入市场并占领市场,取得较好的经济效益,还关系到新产品本身的命运和企业的前途. 企业家总希望通过提高产品的售价以增加单位产品的利润,但同时担心产品售价过高制约其销售量,从而影响产品的总利润. 因此,需要分析产品价格与产品需求量之间的关系,研究客户对产品售价的变化敏感度,探究产品的产量与收入、成本的关系,根据市场形势科学定位产品售价,使产品的总利润达到最大值.

项目三　经济活动中的边际分析与最优决策

任务一　边际与弹性分析中的数学思想（导数的概念）

在市场经济活动中，企业管理人员分析问题的出发点是追求高效率、高收益和资源最优化．这不仅要求了解商品价格、需求或供给等经济量的变化趋势及规律，同时要求通过对经济函数变化率的描述来刻画经济量的发展变化速度．最常见的经济量有边际成本、边际收入、边际利润及弹性等，对它们的分析涉及经济学分析问题的核心思想——增量分析．其表现在数学上就是用导数知识分析实际经济问题的动态变化，进而进行管理决策．

一、瞬时变化率——导数的概念

引例 3.1【瞬时速度】　中国高铁是中国经济走向世界的一张"名片"．截至 2020 年年底，中国高铁运营总里程达 3.8 万千米，居世界第一，列车最高运营速度为 350 千米/小时（图 3.1），居全球首位．如何用数学知识刻画列车在轨道上任意时刻的速度（即瞬时速度）呢？

问题分析　列车在一段时间内的平均速度等于路程差除以时间差，问题的关键在于如何根据平均速度的表示和数学极限的思想刻画其在任意时刻的瞬时速度．

设列车作变速直线运动，其运动方程（路程 s 和时间 t 的函数关系）为 $s=s(t)$，当时间由 t_0 变化到 $t_0+\Delta t$ 时，其经过的路程为 $\Delta s=s(t_0+\Delta t)-s(t_0)$，则在 t_0 到 $t_0+\Delta t$ 这段时间内的平均速度为

图 3.1　中国高铁

$$\bar{v}=\frac{\Delta s}{\Delta t}=\frac{s(t_0+\Delta t)-s(t_0)}{\Delta t}.$$

其中 Δt 越小，平均速度就越接近 t_0 时刻的速度．当 $\Delta t \to 0$ 时，平均速度的极限值就是列车在 t_0 时刻的瞬时速度，即

$$v(t_0)=\lim_{\Delta t \to 0}\frac{\Delta s}{\Delta t}=\lim_{\Delta t \to 0}\frac{s(t_0+\Delta t)-s(t_0)}{\Delta t}.$$

引例 3.2【平面曲线的切线斜率】　人们对平面曲线的切线的认识经历了漫长的过程．《几何原本》中对圆的切线的定义为"与圆相遇，但延长后不与圆相交的直线"．阿波罗尼斯《圆锥曲线》中将圆锥曲线的切线看作与圆锥曲线只有一个公共点，且不穿过圆锥曲线的直线．莱布尼茨在其于 1864 年发表的论文中将切线定义为"连接曲线上无限接近的两点的直线"或"曲线的内接无穷多边形的一条边的延长线"．那么一般平面曲线的切线是如何定义的呢？切线的斜率该怎么求？

引导问题 1：在 2021 年东京奥运会中，"亚洲飞人"苏炳添在男子 100 米半决赛中以 9.83 秒的成绩刷新亚洲纪录．亚洲百米从此进入"9 秒 8 时代"．请用数学知识刻画苏炳添在运动场上某一瞬间的速度．

引导问题 2：党的二十大报告提出，广泛开展全民健身活动，加快建设体育强国．正所谓"体育强则中国强，国运兴则体育兴"．说一说你所喜欢的运动项目和运动员有哪些，他（她）身上的哪些精神或魅力吸引着你．请分享相关事例．

引导问题 3：牛顿的"流数术"是从运动学的角度研究微积分，莱布尼茨则从几何的角度研究微积分，虽然两者研究的途径和方法不同，但是实质相同，因此需要"独具慧眼，深入本质"．请说一说两位数学大师所提出的导数理论及其应用，并尝试用导数定义的不同形式进行表示．

引导问题 4：创新并不是从无到有的发明，而是把不同的要素重新组合起来．企业发展的创新路径应该是建立供给端、需求端以及链接端的组合．请说一说导数理论的创新之处在哪里．

问题分析 我们已经学习过平面曲线的割线斜率的求解问题,对切线斜率的探究,其关键在于如何根据割线斜率和数学极限的思想刻画平面曲线在任意一点的切线斜率.

设连续函数 $y=f(x)$ 的图像是曲线 C,在曲线 C 上有定点 M_0 和另外一点 M,连接 M_0 与 M 的曲线 C 的割线 M_0M,当动点 M 沿曲线 C 趋于点 M_0 时,若割线 M_0M 存在极限位置 M_0T,则称此直线 M_0T 为曲线 C 在点 M_0 处的切线.

下面求曲线 C:$y=f(x)$ 在点 M_0 处的切线斜率(图 3.2).

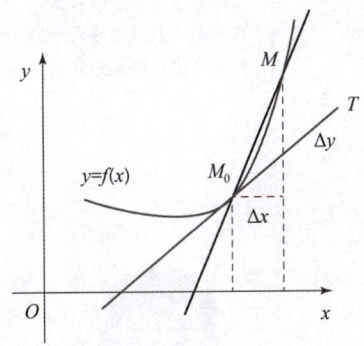

图 3.2 求曲线 C 在点 M_0 处的切线斜率

设点 $M_0(x_0, f(x_0))$,点 $M(x_0+\Delta x, f(x_0+\Delta x))$,则割线 M_0M 的斜率为 $k_{割} = \dfrac{\Delta y}{\Delta x} = \dfrac{f(x_0+\Delta x) - f(x_0)}{\Delta x}$.

当 $\Delta x \to 0$ 时,动点 M 沿曲线 C 趋于点 M_0,此时,割线 M_0M 也随之绕着定点 M_0 转动,且无限趋于切线 M_0T,因此曲线 C 在点 M_0 处的切线斜率为

$$k_{切} = \lim_{\Delta x \to 0} k_{割} = \lim_{\Delta x \to 0} \frac{\Delta y}{\Delta x} = \lim_{\Delta x \to 0} \frac{f(x_0+\Delta x) - f(x_0)}{\Delta x}.$$

平面曲线的切线斜率

【小贴士】

以上两个引例中函数的具体含义虽然不同,但从抽象的数量关系看,会发现两者的数学模型完全相同,都归结为函数的增量与自变量的增量之比当自变量的增量趋于零时的极限,即平均变化率的极限,这种形式的极限被称为**瞬时变化率**(Instantaneous Rate of Change).

定义 3.1 设函数 $y=f(x)$ 在点 x_0 处的某一邻域有定义,如果极限

$$\lim_{\Delta x \to 0} \frac{\Delta y}{\Delta x} = \lim_{\Delta x \to 0} \frac{f(x_0+\Delta x) - f(x_0)}{\Delta x}. \tag{3.1}$$

存在,则称该极限值为函数 $y=f(x)$ 在点 x_0 处的**导数**(Derivative),也称函数 $y=f(x)$ 在点 x_0 处**可导**,并记作 $f'(x_0)$,$y'|_{x=x_0}$,$\dfrac{dy}{dx}\Big|_{x=x_0}$ 或 $\dfrac{df(x)}{dx}\Big|_{x=x_0}$. 否则,就称函数 $y=f(x)$ 在点 x_0 处不可导,或称函数 $y=f(x)$ 在点 x_0 处的导数不存在.

> **生活情境**
>
> 企业对商品的定价策略常常基于成本导向和需求导向，在成本导向中边际成本定价法最为常用．
>
> 边际成本是什么？能否说得通俗些？举个例子也行呀！

子任务 3.1：商品定价策略之边际成本定价法

引导问题：边际成本定价法是企业以单位产品的边际成本为基础的定价方法，属于成本导向定价．边际成本定价是指增加单位产量所引起的总供给成本的增加量．设某产品的生产总成本 C 和产量 q 的关系式为 $C = C(q)$，则如何用极限思想刻画在产量为 q_0 时的边际成本？其实际意义是什么？

令式（3.1）中的 $x_0 + \Delta x = x$，则函数 $y = f(x)$ 在点 x_0 处的导数又可表示为

$$f'(x_0) = \lim_{\Delta x \to 0} \frac{\Delta y}{\Delta x} = \lim_{x \to x_0} \frac{f(x) - f(x_0)}{x - x_0}. \tag{3.2}$$

> 【小贴士】
> （1）导数定义式通常有两种表示形式，即定义 3.1 中的式（3.1）和式（3.2）.
> （2）导数的实质是：函数的改变量与自变量的改变量之比当自变量的改变量趋于零时的极限.

根据导数的概念，前面的引例及生活情境可以叙述如下.

（1）变速运动的瞬时速度 $v(t_0)$ 是位移 $s(t)$ 在时间 $t = t_0$ 处的导数，即

$$v(t_0) = s'(t_0).$$

（2）曲线 $y = f(x)$ 在点 (x_0, y_0) 处的切线斜率是函数 $y = f(x)$ 在点 x_0 处的导数，即

$$k_{切} = f'(x_0).$$

（3）边际成本 MC 是总成本函数 $C(q)$ 在产量 $q = q_0$ 时的导数，即

$$MC = C'(q_0).$$

定义 3.2 如果函数 $y = f(x)$ 在区间 (a, b) 内每一点都可导，则在区间 (a, b) 内 $f'(x)$ 存在，显然导数值 $f'(x)$ 也是 x 的函数，称它为 $y = f(x)$ 的导函数，在不发生混淆的情况下也简称为导数，并可记作 $f'(x)$，y'，$\dfrac{dy}{dx}$ 或 $\dfrac{df(x)}{dx}$，即

$$y' = f'(x) = \lim_{\Delta x \to 0} \frac{f(x + \Delta x) - f(x)}{\Delta x}.$$

例 3.1.1 【边际收入】 在经济学中，边际收入（Marginal Revenue）是销售量变动一个单位所导致的销售总收入的变动额. 若销售收入与销售量的关系是 $R = R(x)$（R 为总收入函数，x 为销售量），则当销售量由 x_0 变化到 x 时，总收入的平均变化率为

$$\frac{\Delta R}{\Delta x} = \frac{R(x) - R(x_0)}{x - x_0}.$$

当销售量 $x = x_0$ 时，总收入 $R(x)$ 关于销售量 x 的瞬时变化率（即边际收入）可表示为

$$R'(x_0) = \lim_{\Delta x \to 0} \frac{\Delta R}{\Delta x} = \lim_{x \to x_0} \frac{R(x) - R(x_0)}{x - x_0}.$$

边际收入简记为 MR. 其实际意义为：销售量每增加（或减少）一个单位时，则总收入大约增加（或减少）$R'(x_0)$ 个单位.

【阅读材料——微积分的创立】

  微积分的诞生是数学史上的一个伟大创举,在此之前,就已经出现过它的萌芽,如魏晋时期刘徽的"割圆术"、阿基米德的"穷竭法"等,但真正形成微积分思想是在 17 世纪的后半叶,英国数学家、物理学家牛顿和德国数学家莱布尼茨在总结和发展前人工作的基础上,几乎同时建立了微积分的方法和理论(图 3.3).

  牛顿从研究物理题出发创立了微积分(1665—1666 年),牛顿称之为"流数术理论".他的微积分思想最早出现在 1665 年 5 月 20 日的一份手稿中,但牛顿的微积分思想公开发表是在 1687 年其巨著《自然哲学的数学原理》中.

  莱布尼茨从几何的角度出发独立创立了微积分(1675—1676 年),莱布尼茨当时把微积分称为"无穷小算法".他的微积分符号的使用最初体现在 1675 年的手稿中,1684 年,他发表了微分法的论文《一种求极大值、极小值和切线的新方法,它也适用于物理量,以及这种新方法的奇妙类型的计算》,这是历史上最早发表的关于微积分的文章. 1686 年,他在该杂志上又发表了最早的积分法的论文《潜在的几何与不可分量和无限的分析》.

  在微积分的发展过程中,其数学分析的严密性问题仍有待解决.直到 19 世纪下半叶才由法国数学家柯西通过柯西极限存在准则为微积分注入了严密性,这就是极限理论的创立,它也为 20 世纪数学的发展奠定了基础.

图 3.3 牛顿与莱布尼茨

牛顿与莱布尼茨

引导问题:关于微积分发明者的争论,在数学史上是一个著名的公案,也是一场没有硝烟的战争.请查阅资料后谈谈你的看法.

【小贴士】

（1）在经济学中，类似的概念还有边际成本 MC（成本函数对产量的瞬时变化率）、边际利润 ML（利润函数对销量的瞬时变化率）、边际需求 MD（需求函数对价格的瞬时变化率），这类用边际函数对经济量变化的分析均称为边际分析. 边际分析法是经济学的基本研究方法之一，它与管理决策优化密切相关，是打开经济决策王国的钥匙.

（2）导数的概念广泛应用于各门学科之中，除经济学外，物理学中的线密度、角速度、比热容、温度梯度，生物学中的生长速率、血液流速梯度、化学中的压缩系数、心理学中的成绩提高率、地质学中的热传导速度、社会学中的新闻传播速度等相关的概念都是导数在实际问题中的应用.

例 3.1.2【切线方程和法线方程】 已知函数 $f(x) = x^3$.

（1）求 $f'(x)$ 和 $f'(1)$；（2）求函数 $f(x)$ 在点 (1, 1) 处的切线方程和法线方程.

例 3.1.2【切线方程和法线方程】

解 （1）$f'(x) = \lim\limits_{\Delta x \to 0} \dfrac{f(x+\Delta x) - f(x)}{\Delta x} = \lim\limits_{\Delta x \to 0} \dfrac{(x+\Delta x)^3 - x^3}{\Delta x}$

$= \lim\limits_{\Delta x \to 0} \dfrac{3x^2 \cdot \Delta x + 3x \cdot (\Delta x)^2 + (\Delta x)^3}{\Delta x}$

$= \lim\limits_{\Delta x \to 0} [3x^2 + 3x \cdot \Delta x + (\Delta x)^2]$

$= 3x^2$.

因此 $(x^3)' = 3x^2$，得 $f'(1) = 3$.

（2）由导数的几何意义知，$k_{切} = f'(1) = 3$，则 $k_{法} = -\dfrac{1}{3}$.

于是，所求的切线方程为 $y - 1 = 3(x - 1)$，即 $y = 3x - 2$.

所求的法线方程为 $y - 1 = -\dfrac{1}{3}(x - 1)$，即 $y = -\dfrac{1}{3}x + \dfrac{4}{3}$.

【小贴士】

（1）导数的几何意义：曲线 $y = f(x)$ 在点 (x_0, y_0) 处的切线斜率就是函数 $y = f(x)$ 在点 x_0 处的导数，即 $k_{切} = f'(x_0)$.

（2）更一般地说，对于幂函数 $y = x^\alpha$（α 为常数），有 $(x^\alpha)' = \alpha x^{\alpha-1}$.

【数学人物——李善兰】

李善兰（1811—1882 年），浙江海宁人，原名李心兰，字竟芳，号秋纫（图3.4）. 他是中国近代著名的数学家、天文学家、力学家和植物学家，在推广和发展中国传统数学，以及将西方近代科学引入中国方面做出了卓越的贡献.

1859 年，李善兰与伟烈亚力合译了《代微积拾级》，这是中国第一部微积分学的译本. 他在序中写道："是书先代数，次微分，次积分，由易而难，若阶级之渐升. 译既竣，即名之曰《代微积拾级》."

《代数学》与《代微分拾级》的译出，不仅向我国数学界介绍了西方符号代数、解析几何和微积分的基本内容，而且创立了许多新的概念、名词与符号. 例如 mathematics 其原意是一门"严正的、正确的"学科，译作"数学"，algebra 原意是"整理"与"对比"，译作"代数学"，differential calculus 原意是"差的运算"，integral calculus 原意是"求整运算"，分别译为"微分学"和"积分学"，这些名词一直沿用至今. 李善兰创造性地用汉字写出微积分算式，尽显中国特色，用"彳"和"禾"分别表示微积分号（分别取自微积二字的偏旁）.

图3.4 李善兰

李善兰不仅在微积分传播上建立了不朽功勋，还在数学研究上有很深厚的造诣. 李善兰在传统极限思想的基础上独立创立了"尖锥术"，提出了积分的概念，对三角函数、对数函数的级数展开式等也进行了研究，获得多项具有创造性的成果. 同时，其代表著作《垛积比类》，他所研究的递归函数、组合恒等式、计数函数等都是当今组合数学所讨论的对象，故人们公认它是早期组合数学的杰作.

鸦片战争爆发后，李善兰结合西方几何学、物理学等原理，写出了我国第一部精密科学意义上的弹道学著作《火器真诀》，这既是专业报国的生动实践，也是对 31 岁时在乍浦目睹的那场清军与英军激战的回应. 1873 年，李善兰相继创作了《孝丐诗》《丐妇传》《瓜尔佳孝妇诗》. 这些作品都是李善兰爱国主义精神的真实写照，始终贯穿于他的一生.

李善兰的一生，是从事科学研究和科学教育的一生，更是学以报国的一生. 他为落后的中国培养了一大批数学人才，是中国近代数学教育的鼻祖.

进一步由函数 $y=f(x)$ 在点 x_0 处左极限与右极限的定义,可得左、右导数的定义如下.

定义 3.3 若极限 $\lim\limits_{\Delta x \to 0^-}\dfrac{\Delta y}{\Delta x}$,$\lim\limits_{\Delta x \to 0^+}\dfrac{\Delta y}{\Delta x}$ 都存在,那么分别称为函数 $y=f(x)$ 在点 x_0 处的左导数与右导数,分别记作 $f'_-(x_0)$ 与 $f'_+(x_0)$,即

$$f'_-(x_0) = \lim_{\Delta x \to 0^-}\frac{f(x_0+\Delta x)-f(x_0)}{\Delta x} = \lim_{x \to x_0^-}\frac{f(x)-f(x_0)}{x-x_0},$$

$$f'_+(x_0) = \lim_{\Delta x \to 0^+}\frac{f(x_0+\Delta x)-f(x_0)}{\Delta x} = \lim_{x \to x_0^+}\frac{f(x)-f(x_0)}{x-x_0}.$$

函数 $y=f(x)$ 在点 x_0 处可导的充分必要条件是 $f(x)$ 在点 x_0 处的左、右导数都存在且相等.

例 3.1.3 求函数 $f(x)=\begin{cases} x, & x<0 \\ x^2, & x>0 \end{cases}$ 的导数.

解 当 $x<0$ 时 $f'(x)=(x)'=1$.

当 $x>0$ 时 $f'(x)=(x^2)'=2x$.

根据导数的定义式(3.2)有

$$f'_-(0) = \lim_{x \to 0^-}\frac{f(x)-f(0)}{x-0} = \lim_{x \to 0^-}\frac{x-0}{x} = 1,$$

$$f'_+(0) = \lim_{x \to 0^+}\frac{f(x)-f(0)}{x-0} = \lim_{x \to 0^+}\frac{x^2-0}{x} = \lim_{x \to 0^+} x = 0.$$

由于 $f'_-(0) \neq f'_+(0)$,所于 $f(x)$ 在点 $x=0$ 处不可导,于是

$$f'(x)=\begin{cases} 1, & x<0 \\ 2x, & x>0 \end{cases}$$

【思考】上例中函数 $f(x)$ 在点 $x=0$ 处的连续性如何?尝试猜想函数可导与连续的关系.

数学人物——费马

【小贴士】

(1)在求导过程中,若要求解分段函数在分段点处的导数,必须分别考虑其左、右导数,且必须用导数的定义分别进行左、右导数的计算.

(2)只有当在分段点处左、右导数存在并相等时,分段函数在该点处才可导.

定义 3.4 若函数 $y=f(x)$ 在开区间 (a,b) 内可导,且 $f'_+(a)$ 与 $f'_-(b)$ 都存在,则称函数 $y=f(x)$ 在闭区间 $[a,b]$ 上可导.

引导问题 1：掌握基本初等函数中的 6 个三角函数，并写出"弦""切""割"两两的关系等式.

引导问题 2：请写出函数 $f(x)$ 在点 x_0 处导数的求解步骤，说明 $f'(x_0)$ 的实际意义，并指出导数 $f'(x_0)$ 和 $f'(x)$ 的区别与联系.

引导问题 3：请用导数的思想解释名言——"在失败中成长，总好过在谨小慎微中停滞不前". 请联系生活实例说一说常数的导数为 0 所蕴含的实际意义.

引导问题 4：根据导数的定义式 $f'(x) = \lim\limits_{\Delta x \to 0} \dfrac{f(x+\Delta x)-f(x)}{\Delta x}$，尝试写出函数 $f(x) = e^x$ 的求导过程.

引导问题 5：根据上述导数的定义式，尝试写出函数 $f(x) = \ln x$ 的求导过程.

二、基本初等函数的导数

通常将以下 6 种函数统称为**基本初等函数**.

(1) 常数函数 $y = C$（C 为常数）.

(2) 幂函数 $y = x^a$（a 为常数）.

(3) 指数函数 $y = a^x$（$a > 0$，$a \neq 1$，a 为常数）.

(4) 对数函数 $y = \log_a x$（$a > 0$，$a \neq 1$，a 为常数）.

(5) 三角函数 $y = \sin x$，$y = \cos x$，$y = \tan x$，$y = \cot x$，$y = \sec x$，$y = \csc x$.

(6) 反三角函数 $y = \arcsin x$，$y = \arccos x$，$y = \arctan x$，$y = \text{arccot}\, x$.

基本初等函数的导数可以利用导数的定义求解.

例 3.1.4 求函数 $f(x) = C$（C 为常数）的导数.

解 根据导数的定义式（3.1）有

$$f'(x) = \lim_{\Delta x \to 0} \frac{f(x + \Delta x) - f(x)}{\Delta x} = \lim_{\Delta x \to 0} \frac{C - C}{\Delta x} = 0,$$

即 $(C)' = 0$.

例 3.1.5 求函数 $f(x) = \sin x$ 的导数.

解 根据导数的定义式（3.1）有

$$f'(x) = \lim_{\Delta x \to 0} \frac{f(x + \Delta x) - f(x)}{\Delta x} = \lim_{\Delta x \to 0} \frac{\sin(x + \Delta x) - \sin x}{\Delta x}$$

$$= \lim_{\Delta x \to 0} \frac{2\cos\left(x + \frac{\Delta x}{2}\right)\sin\frac{\Delta x}{2}}{\Delta x} = \lim_{\Delta x \to 0} \frac{\sin\frac{\Delta x}{2}}{\frac{\Delta x}{2}} \cdot \lim_{\Delta x \to 0} \cos\left(x + \frac{\Delta x}{2}\right) = \cos x,$$

即 $(\sin x)' = \cos x$.

类似地，有 $(\cos x)' = -\sin x$.

同样地，利用导数的定义也可以得到其他类型基本初等函数的求导公式（请尝试证明）.

例如，$(a^x)' = a^x \ln a$，特别地有 $(e^x)' = e^x \ln e = e^x$；

$(\log_a x)' = \dfrac{1}{x \ln a}$，特别地有 $(\ln x)' = \dfrac{1}{x \ln e} = \dfrac{1}{x}$.

**8 个基本初等函数
求导公式的推导**

引导问题 1：在效用论中总效用 TU 是指消费者在消费一定数量商品时所获得的总满意程度，请说明边际效用的实际意义，并结合自身举出相关生活实例．

引导问题 2：通过例 3.1.6 可以看出，边际分析法就是运用导数和微分方法研究经济运行中微增量的变化，用以分析各经济变量的相互关系及变化过程的一种方法．请尝试给出边际分析（如边际成本分析、边际收入分析、边际利润分析等）对企业生产或销售等方面的指导意义．

引导问题 3：在经济活动中，商家往往采取对产品进行降价促销的方法来提升产品销量，这种"薄利多销"的营销策略一定是明智的吗？商家销售的产品数量越多，利润越高吗？请用数学知识对此进行分析．

引导问题 4：不同商品对价格变动的敏感性不同．引例 3.3 中吹风机和取暖器降价后，需求量从原先的 100 件分别提升到 200 件和 110 件．请分析吹风机和取暖器的需求量对价格的相对变化率，并说明本次促销对顾客的吸引程度．

例 3.1.6【边际成本】 百迪五金模具公司生产某水槽零件,每天所需要的成本 $C(q)$(单位:元)与生产数量 q(单位:百件)的关系为 $C(q) = 50q^2 - 2500q$,试分别求 $q = 10$,$q = 25$ 和 $q = 30$ 时的边际成本,并解释对应的经济意义.

解 边际成本为 $C'(q) = (50q^2 - 2500q)' = 100q - 2500$.

当 $q = 10$ 时,$C'(10) = -1500$,其对应的经济意义为:在每天生产 10 百件的基础上,再多生产 1 百件,成本将减少 1500 元.

当 $q = 25$ 时,$C'(25) = 0$,其对应的经济意义为:在每天生产 25 百件的基础上,再多生产 1 百件,成本几乎没有变化,这 100 件产量并没有产生成本.

当 $q = 30$ 时,$C'(30) = 500$,其对应的经济意义为:在每天生产 30 百件的基础上,再多生产 1 百件,成本将增加 500 元.

因此,增加一个单位产量的收入(即单位产品售价)不能低于边际成本,否则必然会出现亏损;只要增加一个单位产量的收入能高于边际成本,即使低于总的平均单位成本,也会增加利润或减少亏损,这便是边际成本定价法策略.

导数的概念小测试

三、函数的弹性

引例 3.3【降价促销】 某小家电公司在销售淡季推出降价促销活动,吹风机和取暖器的原价分别为 500 元和 100 元,现促销均降价 50 元,试分析其对消费者影响程度的区别.

问题分析 尽管两种商品价格下降的绝对改变量相同(均为 50 元),但是各自与原价相比发现:取暖器降价 50/500 = 10%,而吹风机降价 50/100 = 50%,两者整整相差 5 倍,它们对消费者的吸引力肯定大不相同.

可见,在经济活动中,不仅要分析经济的绝对改变量,还要考虑其相对改变量. 如果两个经济量存在一定的函数关系,则应考虑一个经济量的变化对另一个经济量的影响程度,即相对变化率.

定义 3.5 设函数 $y = f(x)$ 在点 x_0 处的某邻域内有定义,且在点 x_0 处可导,当自变量从 x_0 变为 $x_0 + \Delta x$ 时,函数的相对改变量 $\dfrac{\Delta y}{y_0}$ 与自变量的相对改变量 $\dfrac{\Delta x}{x_0}$ 的比值为 $\dfrac{\dfrac{\Delta y}{y_0}}{\dfrac{\Delta x}{x_0}}$,

生活情境

> 受原材料价格上涨的影响，公司已将部分产品的单价提高100元，因此，大家需要对该部分产品的近期销售量情况进行适时分析.

> 呃……提价后有些产品销量降低许多，但也有些产销量基本维持不变，公司的提价策略正确吗？

> 好奇怪，明明都一样提价100元，为什么反响不一样呢？如何用数学理论进行解释？

子任务 3.2：商品定价策略之市场灵敏度分析

引导问题：为了使企业在营销活动中掌握更大的主动权，需要分析消费者的价格敏感度，其表现为消费者需求弹性函数，即价格变动引起的产品需求量的变化. 请结合案例说一说需求价格弹性在市场经济活动中的指导作用.

并称这个比值为函数 $y=f(x)$ 从 x_0 变为 $x_0+\Delta x$ 的平均相对变化率. 若极限 $\lim\limits_{\Delta x \to 0} \dfrac{\frac{\Delta y}{y_0}}{\frac{\Delta x}{x_0}}$ 存在,

则称此极限为函数 $y=f(x)$ 在点 x_0 处的**弹性**（Elasticity），记作 $\left.\dfrac{Ey}{Ex}\right|_{x=x_0}$ 或 $E(x_0)$.

由定义得到弹性的计算公式为

$$E(x_0) = \lim_{\Delta x \to 0} \frac{\Delta y}{\Delta x} \cdot \frac{x_0}{y_0} = f'(x_0) \cdot \frac{x_0}{y_0}.$$

其实际意义可解释为：当自变量 x 变化 1% 时，函数 $f(x)$ 会近似变化 $|E(x_0)|\%$.

一般地，函数 $y=f(x)$ 在任意一点 x 处的弹性可表示为

$$E(x) = \frac{Ey}{Ex} = f'(x) \cdot \frac{x}{y}.$$

弹性是经济学中广泛应用的一个重要概念，在预测市场结果、制定价格、分析市场受到干预时所发生的变化等方面起着重要作用，是企业管理者进行科学决策的有效分析工具.

在经济学中，最常见的弹性是**需求价格弹性**（Price Elasticity of Demand），简称需求弹性，它是指在一定时期内商品需求量的相对变动对该商品价格的相对变动的反应程度，其计算公式为

$$E_d = Q'(p) \cdot \frac{p}{Q}.$$

例 3.1.7 【商品定价】 通过对市场调研数据的拟合，得知某小家电商品的需求函数为 $Q(p)=75-p^2$（单位：百元），你作为企业的管理者，如何通过对价格为 $p=4$，5，6 时的需求弹性分析，结合其经济意义，进而对商品的最优价格做出决策？

解 因为

$$E_d = Q'(p) \cdot \frac{p}{Q} = -2p \cdot \frac{p}{75-p^2} = \frac{-2p^2}{75-p^2},$$

所以

$$E_d(4) = -\frac{32}{59},\ E_d(5) = -1,\ E_d(6) = -\frac{72}{39}.$$

这说明：在价格为 400 元时，价格上涨 1%，需求量大约降低 $\dfrac{32}{59}\%$，此时需求量降低的速度比价格上涨的速度慢，管理者还会考虑提升价格；

在价格为 500 元时，价格上涨 1%，需求量大约降低 1%，此时需求量降低的速度和价格上涨的速度一样，此时价格变化不会影响收入；

【阅读材料——需求价格弹性的影响因素】

  为了更好地运用需求价格弹性理论来分析企业如何在商品价格的制定与调整上进行决策，还应了解其需求价格弹性的影响因素，主要有以下几种．

  (1) 商品的可代替性．一般来说，一种商品的可代替品越多，当该商品价格提高时，消费者就越容易转向其他可代替商品，则该商品的需求价格弹性往往越大；相反，该商品的需求价格弹性往往越小．

  (2) 商品用途的广泛性．一般来说，一种商品的用途越广泛，它的需求价格弹性就可能越大；相反，其用途越狭窄，它的需求价格弹性就可能越小．

  (3) 商品对消费者生活的重要程度．一般来说，生活必需品的需求价格弹性较小，如盐、油、大米；非生活必需品的需求价格弹性较大，如珠宝、名牌包、时装等奢侈品．

  (4) 商品的消费支出在消费者预算总支出中所占的比重．消费者在某商品的消费支出在消费者预算总支出中所占的比重越大，该商品的需求价格弹性可能越大；反之，则可能越小．例如，买一包口香糖时，消费者可能不大注意价格的变动．

  (5) 所考察的消费者调节需求量的时间．一般来说，消费者调整需求的时间越短，需求价格弹性越小；相反，调整需求的时间越长，需求价格弹性越大，如汽油价格上升，短期内不会影响其需求量，但长期人们可能寻找替代品．

引导问题 1：经济学中常见的弹性还有供给价格弹性（简称供给弹性）、需求收入弹性（简称收入弹性）及需求交叉弹性等，请通过查阅资料了解相关内容，并尝试将之用数学解析式表示．

引导问题 2："谷贱伤农"描述的是这样一种经济现象：在丰收的年份，农民的收入反而减少了，请从弹性理论的角度分析造成这种现象的原因．

在价格为 600 元时，价格上涨 1%，需求量大约降低 $\frac{72}{39}$%，此时需求量降低的速度比价格上涨的速度快，管理者不会考虑提升价格．

因此，500 元是商品的最优价格．

【小贴士】需求弹性的三种基本类型如下．

(1) 若 $|E_d| < 1$，称为**缺乏弹性**．此时价格的变化对需求量的影响很小，在适当涨价后，不会使需求量有太大的下降，从而使收入增加．

(2) 若 $|E_d| > 1$，称为**富有弹性**．此时价格的变化对需求量的影响较大，适当降价会使需求量有较大的上升，从而使收入增加．

(3) 若 $|E_d| = 1$，称为**单位弹性**．此时价格是最优价格，能使收入取得最大值．

例 3.1.8【需求弹性】 某商品的需求函数为 $Q = 20 - 3p$（单位：元），试求：

(1) $p = 2$ 时的需求弹性是多少？(2) 此时若价格上涨 1%，总收入增加还是减少？变化幅度是多少？

解 (1) 因为 $Q' = -3$，所以 $E_d = Q' \cdot \dfrac{p}{Q} = \dfrac{-3p}{20-3p}$．

当 $p = 2$ 时，$E_d(2) = -\dfrac{3}{7} \approx -0.4286$．

其经济意义为：在价格为 2 元的基础上，价格每上升 1%，商品的需求量约下降 0.4286%．

(2) 收入函数为 $R(p) = pQ = 20p - 3p^2$，则 $p = 2$ 时的收入弹性为

$$\left.\frac{ER}{Ep}\right|_{p=2} = R'(p) \cdot \left.\frac{p}{R}\right|_{p=2} = \left.\frac{(20-6p)p}{20p-3p^2}\right|_{p=2} = \frac{4}{7} \approx 0.57.$$

由上可知，此时若价格上涨 1%，则总收入增加约 0.57%．

例 3.1.9【销量控制】 已知某产品的需求弹性为 $-1.5 \sim -2$，由于市场行情影响而出现滞销，公司准备以降价方式扩大销路，试问当降价 10% 时，销售量能增加多少？

解 因为近似地有 $\dfrac{EQ}{Ep} = \left(\dfrac{\Delta Q}{Q}\right) \Big/ \left(\dfrac{\Delta p}{p}\right)$，由题意 $\dfrac{\frac{\Delta Q}{Q}}{-10\%} = -1.5$，得 $\dfrac{\Delta Q}{Q} = 15\%$．

类似地，由 $\dfrac{\frac{\Delta Q}{Q}}{-10\%} = -2$，得 $\dfrac{\Delta Q}{Q} = 20\%$．因此，销量约能增加 15%~20%．

■ 经济应用数学

> 🔲 生活情境
>
> 为了让消费者尽快熟知并接受公司的新产品，需要通过立体化广告体系进行宣传，使产品能较快地打开市场．
>
> 但是，消费者接受并认可新产品后，广告的影响力会减弱，为了节约成本，提高效益，是否要考虑减小广告投入力度呢？

子任务3.3：商品销售量变化速度分析

引导问题 1：基于引例 3.4 中的产品销售量与时间的经验关系式，为了更好地对产品产量进行控制，请对产品销售量的趋势进行分析．

_____

_____

_____

引导问题 2：随着消费者对产品的认可度逐渐提升，你认为何时该减少甚至取消广告费用？请通过对商品销售量变化速度的定量分析做出决策．

_____

_____

_____

_____

134

任务二　边际分析中的数学计算（导数的运算）

通过前面的学习，我们知道边际分析和弹性分析是进行经济数量分析的重要方法，它直接关系到能否做出实际问题的优化决策．因此，需要掌握函数瞬时变化率的相关计算方法，提升导数的计算能力．仅利用前面的导数定义来计算函数的导数显得非常烦琐，因此，为了方便应用，常常直接利用基本初等函数的导数公式及运算法则进行求解．

引例 3.4 【销量变化速度】　某公司通过前期调查数据发现，在前期立体化广告效应下，其研发的新产品的销量（单位：万件）与时间（单位：时间）存在如下经验关系式：

$$Q(t) = \frac{2\,000}{1 + 19\mathrm{e}^{-3t}}.$$

请对该产品的销售量变化速度进行分析．

问题分析　分析产品的销售量变化速度，实质就是求销售量函数的导数，而此销售量函数较为复杂，若利用导数的定义计算函数的导数，过程烦琐且不易求得，因此，必须具备计算复杂函数导数的能力．为此，现将常见的基本初等函数的导数以公式形式给出．

一、导数的基本公式

6 种基本初等函数的 16 个导数公式归纳如表 3.1 所示．

表 3.1　常见基本初等函数的导数公式

序号	基本初等函数的导数公式	序号	基本初等函数的导数公式
1	$(C)' = 0$（C 为常数）	9	$(\tan x)' = \sec^2 x$
2	$(x^a)' = ax^{a-1}$（a 为常数）	10	$(\cot x)' = -\csc^2 x$
3	$(a^x)' = a^x \ln a$（a 为常数）	11	$(\sec x)' = \sec x \tan x$
4	$(\mathrm{e}^x)' = \mathrm{e}^x$	12	$(\csc x)' = -\csc x \cot x$
5	$(\log_a x)' = \dfrac{1}{x \ln a}$（$a$ 为常数）	13	$(\arcsin x)' = \dfrac{1}{\sqrt{1-x^2}}$
6	$(\ln x)' = \dfrac{1}{x}$	14	$(\arccos x)' = -\dfrac{1}{\sqrt{1-x^2}}$
7	$(\sin x)' = \cos x$	15	$(\arctan x)' = \dfrac{1}{1+x^2}$
8	$(\cos x)' = -\sin x$	16	$(\operatorname{arccot} x)' = -\dfrac{1}{1+x^2}$

导数基本公式小测试

引导问题 1：你能熟记 16 个基本初等函数的导数公式吗？请尝试将它们写出来，并指出对应基本初等函数的类型.

_____

_____

_____

引导问题 2：请根据基本求导公式 $(\ln x)' = \dfrac{1}{x}$，同时借助导数的乘法运算法则推导出对数函数的求导公式 $(\log_a x)' = \dfrac{1}{x \ln a}$.

_____

_____

_____

引导问题 3：党的二十大报告中强调，要"坚持全面依法治国，推进法治中国建设"．在函数的求导计算中也必须做到"依法求导"，贯彻"先法则，后求导"的原则．请写出函数求导的四则运算法则．

_____

_____

_____

引导问题 4：通常用"'前导后不导'加上'后导前不导'"来描述乘法求导法则 $(uv)' = u'v + uv'$，这说明乘法求导需要逐个依次轮流求导，这折射出生活中的讲文明、守礼仪、团队合作等优秀品质，请根据这种规则，请写出三个函数乘积 uvw 的求导法则，并结合生活实际说一说其蕴含的品德修养方面的意义.

_____

_____

_____

【小贴士】

（1）初学者容易将幂函数 $y=x^a$ 和指数函数 $y=a^x$ 混淆，从而导致求导错误，要正确辨别两者的区别：幂函数的自变量在底数位置，指数为常数，而指数函数的自变量在指数位置，底数为常数. 例如，$(x^{10})'=10x^9$，$(10^x)'=10^x\ln 10$.

（2）一些常用函数的导数最好也能作为公式记忆，例如：

$$x'=1,\quad (\sqrt{x})'=\frac{1}{2\sqrt{x}},\quad \left(\frac{1}{x}\right)'=-\frac{1}{x^2},\quad (kx)'=k.$$

二、函数的求导法则

1. 导数的四则运算法则

定理 3.1　一般地，若函数 $u=u(x)$，$v=v(x)$ 在点 x 处均可导，则其和、差、积、商（分母不为零）分别在该点处可导，且有以下结论.

（1）$(u\pm v)'=u'\pm v'$.

（2）$(uv)'=u'v+uv'$，特别地，$(Cu)'=Cu'$，其中 C 为常数.

（3）$\left(\dfrac{u}{v}\right)'=\dfrac{u'v-uv'}{v^2}$，特别地，$\left(\dfrac{C}{v}\right)'=-\dfrac{Cv'}{v^2}$，其中 C 为常数.

其中，导数运算法则（1）、（2）亦可推广到有限个函数的情形.

例 3.2.1　设 $f(x)=7\mathrm{e}^x-8x^2+4\cos x+\ln 2$，求 $f'(x)$ 及 $f'(1)$.

解　$f'(x)=(7\mathrm{e}^x)'-(8x^2)'+(4\cos x)'+(\ln 2)'=7(\mathrm{e}^x)'-8(x^2)'+4(\cos x)'$

$\qquad =7\mathrm{e}^x-16x+4(-\sin x)=7\mathrm{e}^x-16x-4\sin x$.

$\qquad f'(1)=7\mathrm{e}-16-4\sin 1$.

例 3.2.2 讲解（导数的乘、除）

例 3.2.2　求下列函数的导数.

（1）$y=x^2\ln x$；

（2）$y=\dfrac{1-\cos x}{\sin x}$.

解　（1）$y'=(x^2)'\ln x+x^2(\ln x)'=2x\cdot\ln x+x^2\cdot\dfrac{1}{x}=2x\ln x+x$.

引导问题 1：尝试利用导数的除法运算法则推导出正切函数和余切函数的求导公式：$(\tan x)' = \sec^2 x$ 和 $(\cot x)' = -\csc^2 x$.

引导问题 2：根据 $\sec x = \dfrac{1}{\cos x}$ 和 $\csc x = \dfrac{1}{\sin x}$，尝试利用导数的除法运算法则分别推导出正割函数和余割函数的求导公式.

引导问题 3：尝试借助在线数学软件 Wolfram Alpha 得出四个反三角函数的导数公式.

引导问题 4：请用两种方法计算函数 $y = \left(\dfrac{3}{x^2} - x\right)(\sqrt{x} + 1)$ 的导数，并对两种方法进行分析比较，给出经验分享.

引导问题 5：根据函数的四则运算法则进行综合求导时的基本原则是什么？这对你的生活和学习有哪些启发？请结合专业岗位说一说.

(2) 解 $y' = \left(\dfrac{1-\cos x}{\sin x}\right)' = \dfrac{(1-\cos x)'(\sin x) - (1-\cos x)(\sin x)'}{(\sin x)^2}$

$= \dfrac{\sin^2 x + \cos^2 x - \cos x}{\sin^2 x} = \dfrac{1-\cos x}{\sin^2 x} = \csc^2 x - \csc x \cot x.$

其实，因为 $y = \dfrac{1-\cos x}{\sin x} = \csc x - \cot x$，故可直接采用和、差的求导法则进行计算：

$y' = (\csc x - \cot x)' = \csc^2 x - \csc x \cot x.$

【小贴士】

（1）进行求导计算时要注意常数形式的变化，如 $(\ln 2)' = 0$ 切勿错写成 $(\ln 2)' = \dfrac{1}{2}.$

（2）若所求导的函数能够化简，一般先将函数化简后再求导，以简化求解步骤.

例 3.2.3【边际利润】 宁波慈城年糕是浙江地区著名的传统小吃，年糕寓意着"年年高升"的美好愿景，深受人们喜爱. 某年糕生产商生产年糕的收入函数 $R(q)$（单位：千元）与成本函数 $C(q)$（单位：千元）分别是

$$R(q) = \sqrt{q},\ C(q) = \dfrac{q+3}{\sqrt{q}+1},\ 1 \leqslant q \leqslant 15$$

其中，q 的单位为百公斤，试帮该年糕生产商分析其年糕的边际利润.

解 利润函数为

$$L(q) = R(q) - C(q) = \dfrac{\sqrt{q}-3}{\sqrt{q}+1},$$

因此

$$L'(q) = \left(\dfrac{\sqrt{q}-3}{\sqrt{q}+1}\right)' = \dfrac{(\sqrt{q}-3)'(\sqrt{q}+1) - (\sqrt{q}-3)(\sqrt{q}+1)'}{(\sqrt{q}+1)^2}$$

$$= \dfrac{\dfrac{1}{2\sqrt{q}}(\sqrt{q}+1) - (\sqrt{q}-3)\dfrac{1}{2\sqrt{q}}}{(\sqrt{q}+1)^2} = \dfrac{2}{\sqrt{q}(\sqrt{q}+1)^2}.$$

可见边际利润恒大于零，这表明该年糕生产商在其生产能力范围内（$1 \leqslant q \leqslant 15$）生产得越多，其总利润就越高.

导数的四则运算小测试

■ 经济应用数学

> **生活情境**
>
> 市场需求量随价格变动而变动，但是商品价格也会随着商品原材料价格的适时波动而变化呀！它还和人们的收入水平相关，还和……相关，好像不太好分析哦！
>
> 在企业管理决策中，应把需求量价格变化敏感度高的产品作为管理的重点．因此，要对产品的市场需求量的变化率进行分析．

引导问题 1：世界中的一切事物都处于普遍联系之中，没有任何一个事物是孤立存在的．我们要学会和他人建立良好的人际关系，在分析问题时不仅基于问题本身，同时要考虑其他影响因素．请联系生活实际举例说明.

引导问题 2：产品的市场需求量受多方面因素的影响，对于这样环环相扣、层层依赖的函数，如何进一步挖掘变量间的关系，进而分析其变化率呢？

2. 复合函数的求导法则

引例 3.5【需求量的变化率】 吉利汽配公司由多年的经营实践得知某汽车配件的需求量 Q 和价格 p 的关系近似为 $Q = \dfrac{10\,000}{(0.5p+1)^2} + e^{-0.1p^2}$，但配件的价格也会随不同时间原材料价格的变化而变化，如何分析其需求量的变化率？

复合函数的求导法则

问题分析 这里需求量的变化率是商品需求量 Q 关于时间 t 的瞬时变化率，显然需求量 Q 是价格 p 的函数，而价格 p 又是时间 t 的函数，因此商品需求量 Q 是时间 t 的复合函数。这便要求掌握复合函数的求导法则，当然，首先要清楚复合函数的概念。

定义 3.6 设 y 是 u 的函数 $y = f(u)$，而 u 又是 x 的函数 $u = \varphi(x)$，且 $u = \varphi(x)$ 的值域包含在函数 $y = f(u)$ 的定义域内，那么 y 也是 x 的函数，这个函数叫作 $y = f(u)$ 与 $u = \varphi(x)$ 复合而成的函数，简称**复合函数**（Composite Function），记作 $y = f[\varphi(x)]$，其中 u 称为**中间变量**，$y = f(u)$ 为**外层函数**，$u = \varphi(x)$ 为**内层函数**。

我们需要学会如何正确地将复合函数分解，直至基本初等函数或基本初等函数的和、差、积、商，进而为学习复合函数的求导打下坚实的基础。

例如，复合函数 $y = \sqrt{1+x^2}$ 可以分解为 $y = \sqrt{u}$ 和 $u = 1+x^2$；复合函数 $y = \cos^2(\ln x)$ 可以分解为 $y = u^2$，$u = \cos v$ 和 $v = \ln x$。

定义 3.7 由基本初等函数经过有限次四则运算及有限次复合而成的且可用一个解析式表示的函数，称为**初等函数**。

例如，函数 $y = \ln(x + \sin x)$，$y = e^{(3x+1)} \tan x$，$y = \arcsin(x-1)$ 等都是初等函数。

定理 3.2 若函数 $y = f(u)$ 在点 u 处可导，函数 $u = \varphi(x)$ 在点 x 处可导，则复合函数 $f(\varphi(x))$ 在点 x 处也可导，并且有

$$y' = f'(u) \cdot \varphi'(x) \quad \text{或} \quad \frac{dy}{dx} = \frac{dy}{du} \cdot \frac{du}{dx} \quad \text{或} \quad y'_x = y'_u \cdot u'_x.$$

这个法则说明：复合函数对自变量的导数等于复合函数对中间变量的导数乘以中间变量对自变量的导数。此定理也称为复合函数求导法则的**链式法则**。它可以推广到有限多个中间变量的情形。

引导问题 1：复合函数也就是函数的"叠置"。通俗形象地说，复合函数是一个函数"肚子"里"怀着"另一个函数，"肚子"里面的"胎儿"叫作内层函数，外面的"母体"叫作外层函数。你能正确地找出复合函数的内层函数与外层函数吗？请举例具体说明。

引导问题 2：复合函数分解的原则是什么？其分解方式是唯一的吗？请找到一个生活中的实例来形象地刻画复合函数拆分时的层层剥落过程。

引导问题 3：复合函数的中间变量 u 是用来代替某一函数的，其意义是使复杂的函数简单化，也有助于理清复合函数的结构。请问：借助中间变量 u 进行复合函数求导的基本步骤是什么？其基本结构是怎样的？请举例具体说明。

引导问题 4：若某复合函数可拆分成 $y=f(u)$，$u=\varphi(v)$，$v=\psi(x)$ 三个简单函数，则定理 3.2 该如何表示？

引导问题 5：俗话说"熟能生巧，巧能生精"，熟悉复合函数求导法则后，可以不写出中间变量 u 而直接进行求导，其基本结构又是怎样的？与之前有什么不同之处？请通过具体例题说明原因。

例 3.2.4 求函数 $y = \ln\sin x$ 的导数.

解 方法一：函数 $y = \ln\sin x$ 可拆分为 $y = \ln u$，$u = \sin x$.

由链式法则有 $y' = (\ln u)' \cdot (\sin x)' = \dfrac{1}{u} \cdot \cos x = \dfrac{\cos x}{\sin x} = \cot x$.

方法二：$y' = \dfrac{1}{\sin x} \cdot (\sin x)' = \dfrac{\cos x}{\sin x} = \cot x$.

例 3.2.4 讲解（复合函数求导的两种方法）

例 3.2.5 求函数 $y = \sec \mathrm{e}^{3x+1}$ 的导数.

解 方法一：函数 $y = \sec \mathrm{e}^{3x+1}$ 可拆分为 $y = \sec u$，$u = \mathrm{e}^v$，$v = 3x+1$，由链式法则有

$$\dfrac{\mathrm{d}y}{\mathrm{d}x} = (\sec u)'_u \cdot (\mathrm{e}^v)'_v \cdot (3x+1)'_x = \sec u \tan u \cdot \mathrm{e}^v \cdot 3 = 3\mathrm{e}^{3x+1} \sec \mathrm{e}^{3x+1} \tan \mathrm{e}^{3x+1}.$$

方法二：$y' = \sec \mathrm{e}^{3x+1} \tan \mathrm{e}^{3x+1} \cdot (\mathrm{e}^{3x+1})' = \sec \mathrm{e}^{3x+1} \tan \mathrm{e}^{3x+1} \cdot \mathrm{e}^{3x+1} \cdot (3x+1)'$
$= 3\mathrm{e}^{3x+1} \sec \mathrm{e}^{3x+1} \tan \mathrm{e}^{3x+1}.$

【小贴士】

（1）在熟悉链式法则后，可以不写出中间变量而直接求导，但是在求导过程中要搞清楚每一步是对哪个变量进行求导，因此理清复合函数的结构是非常重要的.

（2）复合函数求导按照"从外到内，逐层求导"的原则进行.

例 3.2.6 求下列函数的导数.

例 3.2.6 讲解（复合函数求导）

（1）$y = \dfrac{1}{\sqrt[3]{(4x-1)^2}}$；　　（2）$y = \ln(\cos^2 x)$；　　（3）$y = \mathrm{e}^{2x}\sin 3x + \ln 8.$

解（1）$y' = [(4x-1)^{-\frac{2}{3}}]' = -\dfrac{2}{3}(4x-1)^{-\frac{5}{3}}(4x-1)' = -\dfrac{8}{3}(4x-1)^{-\frac{5}{3}}.$

（2）$y' = \dfrac{1}{\cos^2 x}[(\cos x)^2]' = \dfrac{1}{\cos^2 x} \cdot 2\cos x \cdot (\cos x)' = -2\tan x.$

（3）$y' = (\mathrm{e}^{2x})'\sin 3x + \mathrm{e}^{2x}(\sin 3x)' + (\ln 8)'$
$= \mathrm{e}^{2x} \cdot (2x)'\sin 3x + \mathrm{e}^{2x}\cos 3x \cdot (3x)' = \mathrm{e}^{2x}(2\sin 3x + 3\cos 3x).$

引导问题 1：在生活中遇到复杂的问题时，要学会把它拆分成一个个简单而又独立的问题，然后针对每个独立的问题逐个寻求解决办法，不要一开始就想尽快解决复杂的问题，这样往往会因为找不到突破点而无从下手．受此启发，请分享你在学习或生活中的实例．

引导问题 2：根据复合函数的求导法则可知 $(\sin \Box)' = \cos \Box \cdot \Box'$，它可以看作 $(\sin x)' = \cos x$ 的推广公式．类似地，请写出剩余的 15 个基本初等函数求导公式所对应的推广公式．

引导问题 3：将四则运算和复合函数求导法则混合的综合求导，其总体思想和基本原则是什么？

引导问题 4：你知道"黑匣子思维"吗？从每次失败中学习，从错误中汲取教训，这是一种了不起的能力．在综合求导时，你在哪些细节上容易出错？请进行分享．

引导问题 5：请找出生活和专业中蕴含复合函数关系的实例，尝试分析其变化率并阐述其实际意义．

例 3.2.7 求下列函数的导数.

(1) $y = \ln\sqrt{\dfrac{x-1}{x+1}}$;

(2) $y = \dfrac{1}{x + \sqrt{x^2+1}}$.

解 (1) 方法一：利用复合函数求导法则直接求导.

$$y' = \dfrac{1}{\sqrt{\dfrac{x-1}{x+1}}} \cdot \dfrac{1}{2\sqrt{\dfrac{x-1}{x+1}}} \cdot \left(\dfrac{x-1}{x+1}\right)' = \dfrac{x+1}{2(x-1)} \cdot \dfrac{(x+1)-(x-1)}{(x+1)^2} = \dfrac{1}{x^2-1}.$$

方法二：利用对数性质对函数进行化简得 $y = \dfrac{1}{2}[\ln(x-1) - \ln(x+1)]$.

$$y' = \dfrac{1}{2}\left[\dfrac{1}{x-1} \cdot (x+1)' - \dfrac{1}{x+1} \cdot (x-1)'\right] = \dfrac{1}{x^2-1}.$$

(2) 利用函数进行分母有理化得 $y = \sqrt{x^2+1} - x$.

$$y' = \dfrac{1}{2\sqrt{x^2+1}}(x^2+1)' - 1 = \dfrac{x}{\sqrt{x^2+1}} - 1.$$

【小贴士】
对于真数形式较为复杂的对数函数进行求导时，常常先利用对数的运算性质将函数化简后再求导，这样可以大大简化求解步骤.

例 3.2.8【需求量的变化率】 吉利汽配公司由多年的经营实践得知某汽车配件的需求量 Q 和价格 p 的关系近似为 $Q = \dfrac{10\,000}{(0.5p+1)^2} + e^{-0.1p^2}$，假设配件的价格按每年 5% 的比率均匀升高，现在价格为 1.00 元，问此时需求量如何变化？

解 根据题意可知 $\dfrac{\mathrm{d}p}{\mathrm{d}t} = 0.05p$，$p = 1.00$，由复合函数的求导法则得

$$\dfrac{\mathrm{d}Q}{\mathrm{d}t} = \dfrac{\mathrm{d}Q}{\mathrm{d}p} \cdot \dfrac{\mathrm{d}p}{\mathrm{d}t} = \left[\dfrac{10\,000}{(0.5p+1)^2} + e^{-0.1p^2}\right]' \cdot 0.05p$$

$$= \left[-\dfrac{10\,000 \times 2 \times 0.5}{(0.5p+1)^3} - 0.2pe^{-0.1p^2}\right] \cdot 0.05p.$$

将 $p = 1.00$ 代入上式，得

$$\left.\dfrac{\mathrm{d}Q}{\mathrm{d}t}\right|_{p=1} = \left[-\dfrac{10\,000 \times 2 \times 0.5}{(0.5+1)^3} - 0.2e^{-0.1}\right] \times 0.05 = -148.2,$$

即该配件的商品需求量减小的速率为每年 148.2 个单位.

复合函数的求导小测试

■ 经济应用数学

> **生活情境**
>
> 今年下半年我们的产品在市场上的销售量始终保持着增长趋势,非常好!这离不开大家的共同努力!
>
> 嘿嘿!我猜年终奖应该会有惊喜.
>
> 不能高兴得太早呀!我发现销售量增长的幅度好像越来越小了,还是得继续拓展销售渠道!

子任务 3.4:商品销售量增长速率分析

引导问题:如何用导数刻画商品在市场上销售量增长的幅度?已知某公司所生产的商品销售量的增长越来越慢,如何用数学式表示?分析其在该公司下一步的管理决策中的指导意义.

三、高阶导数

定义 3.8 一般地，若函数 $f(x)$ 的导数 $f'(x)$ 在点 x 处仍然可导，则称 $f'(x)$ 的导数为函数 $f(x)$ 的**二阶导数**（Second Derivative），记作 y'' 或 $f''(x)$ 或 $\dfrac{d^2 y}{dx^2}$，即

$$y'' = (y')' = [f'(x)]' = \frac{d}{dx}\left(\frac{dy}{dx}\right) = \frac{d^2 y}{dx^2}.$$

相应地，称函数 $y=f(x)$ 的导数 $f'(x)$ 为函数 $y=f(x)$ 的一阶导数.

类似地，二阶导数的导数叫作三阶导数，记作 y''' 或 $f'''(x)$ 或 $\dfrac{d^3 y}{dx^3}$；三阶导数的导数叫作四阶导数，记作 $y^{(4)}$ 或 $f^{(4)}(x)$ 或 $\dfrac{d^4 y}{dx^4}$；……一般地，$n-1$ 阶导数的导数叫作 n 阶导数，记作 $y^{(n)}$ 或 $f^{(n)}(x)$ 或 $\dfrac{d^n y}{dx^n}$.

二阶及二阶以上的导数称为**高阶导数**（Higher Derivative），显然，求高阶求导就是多次求导数，因此，仍然可以用前面学过的求导方法计算高阶导数.

例 3.2.9 求下列函数的二阶导数.

(1) $y = \ln(1+x^2)$；

(2) $y = x\sin x + e^{2x}$.

解 (1) $y' = [\ln(1+x^2)]' = \dfrac{1}{1+x^2} \cdot (1+x^2)' = \dfrac{2x}{1+x^2}.$

$$y'' = \left(\frac{2x}{1+x^2}\right)' = \frac{(2x)' \cdot (1+x^2) - 2x \cdot (1+x^2)'}{(1+x^2)^2} = \frac{2(1-x^2)}{(1+x^2)^2}.$$

(2) $y' = (x\sin x + e^{2x})' = x'\sin x + x(\sin x)' + e^{2x}(2x)' = \sin x + x\cos x + 2e^{2x}.$

$y'' = (\sin x + x\cos x + 2e^{2x})' = 2\cos x - x\sin x + 4e^{2x}.$

例 3.2.10【项目方案抉择】 党的二十大报告中强调"加快建设交通强国"，浙江作为首批交通强国建设试点地区之一，全省实现高速公路"县县通"、高铁陆域"市市通"、内河航道通江达海. 现有某工程建设公司承包了一条公路的建设任务，建设周期至少为 3 年. 如果该公路的建设有两个可供选择的方案，其利润为 L（单位：百万元），时间为 t（单位：年），这两种方案的数学模型如下.

引导问题 1：牛顿从运动学的观点出发建立微积分，他提出瞬时速度是路程关于时间的变化率，即 $v(t) = \dfrac{ds}{dt} = s'(t)$，那么瞬时速度关于时间的变化率对应的是运动学中的哪个概念？尝试用导数符号表示.

引导问题 2：莱布尼茨从几何学的观点出发建立微积分，他提出一阶导数的几何意义是曲线上切线的斜率，即 $k_{切} = f'(x)$. 请给出函数二阶导数的几何意义，并分别勾勒出 $f''(x) > 0$ 和 $f''(x) < 0$ 时的图像形状.

引导问题 3：在数学中，拐点是指凹曲线（$f''(x) > 0$）和凸曲线（$f''(x) < 0$）的分界点；经济社会中流行的"拐点"是指某一经济值持续走高后转低或者持续走低后转高的转折点. 请用导数知识刻画两者的区别.

引导问题 4：尝试对幂函数 $y = x^n$ 和对数函数 $y = \ln x$ 进行 n 阶求导.

引导问题 5：尝试对三角函数 $y = \sin x$ 和 $y = \cos x$ 进行 n 阶求导.

模型一：$L_1(t) = \dfrac{3t}{t+1}$；模型二：$L_2(t) = \dfrac{t^2}{t+1} + 1$.

那么该公司选择哪种方案的模型最优？

解 从工程建设公司的角度出发，最优方案模型的选择首先考虑的是使该公司获利最大.

当时间 $t=1$ 时，可以看出，$L_1(1) = L_2(1) = \dfrac{3}{2}$，即一年后两种方案模型的利润额是相等的.

再看看利润的增长率，即边际利润：

$$L_1'(t) = \left(\dfrac{3t}{t+1}\right)' = \dfrac{3}{(t+1)^2},\ L_2'(t) = \left(\dfrac{t^2}{t+1} + 1\right)' = \dfrac{t^2 + 2t}{(t+1)^2}.$$

可以发现当 $t=1$ 时，$L_1'(1) = L_2'(1) = \dfrac{3}{4}$，即两种方案模型的边际利润仍然相等.

下面考察这两种方案模型的利润增长率（即边际利润的变化率）是如何变化的. 它可以用 $L''(t)$ 来刻画，对这两种方案模型来说，分别有

$$L_1''(t) = \left[\dfrac{3}{(t+1)^2}\right]' = -\dfrac{6}{(1+t)^3},\ L_2''(t) = \left[\dfrac{t^2 + 2t}{(t+1)^2}\right]' = \dfrac{2}{(1+t)^3}.$$

在 $t=1$ 处，每种方案模型利润增长率的变化率为

$$L_1''(1) = -\dfrac{6}{(1+1)^3} = -\dfrac{3}{4},\ L_2''(1) = \dfrac{2}{(1+1)^3} = \dfrac{1}{4}.$$

对于第一种方案模型来说，在 $t=1$ 处利润增长率是正的，但是利润增长率的变化率 $L_1''(1)$ 却是负的，即该方案模型的利润增长率在减速；对第二种方案模型来说，在 $t=1$ 处不但利润增长率是正的，而且利润增长率的变化率 $L_2''(1)$ 也是正的，即利润增长率在加速.

那么采用哪种方案模型呢？首先可以发现从现在起一年以后的利润及利润增长率是相等的，但第二种方案模型的利润增长率在加速，而第一种方案模型的利润增长率在减速，因此随着时间的推移，第二种方案模型要优于第一种方案模型，考虑到建设周期至少为 3 年，该公司应选择第二种方案模型.

【小贴士】

二阶导数的经济意义：在决策分析中，不仅要考虑利润及利润变化率，还要考虑利润变化率的变化率，这直接关系到企业发展的后劲问题.

> **生活情境**
>
> 受疫情对经济的冲击，人们的可支配收入减少，这也使公司产品的销售量有所下滑.
>
> 可以稍微下调产品价格，"薄利多销"嘛！
>
> 价格微调后，销售量变化了多少呢？销售收入会不会比之前少了许多呢？

子任务3.5：商品销售量变化波动分析

引导问题：根据前期已有数据，得知其公司某商品的销售量和价格的近似函数关系式为 $Q = -p^2 - 2p + 8$（单位：元），当商品价格由 p_0 调整到 $p_0 + \Delta p$ 后，其销量变化了多少？为估算出收入的近似值，该如何快速估算出价格微调后销量变化量呢？

任务三　收入分析中的近似计算（函数的微分）

在实际问题分析中，有时要考虑当自变量发生较小改变时，函数值改变了多少，精确地计算出函数值的改变量往往较烦琐，因此，需要找到一种比较简捷的计算方法，以使计算既方便又有较高的精确度，这便是下面要介绍的微分.

一、微分的概念

引例3.6【地砖铺设问题】 工人师傅在铺设地砖时，会在其间留有缝隙，这是因为地砖容易受到热胀冷缩的影响，若不留缝隙，容易产生起鼓或开裂现象，并且不同尺寸或类型的地砖，在不同的温度环境下产生的伸缩大小不同．因此，在铺设地砖时需要预留缝隙的宽度也不尽相同．现有一块正方形地砖受温度影响，其边长由 x_0 变到 $x_0+\Delta x$，请问其面积 S 大约增加了多少？

解　不妨先试着求地砖的面积改变量的精确值，再在此基础上进行分析，进而寻找快捷求其近似值的方法．

边长由 x_0 变到 $x_0+\Delta x$ 时，其面积 S 的增量为 $\Delta S = (x_0+\Delta x)^2 - x_0^2 = 2x_0\Delta x + (\Delta x)^2$.

注意到上式中的 ΔS 由两部分组成：第一部分是 Δx 的线性函数 $2x_0\Delta x$，它是 ΔS 的主要部分；第二部分是 $(\Delta x)^2$，它是比 Δx 高阶的无穷小，记作 $o(\Delta x)$，它比第一部分小得多，是 ΔS 的次要部分（图3.5），因此当 $|\Delta x|$ 很小时，$\Delta S \approx 2x_0\Delta x = S'(x_0)\Delta x$.

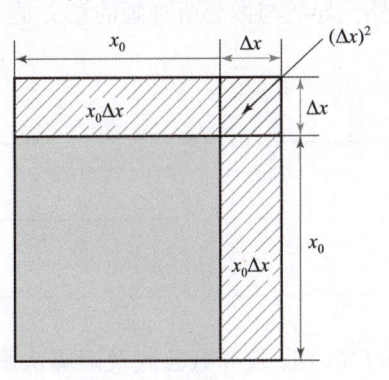

图 3.5　地砖面积

事实上，例3.6的结论可以拓展到一般可导函数的情况．

若已知某函数 $y=f(x)$ 在点 x_0 处有增量 Δx，其相应 y 的增量是 Δy，只要 $f'(x_0)$ 存在，则当 $\Delta x \to 0$ 时，有 $\Delta y \approx f'(x_0)\Delta x$．赋予 $f'(x_0)\Delta x$ 新的定义——微分．

定义3.9　一般地，如果函数 $y=f(x)$ 在点 x_0 处的导数 $f'(x_0)$ 存在，则称 $f'(x_0)\Delta x$ 为函数在点 x_0 处的**微分（Differential）**，记作 $dy|_{x=x_0}$，即

$$dy|_{x=x_0} = f'(x_0)\Delta x.$$

由于函数 $y=x$ 的微分为 $dy = dx = x'\Delta x = \Delta x$，所以自变量的微分为 $dx = \Delta x$.

引导问题 1：生活情境中的"薄利多销"策略是什么意思？在经济生活中"薄利多销"策略一定能增加销售利润总额吗？其取决于哪些因素？请尝试用数学知识阐述．

_____
_____
_____

引导问题 2：导数的几何意义是函数曲线在某点处切线的斜率，即 $k_{切} = f'(x_0)$．结合导数的几何意义和微分的定义式 $dy|_{x=x_0} = f'(x_0)\Delta x$，利用图像探究微分的几何意义，并说出其体现的数学思想．

_____
_____
_____

引导问题 3：导数与微分是微积分中不可或缺的基础概念，两者之间有着密不可分的联系，可导函数一定可微，可微函数也一定可导，导数是微分的特殊形式，微分则是导数的一种应用．此外，导数与微分所刻画的意义是不同的，请结合实际说一说两者的区别．

_____
_____
_____

引导问题 4：根据 $dy = f'(x)dx$ 及导数公式及运算法则，能得到相应的微分公式及微分运算法则，如 $d\sin x = \cos x dx$，$d(u \pm v) = du \pm dv$，请尝试写出其余基本初等函数的微分公式及微分运算法则．

_____
_____
_____

因此，当 Δx 未知时，$y = f(x)$ 在点 x_0 处的微分一般记作

$$\mathrm{d}y \big|_{x=x_0} = f'(x_0)\mathrm{d}x.$$

如果函数 $y = f(x)$ 在区间 (a,b) 内任意一点 x 处的微分都存在，则称该函数在区间 (a,b) 内可微，记作 $\mathrm{d}y = f'(x)\mathrm{d}x$.

例 3.3.1 已知函数 $y = x^3$，求：

（1）函数在 $x_0 = 1$，$\Delta x = 0.03$ 时的精确改变量和微分；

（2）函数在 $x_0 = 1$ 处的微分；

（3）函数的微分.

解（1）精确改变量为 $\Delta y = (1+0.03)^3 - 1^2 = 0.092\,727.$

因为 $f'(x) = 3x^2$，所以 $f'(1) = 3$，则微分为

$$\mathrm{d}y \Big|_{\substack{x_0=1 \\ \Delta x=0.03}} = f'(1) \cdot \Delta x = 3 \times 0.03 = 0.09.$$

可以发现精确改变量和微分的误差仅为 $0.002\,727$，因此有 $\Delta y \approx \mathrm{d}y.$

（2）函数在 $x_0 = 1$ 处的微分为 $\mathrm{d}y \big|_{x_0=1} = f'(1) \cdot \mathrm{d}x = 3\mathrm{d}x.$

（3）函数的微分为 $\mathrm{d}y = f'(x) \cdot \mathrm{d}x = 3x^2 \mathrm{d}x.$

二、微分的计算

根据函数微分的定义式 $\mathrm{d}y = f'(x)\mathrm{d}x$，可以看出要计算函数的微分，只要计算函数的导数，再乘以自变量的微分即可.

例 3.3.2 求下列函数的微分 $\mathrm{d}y$.

（1）$y = \ln(1 + 2x)$；

（2）$y = x^2 \cos 3x + \mathrm{e}^2.$

解（1）先求出 $y' = \dfrac{1}{1+2x} \cdot (1+2x)' = \dfrac{2}{1+2x}.$

由微分的定义式有 $\mathrm{d}y = y'\mathrm{d}x = \dfrac{2}{1+2x}\mathrm{d}x.$

（2）根据导数的四则运算法则及复合函数的求导法则有

$$y' = (x^2)'\cos 3x + x^2(\cos 3x)' + (\mathrm{e}^2)' = 2x\cos 3x - 3x^2 \sin 3x.$$

由微分的定义式有

$$\mathrm{d}y = y'\mathrm{d}x = (2x\cos 3x - 3x^2 \sin 3x)\mathrm{d}x.$$

引导问题 1：俗话说"失之毫厘，谬以千里"，这说明对待事物不能忽视细节，微小的事物一旦被忽略就会由小变大，最终造成无可挽回的后果，请将这个道理用数学语言进行描述，并结合自身经历，谈谈把握细节的重要性.

_____

_____

_____

引导问题 2："成大事者不拘小节"的真正含义是说在做大事时要抓住问题的主要矛盾，不要在细枝末节上纠缠，"小节"并不等同于细节，而是指事物发展的次要矛盾. 请结合引例 3.6 以微分的知识来理解这句话.

_____

_____

_____

引导问题 3：微分的本质是一个微小的线性变化量，是用一个线性函数作为原函数变化的逼近（或者叫作近似）. 在实际中，通常在什么情况下会使用微分进行估算？结合例 3.3.1 具体说明如何使用微分估算函数的增量及其优势.

_____

_____

_____

引导问题 4：在后疫情时期，政府为什么会给民众发放消费券？请联系微分的知识阐述消费券的发放对消费量的刺激作用.

_____

_____

_____

项目三　经济活动中的边际分析与最优决策

【小贴士】

(1) 由 $f'(x) = \dfrac{dy}{dx}$ 知，导数 $f'(x)$ 等于函数的微分 dy 与自变量的微分 dx 之商，故导数也称为**微商**.

(2) 由于求微分问题可归结为求导数问题，所以，将求导数与微分的方法统称为**微分法**.

(3) 当自变量字母发生改变时，自变量微分的字母也要发生改变，如 $dy = f'(t)dt$.

三、微分在近似计算中的应用

在实际问题分析中，经常会遇到一些复杂的计算公式，如果直接利用这些公式进行计算是很费力的，而利用微分有时可以把一些复杂的计算公式用简单的近似公式代替.

微分的应用

1. 函数改变量的近似计算公式

若函数 $y = f(x)$ 在点 x_0 处的导数 $f'(x_0) \neq 0$，且 $|\Delta x|$ 很小，则有

$$\Delta y \approx dy = f'(x_0)dx.$$

例 3.3.3【月收入的增加量】 为更好地适应市场环境，宁波骏琪公司及时改变营销策略后，该公司本月的产量从 270 个单位增加到了 280 个单位. 已知该公司一个月生产 x 单位产品的收入函数为 $R = 37x - \dfrac{1}{20}x^2$（单位：百元），请估计该公司本月收入增加了多少.

解 由题意知，原产量 $x_0 = 270$，且公司本月产量的增加量为 $\Delta x = 280 - 270 = 10$. 下面使用微分 $dR = R'(x_0) \cdot \Delta x$ 来估计本月收入的增加量 ΔR：

$$R'(x) = \left(37x - \dfrac{1}{20}x^2\right)' = 37 - \dfrac{x}{10}, \quad R'(x_0) = R'(270) = 10,$$

$$\Delta R \approx dR = R'(x_0) \cdot \Delta x = R'(270) \cdot \Delta x = 10 \times 10 = 100(百元),$$

即该公司本月的收入大约增加了 10 000 元.

例 3.3.4【铜的需求量】 耀星公司要加工一批装饰在茶几上的半径为 1 厘米的小金属球，为了提高球面的光洁度，需要在金属球表面镀一层铜，厚度为 0.01 厘米. 估算每只金属球需要铜多少克（铜的密度是 8.9 克/立方厘米）.

解 要求每只金属球需用铜的质量，先求出镀层的体积，再乘以铜的密度即可.

155

引导问题 1："边际收入 MR 的实际意义为：销售量每增加（或减少）一个单位时，总收入大约增加（或减少）$R'(x_0)$ 个单位."请结合导数和微分知识给予推导说明.

引导问题 2：圆周率 π 是人类在测量圆的周长和面积的实践中逐步认识的一个特殊常数，从中国汉代著作《周髀算经》中的"径一而周三"，到魏晋时期的刘徽及南北朝时期的祖冲之的推算，人们不断探索研究以提升其精度．若圆的半径增加 0.1 米，请估算其周长大约增加多少米.

引导问题 3：近似计算是在解决问题的过程中常用的方法，是一种非常有效的解题工具．微分在近似计算中的应用主要体现在哪两个方面？写出其计算方法.

引导问题 4：对于子任务 3.5 中的情境，若商品价格从 300 元微调到 290 元，其销售量大约会提升多少？

引导问题 5：尝试找出生活或专业中可以用微分解决的问题实例，并说一说微分的学习给你的生活或学习带来的启示.

镀层的体积等于两个球体（原来的金属球与镀上铜层后的金属球）的体积差，也即球体体积 $V = \dfrac{4}{3}\pi R^3$ 当自变量 R 在 R_0 取得增量 ΔR 时，函数相应的增量 ΔV. 因此，可以用微分 $\mathrm{d}V$ 进行估算.

$$V'(R_0) = \left(\dfrac{4}{3}\pi R^3\right)'\bigg|_{R=R_0} = 4\pi R_0^2.$$

由公式 $\Delta y \approx \mathrm{d}y = f'(x_0)\Delta x$ 得

$$\Delta V \approx \mathrm{d}V = V'(R_0) \cdot \Delta R = 4\pi R_0^2 \Delta R.$$

将 $R_0 = 1$，$\Delta R = 0.01$ 代入上式，得

$$\Delta V \approx 4 \times 3.14 \times 1^2 \times 0.01 \approx 0.13 \text{（立方厘米）}.$$

因此每只金属球所需镀的铜约为

$$0.13 \times 8.9 = 1.16 \text{（克）}.$$

2. 函数值的近似计算公式

由于 $\Delta y = f(x_0 + \Delta x) - f(x_0)$，所以当 $|\Delta x|$ 很小时，有

$$f(x_0 + \Delta x) - f(x_0) \approx f'(x_0)\Delta x.$$

例 3.3.5 计算 $\sqrt{1.02}$ 的近似值.

解 $\sqrt{1.02}$ 可以看成函数 $f(x) = \sqrt{x}$ 在点 $x = 1.02$ 处的函数值.

取 $x_0 = 1$，$\Delta x = 0.02$，再利用近似计算公式 $f(x_0 + \Delta x) \approx f(x_0) + f'(x_0)\Delta x$，有

$$\sqrt{1.02} = f(1.02) = f(1 + 0.02) \approx f(1) + f'(1) \times 0.02$$

$$= \sqrt{1} + (\sqrt{x})'\big|_{x_0=1} \times 0.02 = 1 + \dfrac{1}{2} \times 0.02 = 1.01.$$

例 3.3.6 计算 $\ln 0.975$ 的近似值.

解 $\ln 0.975$ 可以是函数 $f(x) = \ln x$ 在点 $x = 0.975$ 处的函数值.

取 $x_0 = 1$，$\Delta x = -0.025$，利用近似计算公式，有

$$\ln 0.975 = f(0.975) = f(1 - 0.025) \approx f(1) + f'(1) \times (-0.025)$$

$$= \ln 1 + (\ln x)'\big|_{x_0=1} \times (-0.025) = -0.025.$$

微分小测试

这也是日常生活中的计算器计算数值近似值的原理. 可以说没有数学的发展，就没有现代科技的出现.

生活情境

> 该如何对产品科学定价呢？这不仅需要追求企业收益最大化，同时要控制好产品的产量，减少不必要的成本支出．

> 这个容易！根据产品的成本和收入，分析利润变化情况，从而决定最优生产安排．

> 可是，纳税也是企业应尽的义务，政府也想通过调节产品的税率，使税收收益最大化呀！

子任务3.6：企业追求利润最大化原则

引导问题：我国的税收政策是国家利用税收调节经济的具体手段，国家通过税收优惠政策，扶持某些特殊地区、产业、企业和产品的发展，促进产业结构的调整和社会经济的协调发展．政府如何调节商品价格和税收，以使政府和企业双赢？

任务四　经济活动中的最优价格决策（导数的应用）

在生活或专业实际问题中常常要定量分析问题的变化趋势．根据前面探究过的边际收入分析（见例 3.1.1）可以知道，边际收入（总收入的瞬时变化率）为正，表示所销售商品的数量每增加（或减少）一个单位，总收入也增加（或减少）一定量，这说明该收入函数图像呈现上升趋势．反之，边际收入为负，说明收入函数图像呈现下降趋势．

若将以上边际分析思想延伸到数学中的函数研究中，这不正是高中所学过的单调性问题吗？函数的单调性与其导数的正负似乎存在某种密切关系，能否用导数符号来判定函数的单调性呢？下面进行详细分析．

一、函数的单调性

引例 3.7【商品定价】　某文具店以每个 10 元的进价购进了一些文具盒，从经验看，该文具盒的销售量 Q 与其价格 p 的关系近似为 $Q = 80 - 2p$．如何确定价格，使文具店老板所赚的钱越来越多？

问题分析　要研究文具店老板所赚钱的变化趋势，首先要分析收入和成本，建立利润函数关系式，其次要根据利润变化率（导数）的正负来分析其变化趋势，从而确定价格．

定理 3.3【单调性的判别方法】

设函数 $y = f(x)$ 在 $[a, b]$ 上连续，在 (a, b) 内可导，则有以下结论.

（1）若在 (a, b) 内 $f'(x) > 0$，则函数 $f(x)$ 在区间 (a, b) 内是单调增加的；

（2）若在 (a, b) 内 $f'(x) < 0$，则函数 $f(x)$ 在区间 (a, b) 内是单调减少的.

> 【小贴士】
>
> （1）有些函数在整个定义域上不具有单调性，但在其各个部分区间上却具有单调性．
>
> （2）使导数等于零的点（即方程 $f'(x) = 0$ 的实根），叫作函数的驻点，导数不存在的点通常称为不可导点．函数的驻点和不可导点都可能是函数单调区间的分界点．

例 3.4.1　讨论函数 $f(x) = 2x^3 - 9x^2 - 24x - 1$ 的单调性．

解　函数的定义域为 $(-\infty, +\infty)$，导数 $f'(x) = 6x^2 - 18x - 24 = 6(x+1)(x-4)$．

令 $f'(x) = 0$，得驻点 $x_1 = -1$，$x_2 = 4$．

引导问题 1：掌握和分析客观事物发展变化的趋势，可以更好地为经营管理与决策提供依据．前面学习了利用数据统计中的时间序列预测法和回归分析预测法以及极限知识进行趋势分析，而函数的单调性可以较全面地对事物的发展做定性和定量分析．在没学习导数之前，你常用什么方法判定函数的单调性？

引导问题 2：经济学中的边际效用递减规律是：在一定时间内，在其他商品的消费数量保持不变的条件下，消费者从某种商品连续增加的每一消费单位中所得到的效用增量，即边际效用是递减的．以此解释著名的长勺之战中曹刿提出的"一鼓作气，再而衰，三而竭"所蕴含的战略思想和数学思想．

引导问题 3：引例 3.7 中要使文具店老板所赚的钱越来越多，首先需要建立该批文具盒的利润函数关系式，再根据利润函数的变化率（即边际利润）的经济意义判定利润的走势，进而确定最优价格．请用数学知识给出具体的解析．

引导问题 4：请尝试利用导数的几何意义解释函数单调性的判别方法，并用数学解析式表示．

以此为分界点把定义域划分成3个区间，列表讨论如下（表3.2）.

表3.2　函数的单调性

x	$(-\infty,-1)$	-1	$(-1,4)$	4	$(4,+\infty)$
$f'(x)$	$+$	0	$-$	0	$+$
$f(x)$	↗		↘		↗

由表3.2可见，函数$f(x)$在区间$(-\infty,-1)$和$(4,+\infty)$内单调增加，在区间$(-1,4)$内单调减少.

例3.4.2　确定函数$f(x)=\sqrt[3]{x^2}$（图3.6）的单调区间.

解　函数$f(x)$的定义域为$(-\infty,+\infty)$.

导数$f'(x)=\dfrac{2}{3}\cdot\dfrac{1}{\sqrt[3]{x}}$.

可以发现，该函数没有驻点，但当$x=0$时，$f'(x)$不存在，即函数的不可导点为$x=0$，列表讨论如下（表3.3）.

图3.6　例3.4.2图

表3.3　函数的单调性

x	$(-\infty,0)$	0	$(0,+\infty)$
$f'(x)$	$-$	不存在	$+$
$f(x)$	↘		↗

由表3.3可见，函数$f(x)$在区间$(-\infty,0)$内单调减少，在区间$(0,+\infty)$内单调增加.

例3.4.3　求函数$f(x)=\sqrt[3]{x^2}-\dfrac{2}{3}x$的单调区间.

解　函数的定义域为$(-\infty,+\infty)$.

例3.4.3讲解
（函数的单调性）

函数的导数为　$f'(x)=\dfrac{2}{3}x^{-\frac{1}{3}}-\dfrac{2}{3}=\dfrac{2}{3}\left[\dfrac{1}{\sqrt[3]{x}}-1\right]=\dfrac{2}{3}\left[\dfrac{1-\sqrt[3]{x}}{\sqrt[3]{x}}\right]$.

令$f'(x)=0$，得驻点$x=1$；当$x=0$时$f'(x)$不存在，即不可导点为$x=0$. 列表讨论如下（表3.4）.

表3.4　函数的单调性

x	$(-\infty,0)$	0	$(0,1)$	1	$(1,+\infty)$
$f'(x)$	$-$	不存在	$+$	0	$-$
$f(x)$	↘		↗		↘

由表3.4可见，函数$f(x)$在区间$(-\infty,0)$和$(1,+\infty)$内单调减少，在区间$(0,1)$内单调增加.

■ 经济应用数学

引导问题 1：如果可导函数仅在某区间内的个别点处导数等于零，在其他点处导数都大于 0（或小于 0），这会影响和改变其单调性吗？举例说明.

引导问题 2：通过导数的正负性来确定函数的单调性，但是若求出的 $f'(x)$ 是分数指数幂或负指数幂时，一定要将其转化为根式或分式形式，否则会影响单调区间分界点的寻找. 请结合对例 3.4.3 的体会，尝试举出相关例题并求解.

引导问题 3：函数单调区间的可能分界点（驻点和不可导点）的附近区域在函数图像中的表现形态有何不同？驻点和不可导点一定就是函数单调区间的分界点吗？请举出反例.

引导问题 4：在判定函数单调性的列表讨论步骤中，要注意哪些关键点？

引导问题 5：对函数单调性判定的学习有助于对生活或专业中涉及的变化趋势进行定量分析，说一说其具体体现在哪些方面.

> 【小贴士】判定函数 $f(x)$ 的单调性的步骤如下.
> (1) 写出函数的定义域.
> (2) 求函数的导数 $f'(x)$，并将其化为最简形式.
> (3) 找出函数的两种点（驻点和不可导点）.
> (4) 以步骤（3）中的点作为分界点划分区间，列表进行单调性讨论.
> (5) 给出结论.

例 3.4.4【商品定价策略】 某灯具厂商为了获得更大的利润，通过市场调查数据，分析旗下护目灯具产品定价策略. 通过数据的回归可知，市场对灯具的需求量 q（单位：件）和其销售价格 p（单位：百元）的关系式为 $q = \dfrac{200}{p+4} - 18$，请帮助该厂商进行科学定价，并指出价格在何范围内变化时，涨价可以增加销售额；在何范围内变化时，降价可以增加销售额.

解 设销售额函数为 $R(p)$，则有 $R(p) = pq = \dfrac{200p}{p+4} - 18p \left(0 < p < \dfrac{64}{9}\right)$.

其导数为 $R'(p) = \dfrac{800}{(p+4)^2} - 18$.

令 $R'(p) = 0$，得驻点 $p = \dfrac{8}{3}$，无对应的不可导点.

列表讨论如下（表 3.5）.

表 3.5 销售额的变化趋势分析

p	$\left(0, \dfrac{8}{3}\right)$	$\dfrac{8}{3}$	$\left(\dfrac{8}{3}, \dfrac{64}{9}\right)$
$R'(p)$	+	0	−
$R(p)$	↗		↘

由此分析知，当护目灯具价格低于 $\dfrac{8}{3}$ 百元（约为 267 元），即 $p < 267$ 时，$R'(p) > 0$，这时函数单调递增，这表明只要价格低于 267 元，随着价格的提高，市场需求量 q 就会有所减少，但该厂商的销售额还是呈上升趋势，因此当价格低于 267 元时，涨价可以增加销售额；当护目灯具价格高于 267 元时，$R'(p) < 0$，这时函数单调递减，这表明护目灯具价格高于 267 元时，随着价格的提高，市场承受能力进一步下降，销售额呈下降趋势，此时降价可以增加销售额. 因此，可以得出结论，$p = 267$ 元即护目灯具的最优价格.

■ 经济应用数学

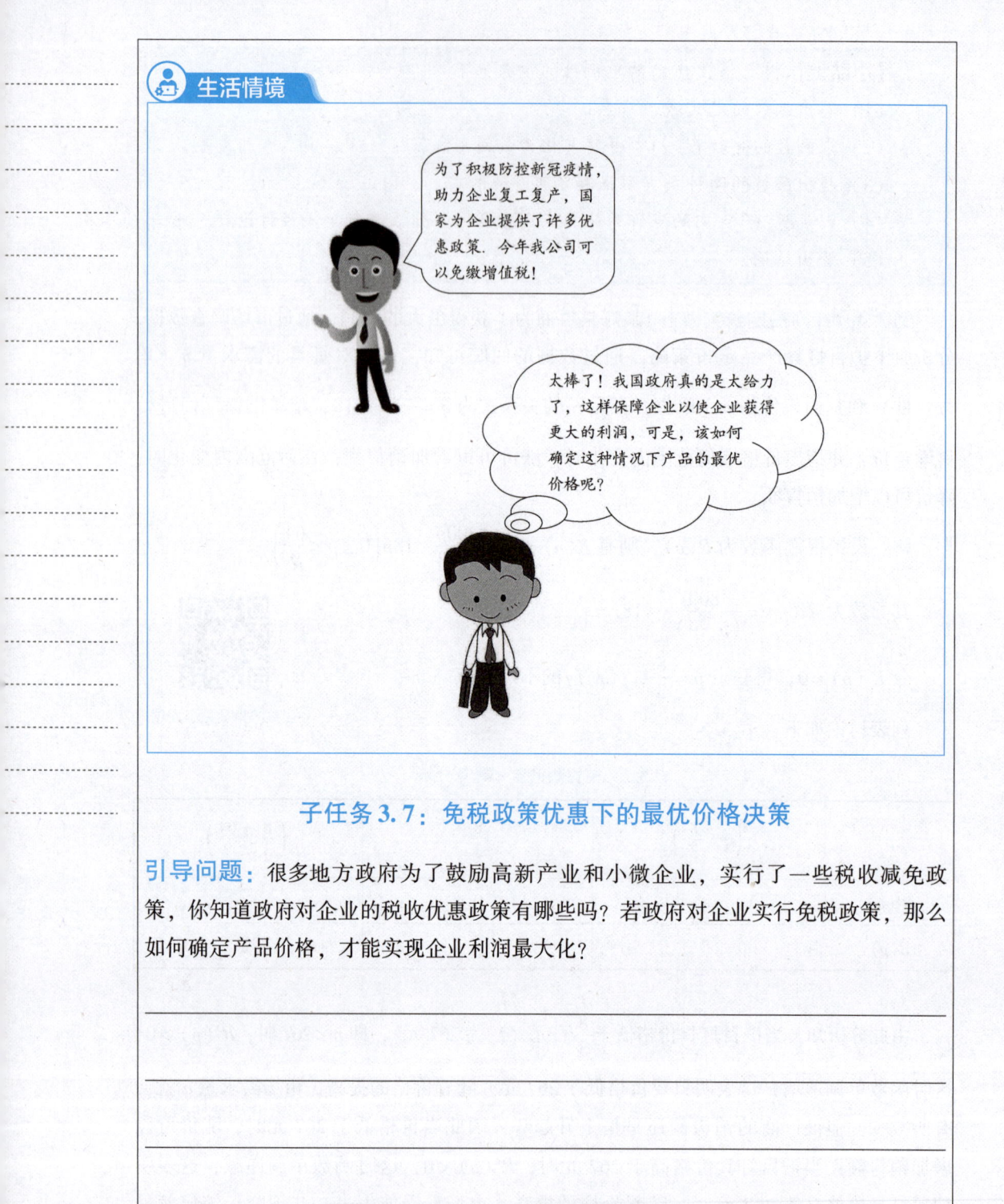

> **生活情境**
>
> 为了积极防控新冠疫情，助力企业复工复产，国家为企业提供了许多优惠政策。今年我公司可以免缴增值税！
>
> 太棒了！我国政府真的是太给力了，这样保障企业以使企业获得更大的利润，可是，该如何确定这种情况下产品的最优价格呢？

子任务3.7：免税政策优惠下的最优价格决策

引导问题：很多地方政府为了鼓励高新产业和小微企业，实行了一些税收减免政策，你知道政府对企业的税收优惠政策有哪些吗？若政府对企业实行免税政策，那么如何确定产品价格，才能实现企业利润最大化？

二、函数的极值与最值

在高中时，我们接触过函数的最值概念．顾名思义，函数在某一范围内取得的最大函数值称为函数的最大值，取得的最小函数值称为函数的最小值，最大值与最小值统称最值．

如图 3.7 所示，函数 $y=f(x)$ 在指定区域 $[a,b]$ 上的端点 $x=b$ 处取得最大值 M，在点 $x=x_2$ 处取得最小值 m．

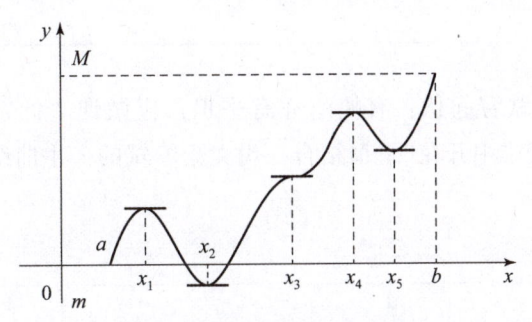

图 3.7　函数 $y=f(x)$ 的图像

进一步观察，发现除了点 b 和点 x_2 特殊（最值点）外，还有一些点也是比较特殊的，如点 x_1,x_4,x_5，它们对应的函数值在某一个小范围内是相对较大（较小）的，将这类点称为函数的极值点，其定义具体如下．

函数的极值与最值

定义 3.10　设函数 $f(x)$ 在点 x_0 处附近有定义，若在点 x_0 处附近恒有：

（1） $f(x)<f(x_0)$，则称 $f(x_0)$ 是函数 $f(x)$ 的一个极大值（Maximal Value），点 x_0 为极大值点；

（2） $f(x)>f(x_0)$，则称 $f(x_0)$ 是函数 $f(x)$ 的一个极小值（Minimal Value），点 x_0 为极小值点．

函数的极大值与极小值统称函数的极值（Extremum），极大值点与极小值点统称极值点（Extremum Point）．

> 【小贴士】
> （1）极值是一个局部性的概念，是在点 x_0 处附近的最大值与最小值，而不是对整个区间而言的．
> （2）函数的极值只能在区间内部取得．

■ 经济应用数学

引导问题 1："横看成岭侧成峰，远近高低各不同．不识庐山真面目，只缘身在此山中．"这是哪位诗人的名作？此诗描绘的是什么景象？请尝试挖掘其中的数学思想和哲学思想．

引导问题 2：人生跌宕起伏，有崎岖亦有平坦，应做到"低谷时蛰伏，失落时隐忍，重整后再战，苦难中开花"．请结合一代文豪苏轼的人生曲线图说一说极值与最值的区别与联系．

引导问题 3：从图 3.7 可以看出，函数的极值点通常在曲线的升、降转折处取得，也就是"峰顶点" x_1，x_4 和"谷底点" x_5，可以发现它们都是函数的驻点．请问函数的驻点一定是极值点吗？极值点又一定是驻点吗？举例说明．

引导问题 4：请问函数的极值或最值是唯一的吗？函数的极大值一定大于极小值吗？在区间的端点处可能取得函数的极值吗？函数的最大值一定是极大值吗？说明理由．

应该如何寻求函数 $y=f(x)$ 的极值点呢？通常有以下两种方法.

定理 3.4【极值的第一充分条件】 设函数 $y=f(x)$ 在点 x_0 处连续，在点 x_0 处附近可导，点 x_0 为 $f(x)$ 的驻点或不可导点．若当 x 在点 x_0 处附近从左变到右（不含点 x_0）时有：

（1）$f'(x)$ 由正变负，则 $f(x_0)$ 是函数的极大值，此时点 x_0 为极大值点；

（2）$f'(x)$ 由负变正，则 $f(x_0)$ 是函数的极小值，此时点 x_0 为极小值点；

（3）$f'(x)$ 不变号，则 $f(x_0)$ 不是极值，此时点 x_0 不是极值点.

注意用极值的第一充分条件进行极值的判定依然要考虑到 $f'(x)$ 的符号，因此可以采用和函数单调性相同的列表法进行极值的判定，只是在表格中需要将驻点及不可导点单独列出加以讨论，并计算出极值.

定理 3.5【极值的第二充分条件】 设函数 $y=f(x)$ 在点 x_0 处二阶可导，且 $f'(x_0)=0$，则有：

（1）若 $f''(x_0)<0$，则函数 $f(x)$ 在点 x_0 处取得极大值；

（2）若 $f''(x_0)>0$，则函数 $f(x)$ 在点 x_0 处取得极小值；

（3）若 $f''(x)=0$，则此方法失效.

例 3.4.5 求函数 $f(x)=x^3-3x^2-9x+5$ 的极值.

极值的两种判定方法

解法一 函数的定义域为 $(-\infty,+\infty)$，

$$f'(x)=3x^2-6x-9=3(x^2-2x-3)=3(x-3)(x+1).$$

令 $f'(x)=0$，得驻点 $x_1=-1$，$x_2=3$，无对应的不可导点.

列表讨论如下（表 3.6）.

表 3.6 函数的单调性和极值

x	$(-\infty,-1)$	-1	$(-1,3)$	3	$(3,+\infty)$
$f'(x)$	+	0	−	0	+
$f(x)$	↗	极大值	↘	极小值	↗

因此，函数在点 $x=-1$ 处有极大值 $f(-1)=10$，在点 $x=3$ 处有极小值 $f(3)=-22$.

引导问题 1：为什么定理 3.5 中 $f''(x)=0$ 时，极值的第二充分条件失效？此时若判断 $f(x_0)$ 是否为函数的极值还需要用定理 3.4 做进一步的判断．请结合对函数 $f(x)=(x^2-1)^3-1$ 的极值判定来说明原因.

引导问题 2：运用极值的第一充分条件相对来说过程比较烦琐，但是其适用范围广，比较通用，而运用极值的第二充分条件判定函数的极值更为简便快捷，但是有其局限性，其局限性主要体现在哪些方面？请写出来.

引导问题 3：尝试利用导数的定义证明极值的第二充分条件.

引导问题 4：优化是科学研究、工程技术和经济管理等领域的重要研究工具，例如在工程设计中怎样选择设计参数，使设计方案既满足设计要求又能降低成本；在资源分配中，怎样分配有限资源，使分配方案既能满足各方面的基本要求，又能获得较好的经济效益，等等．请列举出你所学专业中的优化问题的实例.

解法二 函数的定义域为 $(-\infty,+\infty)$，$f'(x)=3x^2-6x-9=3(x-3)(x+1)$.

令 $f'(x)=0$，得驻点 $x_1=-1$，$x_2=3$，无对应的不可导点.

因此，可利用极值的第二充分条件，有 $f''(x)=6x-6=6(x-1)$.

因为 $f''(-1)=-12<0$，所以点 $x=-1$ 为函数的极大值点，且极大值为 $f(-1)=10$.

因为 $f''(3)=12>0$，所以点 $x=3$ 为函数的极小值点，且极小值为 $f(3)=-22$.

例 3.4.6 求函数 $f(x)=(x^2-4)^{\frac{2}{3}}$ 的极值.

解 函数的定义域为 $(-\infty,+\infty)$，$f'(x)=\dfrac{4x}{3\sqrt[3]{x^2-4}}$.

令 $f'(x)=0$，得驻点 $x=0$.

当 $x=\pm 2$ 时 $f'(x)$ 不存在，因此 $x=\pm 2$ 是不可导点.

因此，只能选择使用极值的第一充分条件求函数的极值，列表讨论如下（表3.7）.

表 3.7 函数的单调性和极值

x	$(-\infty,-2)$	-2	$(-2,0)$	0	$(0,2)$	2	$(2,+\infty)$
$f'(x)$	$-$	不存在	$+$	0	$-$	不存在	$+$
$f(x)$	↘	极小值	↗	极大值	↘	极小值	↗

因此，当 $x=0$ 时，函数 $f(x)$ 有极大值 $\sqrt[3]{16}$，当 $x=\pm 2$ 时，函数 $f(x)$ 有极小值 0.

此外，在工农业生产、经济管理、工程技术等领域，常需要解决在一定条件下使材料最省、效率最高、成本最低、产品最多、耗时最少等问题，这类问题反映在数学上就是求函数（通常称为目标函数）的最大值和最小值问题，在现实中统称为优化问题.

我们已经知道，连续函数在闭区间 $[a,b]$ 上一定存在最大值和最小值. 最值的求解思路是：基于寻找出来的极值点（极值点的求解方法已经学习），通过比较极值与端点处函数值的大小关系便能得出函数的最值.

例 3.4.7 求函数 $f(x)=x^3-6x^2+9x$ 在区间 $[2,5]$ 上的最大值和最小值.

解 $f'(x)=3x^2-12x+9=3(x^2-4x+3)=3(x-3)(x-1)$.

令 $f'(x)=0$，得驻点 $x_1=1$（舍去），$x_2=3$，且 $f(2)=2$，$f(3)=0$，$f(5)=20$.

最值的应用

引导问题 1：例 3.4.7 中在闭区间 [2,5] 上的求解函数的最值时为什么没有进一步判断驻点是否是极值点，而直接比较函数值的大小？这体现了数学的什么思想？

引导问题 2：请总结函数 $f(x)$ 在闭区间 $[a,b]$ 上最值的求解步骤. 若将闭区间修改为开区间 (a,b)，则其最值点该如何寻找？请说说你的想法.

引导问题 3：在免税情况下，企业要实现产品利润最大化，必须坚持的基本原则（即经济学中的最大利润原则）是什么？说一说其经济意义.

引导问题 4：尝试总结出纳税情况下企业要实现最大利润的必要条件，并谈一谈优化问题对你的学习和生活有哪些启示.

引导问题 5：根据经济学中短期边际成本（SMC）、短期平均成本（SAC）及平均可变成本（AVC）的曲线关系图（图 3.8），用数学思想说明 SMC 曲线穿过 SAC 曲线的最低点 B 及 AVC 曲线的最低点 A，并说明其实际指导意义.

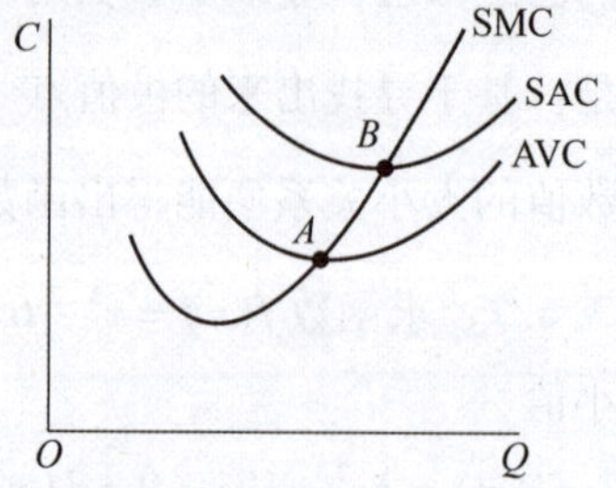

图 3.8 SMC、SAC、AVC 曲线关系图

经比较，得函数的最大值为 $f(5)=20$，最小值为 $f(3)=0$.

例 3.4.8【最大利润】 已知某产品的价格近似为函数 $p=10-\dfrac{q}{5}$，总成本函数为 $C(q)=50+2q$，试分析该产品的产量控制在多少时，利润能达到最大.

解 由价格函数，可得该产品的总收益函数 $R(q)$ 为

$$R(q)=p\cdot q=\left(10-\dfrac{q}{5}\right)q=10q-\dfrac{q^2}{5}.$$

因此，该产品的总利润函数 $L(q)$ 为

$$L(q)=R(q)-C(q)=-\dfrac{q^2}{5}+8q-50 \quad (q>0).$$

求利润的最值便归结为求利润函数 $L(q)$ 在开区间上的最值.

函数的导数为

$$L'(q)=-\dfrac{2q}{5}+8.$$

令 $L'(q)=0$，得唯一驻点 $q=20$.

又因为 $L''(q)=-\dfrac{2}{5}<0$，故当 $q=20$ 时利润函数 $L(q)$ 取得极大值，也就是最大值.

因此，当销售量为 20 个单位时，总利润最大.

> **【小贴士】**
>
> 如果函数 $f(x)$ 在一个开区间内连续且有唯一的极值点 x_0，则当 $f(x_0)$ 为极大值时，$f(x_0)$ 就是 $f(x)$ 在该区间内的最大值；当 $f(x_0)$ 为极小值时，$f(x_0)$ 就是 $f(x)$ 在该区间内的最小值.

例 3.4.9【政府和企业的双赢】 企业的总收益函数为 $R(q)=30q-3q^2$，总成本函数为 $C(q)=q^2+2q+2$，在企业追求最大利润的同时，政府也要对企业产品征税，求：（1）征税收益的最大值及此时的税率；（2）企业纳税前后的最大利润及价格.

解 （1）设政府对企业产品征税的税率（单位产品的税收金额）为 t，则企业纳税后的总成本函数为 $C_t=C(q)+tq$，从而纳税后的利润函数为

【数学建模之"储存模型"】

某配件厂为装配线生产若干种产品,轮换产品时因更换设备要支付生产准备费,当产量大于需求时要支付储存费.已知某种产品日需求量为 r 件,生产准备费为 c_1 元,储存费为每日每件 c_2 元.试安排该产品的生产计划,即多少天生产一次(生产周期 T),每次产量 Q 多少,使总费用 $C(T)$ 最小?

1. 模型的假设

(1) 为了方便起见,时间和产量都作为连续量处理.

(2) 生产能力为无限大(相对于需求量),当储存量降到零时,Q 件产品立即生产出来供给需求,即不允许缺货.

2. 模型的建立

将储存量表示为时间 t 的函数 $q(t)$,在初始阶段 $t=0$ 时生产 Q 件,贮存量 $q(0)=Q$,$q(t)$ 以需求率 r 递减,直到这一生产周期结束 $q(T)=0$,显然有 $Q=rT$(图 3.9).

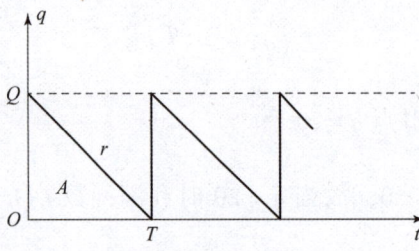

图 3.9 不允许缺货模型的储存量 $q(t)$

一个周期内储存量即图 3.9 中三角形 A 的面积 $\dfrac{QT}{2}$.

得出每周期内储存费为 $c_2 \dfrac{QT}{2} = \dfrac{1}{2} c_2 r T^2$.

因此,每周期内总费用为 $\tilde{C} = c_1 + \dfrac{1}{2} c_2 r T^2$.

平均每天的费用为 $C(T) = \dfrac{c_1}{T} + \dfrac{1}{2} c_2 r T$.

3. 模型的求解

要求 $C(T)$ 的最小值,只需要令 $\dfrac{dC(T)}{dt} = 0$,求导有 $-\dfrac{c_1}{T^2} + \dfrac{1}{2} c_2 r = 0$,得出 $T = \sqrt{\dfrac{2c_1}{rc_2}}$,$Q = rT = \sqrt{\dfrac{2c_1 r}{c_2}}$,此时最小费用为 $C = \sqrt{2c_1 c_2 r}$.

上述公式是经济学中著名的**经济订货批量公式(EOQ 公式)**.

该公式常用于订货、供应、储存等情形.

允许缺货的
储存模型

$$L(q) = R(q) - C(q) - tq = -4q^2 + (28-t)q - 2.$$

求导有

$$L'(q) = -8q + 28 - t,$$

纳税后企业要获得最大利润，需要有 $L'(q) = 0$，解得 $q_t = \frac{1}{8}(28 - t)$.

这也说明企业利润最大化下的商品产出量受政府征税的税率制约.

此时政府征税的收益函数为 $T = tq_t = \frac{1}{8}t(28-t) = \frac{1}{8}(28t - t^2)$.

要使税收 T 取得最大值，令 $T'(t) = \frac{1}{8}(28 - 2t) = 0$，得唯一驻点 $t = 14$，且 $T''(t) = -\frac{1}{4} < 0$，因此当 $t = 14$ 时，税收 T 取得极大值，也就是最大值.

此时的产出水平 $q_t = 1.75$，最大征税收益为

$$T = tq_t = 14 \times 1.75 = 24.5.$$

也可知道此时产品最优价格为

$$p = \frac{R(q_t)}{q_t} = 30 - 3q_t = 24.25.$$

因此，企业的最大利润为

$$L(1.75) = 10.25.$$

(2) 纳税前企业获得的利润为 $L_2(q) = R(q) - C(q) = -4q^2 + 28q - 2$.

$L_2'(q) = -8q + 28$，令 $L_2'(q) = 0$，得唯一驻点 $q = 3.5$，且 $L_2''(q) = -8 < 0$，因此企业获得的最大利润为 $L_2(3.5) = 47$.

此时，产品的最优价格为 $p = \frac{R(q)}{q} = 30 - 3q = 19.5$.

由此可见，因产品纳税，产出水平由 3.5 下降到 1.75；价格由 19.5 上升到 24.25；最大利润由 47 下降到 10.25.

可见，随着产品税率的增加，产品的价格也提高，需求量就会降低，当税率 t 增加到使产品失去市场时，$q = 0$，从而有 $T = 0$，因此，为了使征税收益最大，政府需要制定恰当的税率.

函数的极值与最值小测试

数学知识拓展——隐函数求导及洛必达法则

一、隐函数的求导法

我们所接触的函数通常都是 $y=f(x)$ 的形式,这类函数的特点是函数的因变量和自变量分别位于等号的两边,而且等号左边只含有因变量 y,这类表达式能清晰地反映自变量和因变量之间的关系,称为**显函数**(Explicit Function),但在实际问题中,还会碰到诸如 $x^2+2y-4=0$,$4x^2+2xy+y^2=1$ 等形式的函数,它们的特点是函数关系式隐藏在方程 $F(x,y)=0$ 之中,通常将这类函数称为由方程 $F(x,y)=0$ 确定的**隐函数**(Implicit Function)。

那么,如何求隐函数的导数呢?如果能将隐函数转化为显函数,问题就解决了.但是,有些隐函数很难,甚至不可能转化为显函数.因此,需要找到一种直接由 $F(x,y)=0$ 求出其导数 $\dfrac{\mathrm{d}y}{\mathrm{d}x}$ 的方法.这类函数的求导方法和步骤如下.

(1) 在方程两边同时对 x 求导.

(2) 要将 y 当成 x 的函数看待,凡遇到含有 y 的项时,要先对 y 求导,然后乘以 y 对 x 的导数 y',也就是说,一定要进行链式求导.

(3) 整理等式两边,求出 $\dfrac{\mathrm{d}y}{\mathrm{d}x}$.

例 3.5.1 求由方程 $xy^2=\mathrm{e}^{2x-y}$ 所确定的隐函数的导数.

隐函数求导

解 对方程的两边同时关于 x 求导,得

$$x'y^2+x\cdot(y^2)'=(\mathrm{e}^{2x-y})',$$

$$y^2+x\cdot 2yy'=\mathrm{e}^{2x-y}(2x-y)',$$

$$y^2+2xyy'=\mathrm{e}^{2x-y}(2-y'),$$

$$y'=\frac{2\mathrm{e}^{2x-y}-y^2}{2xy+\mathrm{e}^{2x-y}}.$$

【小贴士】

由于隐函数常常解不出形如 $y=f(x)$ 的显函数式，所以，导数 y' 的表达式往往同时含有 x 和 y.

例 3.5.2【切线方程】 一个质点的运动规律为曲线 $e^{xy}=x+y^2$，求这个质点在 $(0,-1)$ 处的切线方程.

解 由导数的几何意义可知，曲线上任意一点切线的斜率 $k=y'$.

因此，这是求隐函数 $e^{xy}=x+y^2$ 的导数 y' 的问题.

对方程两边关于 x 求导，得

$$e^{xy}(y+xy')=1+2yy',$$

解得

$$y'=\frac{1-ye^{xy}}{xe^{xy}-2y}.$$

即该质点在点 $(0,-1)$ 处的切线斜率为 $k=y'|_{x=0,y=-1}=1$.

因此，这个质点在点 $(0,-1)$ 处的切线方程为 $y+1=x$，即 $x-y-1=0$.

此外，我们还会常遇到 $y=x^{\sin x}$，$y=(\cos x)^x$ 等形式的函数，其特点是底数和指数部位都含有未知数 x，将形如 $y=[u(x)]^{v(x)}$ 的函数称为**幂指函数**.

对幂指函数求导时，不能利用幂函数或指数函数求导公式，通常采用**对数求导法**，即先对幂指函数两边同时取对数，再按隐函数求导方法求其导数.

例 3.5.3 求函数 $y=x^{\sin x}$ $(x>0)$ 的导数.

解 对函数两边同时取对数，得 $\ln y=\sin x\ln x$.

在函数两边同时对 x 求导，得

$$\frac{1}{y}\cdot y'=\cos x\ln x+\frac{\sin x}{x},$$

因此

$$y'=y\left(\cos x\ln x+\frac{\sin x}{x}\right),$$

即

$$y'=x^{\sin x}\left(\cos x\ln x+\frac{\sin x}{x}\right).$$

例 3.5.4 求函数 $y=\sqrt[3]{\frac{(x+1)^2}{(x-1)(x+2)}}$ 的导数.

解 对函数两边同时取对数有

$$\ln y=\frac{1}{3}[2\ln(x+1)-\ln(x-1)-\ln(x+2)].$$

在函数两边同时对 x 求导,得

$$\frac{1}{y} \cdot y' = \frac{1}{3}\left(\frac{2}{x+1} - \frac{1}{x-1} - \frac{1}{x+2}\right),$$

因此

$$y' = \frac{y}{3}\left(\frac{2}{x+1} - \frac{1}{x-1} - \frac{1}{x+2}\right),$$

故有

$$y' = \frac{1}{3}\sqrt[3]{\frac{(x+1)^2}{(x-1)(x+2)}}\left(\frac{2}{x+1} - \frac{1}{x-1} - \frac{1}{x+2}\right).$$

【小贴士】一般地,对数求导法主要适用于以下两种形式的函数.
(1) 幂指函数 $u(x)^{v(x)}$ ($u(x) > 0$).
(2) 具有复杂的乘、除、乘方、开方运算的函数.

二、洛必达法则

"$\frac{0}{0}$"型或"$\frac{\infty}{\infty}$"型未定式极限的求解方法在项目二已有所学习,除此之外,这里还要介绍另外一种求解"$\frac{0}{0}$"型或"$\frac{\infty}{\infty}$"型未定式极限的方法——洛必达法则.

定理3.6【洛必达法则】 若函数 $f(x)$ 与 $g(x)$ 满足以下条件:

(1) 在点 x_0 处的某一邻域内(点 x_0 可以除外)有定义,且 $\lim\limits_{x \to x_0} f(x) = 0$,$\lim\limits_{x \to x_0} g(x) = 0$(或 $\lim\limits_{x \to x_0} f(x) = \infty$,$\lim\limits_{x \to x_0} g(x) = \infty$)同时成立;

(2) $f'(x)$,$g'(x)$ 在该邻域内都存在,且 $g'(x) \neq 0$;

(3) $\lim\limits_{x \to x_0} \frac{f'(x)}{g'(x)}$ 存在(或为 ∞),

则有

$$\lim_{x \to x_0} \frac{f(x)}{g(x)} = \lim_{x \to x_0} \frac{f'(x)}{g'(x)}.$$

将定理3.6中当 $x \to x_0$ 时改为当 $x \to x_0^+$,$x \to x_0^-$,$x \to \infty$,$x \to +\infty$,$x \to -\infty$ 时,洛必达法则仍然成立. 若 $\lim\limits_{x \to x_0} \frac{f'(x)}{g'(x)}$ 仍为"$\frac{0}{0}$"型或"$\frac{\infty}{\infty}$"型未定式极限,则仍可继续利用洛必达法则求解.

例3.5.5 求下列极限.

(1) $\lim\limits_{x\to 0}\dfrac{\sqrt{1+x}-1}{x}$;

(2) $\lim\limits_{x\to +\infty}\dfrac{\dfrac{\pi}{2}-\arctan x}{\dfrac{1}{x}}$;

(3) $\lim\limits_{x\to 0}\dfrac{x-\sin x}{x^3}$;

(4) $\lim\limits_{x\to +\infty}\dfrac{\sqrt{1+x^2}}{x}$.

解 (1) 这是"$\dfrac{0}{0}$"型未定式极限，运用洛必达法则，得

$$\lim_{x\to 0}\dfrac{\sqrt{1+x}-1}{x}=\lim_{x\to 0}\dfrac{1}{2\sqrt{1+x}}=\dfrac{1}{2}.$$

(2) 这是"$\dfrac{0}{0}$"型未定式极限，运用洛必达法则，得

$$\lim_{x\to +\infty}\dfrac{\dfrac{\pi}{2}-\arctan x}{\dfrac{1}{x}}=\lim_{x\to +\infty}\dfrac{-\dfrac{1}{1+x^2}}{-\dfrac{1}{x^2}}=\lim_{x\to +\infty}\dfrac{x^2}{1+x^2}=1.$$

(3) 这是"$\dfrac{0}{0}$"型未定式极限，运用洛必达法则，得

$$\lim_{x\to 0}\dfrac{x-\sin x}{x^3}=\lim_{x\to 0}\dfrac{1-\cos x}{3x^2}=\lim_{x\to 0}\dfrac{\sin x}{6x}=\dfrac{1}{6}.$$

(4) 这是"$\dfrac{\infty}{\infty}$"型未定式极限，运用洛必达法则，得

$$\lim_{x\to +\infty}\dfrac{\sqrt{1+x^2}}{x}=\lim_{x\to +\infty}\dfrac{x}{\sqrt{1+x^2}}=\lim_{x\to +\infty}\dfrac{\sqrt{1+x^2}}{x}=\lim_{x\to +\infty}\dfrac{x}{\sqrt{1+x^2}}=\cdots$$

发现此时又还原到原来的问题，故无法利用洛必达法则求此极限．

但是，利用前面的方法（分子、分母同时除以 x 的最高次幂）则可以解决此问题．

$$\lim_{x\to +\infty}\dfrac{\sqrt{1+x^2}}{x}=\lim_{x\to +\infty}\dfrac{\sqrt{\dfrac{1}{x^2}+1}}{1}=1.$$

【小贴士】

当利用洛必达法则求极限失效或出现循环形式时，并不表明极限不存在，因此洛必达法则不是万能的．此时，可以利用前面的方法求极限，两者可以交叉运用．

此外，在极限的求解过程中常常遇到"$0\cdot\infty$""$\infty-\infty$""∞^0""1^∞""0^0"等其他类型的未定式极限，对于这些未定式极限，可以通过适当的变换将其转化为"$\dfrac{0}{0}$"型或"$\dfrac{\infty}{\infty}$"型未定式极限，然后利用洛必达法则进行求解．

例 3.5.6 求下列极限.

(1) $\lim\limits_{x\to 0^+} x^2 \ln x$;

(2) $\lim\limits_{x\to 0} \left(\dfrac{1}{e^x-1} - \dfrac{1}{x}\right)$;

(3) $\lim\limits_{x\to 0^+} x^{\sin x}$;

(4) $\lim\limits_{x\to 0^+} \left(\dfrac{1}{x}\right)^{\tan x}$.

解 (1) 这是"$0 \cdot \infty$"型未定式极限,先将其转化为"$\dfrac{\infty}{\infty}$"型未定式极限,再运用洛必达法则,得

$$\lim_{x\to 0^+} x^2 \ln x = \lim_{x\to 0^+} \dfrac{\ln x}{\dfrac{1}{x^2}} = \lim_{x\to 0^+} \dfrac{\dfrac{1}{x}}{-\dfrac{2}{x^3}} = -\lim_{x\to 0^+} \dfrac{x^2}{2} = 0.$$

(2) 这是"$\infty - \infty$"型未定式极限,先将其通分转化为"$\dfrac{0}{0}$"型未定式极限,再运用洛必达法则,得

$$\lim_{x\to 0}\left(\dfrac{1}{e^x-1} - \dfrac{1}{x}\right) = \lim_{x\to 0}\dfrac{x-e^x+1}{x(e^x-1)} = \lim_{x\to 0}\dfrac{1-e^x}{e^x-1+xe^x}$$
$$= \lim_{x\to 0}\dfrac{-e^x}{2e^x+xe^x} = -\dfrac{1}{2}.$$

(3) 这是"0^0"型未定式极限,先取对数,再将其指数部分转化为"$\dfrac{0}{0}$"型未定式极限,最后运用洛必达法则,得

$$\lim_{x\to 0^+} x^{\sin x} = \lim_{x\to 0^+} e^{\ln x^{\sin x}} = \lim_{x\to 0^+} e^{\sin x \ln x} = e^{\lim\limits_{x\to 0^+}\frac{\ln x}{\csc x}}$$
$$= e^{\lim\limits_{x\to 0^+}\frac{\frac{1}{x}}{-\csc x \cot x}} = e^{\lim\limits_{x\to 0^+} -\frac{\sin^2 x}{x\cos x}} = e^{\lim\limits_{x\to 0^+} -\frac{\sin x}{x}\cdot\frac{\sin x}{\cos x}} = 1.$$

(4) 这是"1^∞"型未定式极限,可以用前面所学的第二个重要极限的方法求解,这里采用先取对数,再运用洛必达法则的方法求解.

$$\lim_{x\to 0^+}\left(\dfrac{1}{x}\right)^{\tan x} = \lim_{x\to 0^+} e^{\tan x \cdot \ln\frac{1}{x}} = \lim_{x\to 0^+} e^{-\tan x \cdot \ln x} = \lim_{x\to 0^+} e^{-x \ln x} = \lim_{x\to 0^+} e^{-\frac{\ln x}{\frac{1}{x}}} = \lim_{x\to 0^+} e^x = 1.$$

【小贴士】

(1) "$0 \cdot \infty$"型未定式极限的求解方法一般是将其中的一个因子"下放"到分母中去,使之转化为"$\dfrac{\infty}{\infty}$"或"$\dfrac{0}{0}$"型未定式极限再求解,且通常的做法是将简单的函数或三角函数进行"下放".

(2) "∞^0""1^∞""0^0"3 种类型的未定式极限的求解方法一般是先取对数再进行求解,其中"1^∞"型还可以用第二个重要极限求解.

项目三　经济活动中的边际分析与最优决策

生活情境

这么快就学完了吗？我们将本项目的内容做个总结吧！试试以绘制思维导图的方式进行总结.

项目完成评价表三（经济活动中的边际分析与最优决策）

姓名		班级		组名		考评日期	
评价指标		评价标准	分值/分	自我评价/分	小组评分/分	实际得分/分	
知识掌握情况	导数、弹性、微分、单调性、极值和最值的概念	熟练掌握	10				
	导数基本公式及运算法则	熟练掌握	10				
	函数的单调性、极值、最值的求解方法与步骤	熟练掌握	10				
专业技能培养	子任务3.1：商品定价策略之边际成本定价法	熟练完成	5				
	子任务3.2：商品定价策略之市场灵敏度分析	熟练完成	5				
	子任务3.3：商品销售变化速度分析	熟练完成	5				
	子任务3.4：商品销售量增长速率分析	熟练完成	5				
	子任务3.5：商品销售量变化波动分析	熟练完成	5				
	子任务3.6：企业追求利润最大化原则	熟练完成	5				
	子任务3.7：免税政策优惠下的最优价格决策	熟练完成	5				

续表

姓名		班级		组名		考评日期	
评价指标		评价标准	分值/分	自我评价/分	小组评分/分	实际得分/分
通用素养培养	出勤	按时到岗，学习准备就绪	5			
	道德自律	自觉遵守纪律，乐于助人，有责任心和荣誉感	10			
	学习态度	主动积极，不怕困难，勇于探索	10			
	团队分工合作	能融入集体，愿意接受任务并积极完成	10			
合计			100			
考评辅助项目				备注		
本组之星				该评选的目的是激励学生的学习积极性		
填表说明		1. 知识、能力和素养三方面的各指标分为三个等级：熟练掌握（完成）得该指标下的满分；基本掌握（完成）得该指标下的一半分；不能掌握（完成）得 0 分。 2. 实际得分 = 自我评价 × 40% + 小组评价 × 60%。 3. 考评满分为 100 分，60 分以下为不及格；60~74 分为及格；75~84 分为良好；85 分以上为优秀。 4. "本组之星"可以是本项目完成中突出贡献者，也可以是进步最大者，还可以是其他某一方面表现突出者。				

【动手试试三】

练习 3.1

1. 根据导数的定义求下列函数的导数.

   (1) $f(x) = 2x^2$，求 $f'(2)$；
   (2) $f(x) = \dfrac{1}{x}$，求 $f'(-1)$；

   (3) $f(x) = \cos x$，求 $f'(x)$；
   (4) $f(x) = \ln x$，求 $f'(x)$.

2. 求下列函数的导数.

   (1) $f(x) = 5$；
   (2) $f(x) = x^8$；

   (3) $f(x) = \dfrac{1}{x^2}$；
   (4) $f(x) = \left(\dfrac{1}{3}\right)^x$；

   (5) $f(x) = \log_2 x$；
   (6) $f(x) = \sin \dfrac{\pi}{3}$.

3. 求下列曲线在指定点的切线方程.

   (1) 曲线 $f(x) = 4x - x^3$ 在点 $(-1, -3)$ 处的切线方程；

   (2) 曲线 $f(x) = 2e^x$ 在点 $(0, 2)$ 处的切线方程.

4. 某企业生产某产品的总成本 $C(q) = q^2 + 12q + 100$，求：

   (1) 生产 300 个单位时的总成本和平均成本；

   (2) 生产 200 个单位和 300 个单位时总成本的平均变化率；

   (3) 生产 200 个单位和 300 个单位时的边际成本.

5. 已知某商品的收入函数为 $R(q) = 20q - \dfrac{1}{5}q^2$（其中 q 为销售量），成本函数为 $C(q) = 100 + \dfrac{q^2}{4}$，求当 $q = 20$ 时的边际收入、边际成本和边际利润，并说明其经济意义.

6. 设某商品的需求函数为 $Q = 150 - 2P^2$（其中 P 为价格），求 $P = 5$ 时的边际需求，并解释其对应的经济意义.

7. 设某商品的需求函数为 $Q = 12 - \dfrac{P}{2}$，求：(1) 需求弹性函数；(2) $P = 6$ 时的需求弹性，并说明其经济意义.

练习 3.2

1. 已知 $y = e^x \cos x$，求 $f'(0)$.

2. 求下列函数的导数.

   (1) $y = x^{-5} + \sin x$；
   (2) $y = x + \dfrac{1}{x}$；

   (3) $y = \log_2 x + 5\cos x$；
   (4) $y = x^3 \sec x$；

（5）$y=\sin x(\cos x+1)$；

（6）$y=x\cdot\sin x\cdot\ln x$；

（7）$y=\dfrac{\cos x}{x}$；

（8）$y=\dfrac{x^2}{x+3}$.

3. 求下列函数的导数.

（1）$y=\ln\cos x$；

（2）$y=\sin(x^2+x)$；

（3）$y=(2x^2-3)^2$；

（4）$y=\tan x^2$；

（5）$y=\arctan^4 x$；

（6）$y=e^{\sin\frac{1}{x}}$；

（7）$\dfrac{4\arctan^3 x}{1+x^2}$；

（8）$y=(x\cot x)^2$；

（9）$y=\ln[\ln(\ln(x+1))]$.

4. 求下列函数的二阶导数.

（1）$y=2x^2+\ln x$；

（2）$y=x^2\cos x$.

5. 某公司的产值 $f(t)$ 是时间 t 的函数：$f(t)=\dfrac{1}{2}+\dfrac{1}{t+1}$. 求：（1）该公司产值的增长率函数；（2）$t=4$ 时该公司产值的增长率.

6. 环境卫生对任何一个城市都非常重要，卫生不好可能引发传染性疾病甚至瘟疫. 研究发现，某种传染疾病在第 t 天感染的人数为 $P(t)=\dfrac{3}{1+e^{-0.02t}}$，作为环保专业人员，试计算该疾病在第 50 天时的传播速度.

练习 3.3

1. 已知函数 $y=x^2+2x+3$，计算 x 由 0 变到 0.01 时的函数增量和微分.

2. 求下列函数的微分.

（1）$y=x(e^x-\ln x)$；

（2）$y=x^2\cdot\ln x\cdot\cos x$；

（3）$y=\dfrac{1-\ln x}{1+\ln x}$；

（4）$y=(e^t+e^{-t})^2$.

3. 计算下列函数值的近似值（精确到 0.001）.

（1）$e^{0.05}$；

（2）$\ln 1.05$.

4. 半径为 10 厘米的金属圆片加热后，半径伸长了 0.05 厘米，则面积近似增大了多少？

5. 某公司一个月生产 x 单位产品的收入函数为 $R(x)=37x-\dfrac{1}{20}x^2$（单位：百元），已知该公司 9 月的产量从 270 个单位增加到 280 个单位，请用微分估算该公司 9 月的收入大约增加了多少.

6. 扩音器的插头是截面半径 r 为 0.15 厘米，长 l 为 4 厘米的圆柱体，为了提高它的导电性能，必须在圆柱体的侧面镀上一层厚为 0.001 厘米的纯铜，问大约需要用多少克铜？（已知铜的密度为 8.9 克/立方厘米）.

练习 3.4

1. 求下列函数的单调区间.

(1) $y = xe^x$；

(2) $y = 2x^3 - 6x^2 - 18x - 7$；

(3) $y = x - \ln(x+1)$；

(4) $y = \sqrt[3]{(2x-1)^2(1-x)^2}$.

2. 求下列函数的极值.

(1) $f(x) = x^3 + 6x^2 - 15x + 1$；

(2) $f(x) = 4x^3 - 3x^4$；

(3) $f(x) = (x-1)x^{\frac{2}{3}}$；

(4) $f(x) = \sin x + \cos x \ (0 \leqslant x \leqslant 2\pi)$.

3. 已知函数 $f(x) = x^3 + ax^2 + bx$ 在点 $x = 1$ 处有极值 -12，试确定系数 a，b 的值.

4. 求下列函数在给定区间上的最值.

(1) $f(x) = x^4 - 2x^2 + 6$，$[-2, 3]$；

(2) $f(x) = \ln(x^2 + 1)$，$[-1, 2]$；

(3) $f(x) = (x+1)^4$，$(-\infty, +\infty)$.

5. 某厂生产某种产品 x 件的总成本为 $C(x) = 5x + 200$（单位：万元），得到的总收益为 $R(x) = 10x - 0.01x^2$（单位：万元），试利用数学知识从理论上分析每批生产多少件产品才能使总利润最大.

6. 设某厂每天生产产品 x 个单位时的总成本函数为
$$C(x) = 0.5x^2 + 36x + 9\,800 (单位:元).$$
求：（1）当产量 $x = 20$ 时边际成本是多少？（2）产量为多少单位时平均成本最低？

7. 某厂生产某种产品 x 件的固定成本是 $1\,800$ 元，可变成本是 $\frac{1}{2}x^2 + 5x$（单位：元），已知该产品的需求函数为 $x = 1\,400 - p$（x 为产量，p 为单价），求获得最大利润时的产量.

8. 某工厂生产某产品，其总成本 C 是周产量 x 的函数 $C = C(x) = x^2 + x - 4$（单位：百元），如果每台产品售价为 31 百元，且所生产的产品可以全部售出，求使利润最大的周产量为多少.

练习 3.5

1. 求由下列方程所确定的隐函数的导数.

(1) $e^{\frac{x}{y}} - xy = 0$；

(2) $\arctan \dfrac{y}{x} = \ln \sqrt{x^2 + y^2}$.

2. 利用对数求导法，求下列函数的导数.

(1) $y = (\ln \ln x)^{\ln x}$；

(2) $y = \dfrac{x \cdot (x^2+1)^2}{\sqrt[3]{1-x^2}}$.

3. 求下列极限.

(1) $\lim\limits_{x \to 0} \dfrac{1 - \sqrt{1-x^2}}{e^x - \cos x}$；

(2) $\lim\limits_{x \to 0} \dfrac{x - \arcsin x}{\sin^3 x}$；

(3) $\lim\limits_{x \to 0} \dfrac{x + \sin x}{\ln(1+x)}$；

(4) $\lim\limits_{x \to 0} \dfrac{e^x - e^{\sin x}}{x - \sin x}$；

(5) $\lim\limits_{x\to 0}\dfrac{e^x + e^{-x} - 2}{x^2}$;

(6) $\lim\limits_{x\to 0^+}\dfrac{\ln\cot x}{\ln x}$;

(7) $\lim\limits_{x\to 1}\left(\dfrac{2}{x^2-1} - \dfrac{1}{x-1}\right)$;

(8) $\lim\limits_{x\to 1}(1-x)\tan\dfrac{\pi}{2}x$;

(9) $\lim\limits_{x\to 0}\cot x\left(\dfrac{1}{\sin x} - \dfrac{1}{x}\right)$;

(10) $\lim\limits_{x\to 0}x^2 e^{\frac{1}{\sin^2 x}}$;

(11) $\lim\limits_{x\to\infty}(1+x)^{\frac{1}{x}}$;

(12) $\lim\limits_{x\to 0}(x+e^x)^{\frac{1}{x}}$.

项目三思维导图

项目三综合训练

项目四

经济活动中总量的数学分析

◇ **学习目标**

➤ **知识目标**

（1）理解原函数、定积分、不定积分等概念，掌握定积分和不定积分的计算方法．

（2）掌握并理解定积分在经济分析、面积与体积求解中的实际意义．

➤ **能力目标**

（1）会利用定积分描述经济中的总量问题．

（2）会利用积分确定设备的最佳停产时间及资金流在连续复利下的现值与终值．

➤ **情感目标**

（1）体会定积分概念所蕴含的数学思想和哲学辩证观，感悟成功来源于无数点滴的积累．

（2）体验"调整思想、转变思路"策略的实际应用以及为企业做出正确决策的喜悦．

➤ **价值目标**

（1）坚定文化认同和民族自信，树立正确的世界观、人生观和价值观．

（2）树立"改变视角，转换思维"意识，培养开拓创新的职业品格和行为习惯．

◇ **学习任务描述**

企业的生产线（设备）都有一定的使用年限，随着时间的推移，生产线（设备）老化导致生产的产品合格率下降，从而使生产收益总体呈现下降趋势，并且生产线（设备）老化后需要经常检修、更换零部件等，使生产成本相对越来越高，长此以往，生产线（设备）给企业带来的利润为负，呈现亏损局面．因此，需要决策生产线（设备）的最佳淘汰（停产）时间．同时，企业需要提前计划投资建设新的生产线，预测生产线的建设周期，根据企业和市场的现有状况，预估新的生产线每年的收入流，从而分析收回投资的时间，确保投资能够带来更大的收益．

任务一　经济总量中的数学思想（积分的概念）

一、积分的概念

引例 4.1【公园面积】　为了"奋力推动绿色发展，促进人与自然和谐共生"，各城市加快推进城市公园绿化建设．某城市滨江公园所围成的图形为曲边梯形（图 4.1），如何计算该滨江公园所围成的图形面积？

定积分的
概念与性质

问题分析　问题的难点在于图形的一边是曲线，因此无法直接利用矩形、梯形等规则图形的面积公式，但由于曲线 $f(x)$ 在 $[a,b]$ 上是连续的，在很小一段区间上 $f(x)$ 变化很小，几乎不变．基于这样的认识，可以采用"近似逼近，化曲为直"的方法来求解（图 4.2）其步骤如下．

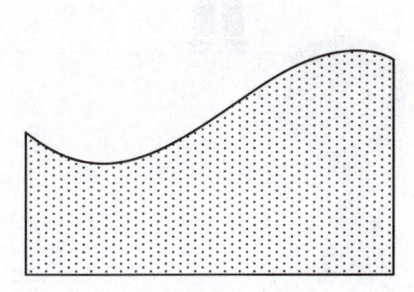

图 4.1　滨江公园所围成的图形示意 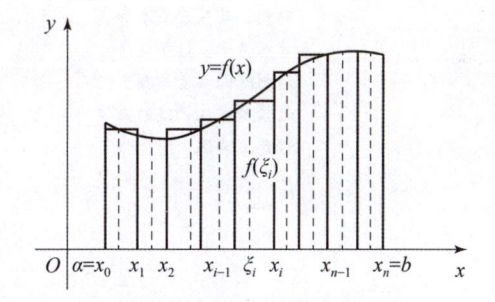　　图 4.2　曲边梯形面积的近似分析

（1）分割——化整为零．在 $[a,b]$ 内任意插入 $n-1$ 个分点．
$a = x_0 < x_1 < x_2 < \cdots < x_{i-1} < x_i \cdots < x_{n-1} < x_n = b$，将区间 $[a,b]$ 分成 n 个小区间：$[x_0, x_1], [x_1, x_2], \cdots, [x_{i-1}, x_i], \cdots, [x_{n-1}, x_n]$．记这些小区间的长度为 $\Delta x_i = x_i - x_{i-1}$ $(i = 1, 2, \cdots, n)$．

（2）近似——以直代曲．在每个小区间 $[x_{i-1}, x_i]$ 上任取一点 $\xi_i (x_{i-1} \leqslant \xi_i \leqslant x_i)$，并用以 Δx_i 为宽、以 $f(\xi_i)$ 为高的小矩形面积近似代替小曲边梯形的面积，即
$$\Delta A_i \approx f(\xi_i) \cdot \Delta x_i \quad (i = 1, 2, \cdots, n).$$

（3）求和——积零为整．把 n 个小矩形面积加起来可近似代替曲边梯形的面积 A，即
$$A = \sum_{i=1}^{n} \Delta A_i \approx \sum_{i=1}^{n} f(\xi_i) \cdot \Delta x_i.$$

（4）取极限——近似变精确．记 $\lambda = \max_{1 \leqslant i \leqslant n} \{\Delta x_i\}$，则当 $\lambda \to 0$ 时，上述和式的极限就是曲边梯形的面积 A，即
$$A = \lim_{\lambda \to 0} \sum_{i=1}^{n} f(\xi_i) \cdot \Delta x_i.$$

生活情境

收入
成本

$R'(t)$

成本变化率

$C'(t)$

收入变化率

O　T　t

最佳停产时间分析

公司第一车间的生产线已投产好几年了，生产设备逐渐老化，维护、维修等生产成本逐年增加，收入变化率却在逐年降低！这样下去会导致亏损的！

这样发展下去必有某个时刻，其生产成本和收入持平，过了这个时刻就面临着亏损！赶紧确定生产线的最佳停产（淘汰）时间呀！

子任务 4.1：生产线（设备）最佳停产时间的确定

引导问题：生产线（设备）的老化为企业的生产经营和安全管理带来了许多隐患，企业通常会采取哪些措施应对生产线（设备）的老化？若从经济角度考虑，你认为在什么情况下停产才是最佳时间？说一说你确定最佳停产时间的思路，并尝试用定积分表示到最佳停产时间 T 时，该生产线（设备）为企业带来的利润.

引例 4.2【收入的总量】 要求决策生产线（设备）的最佳停产时间 T，还需要计算其给企业带来的利润（收入总量－成本总量）。假设收入函数在时刻 t 的变化率为 $R'(t)$（单位：元/年）（即边际收入），需要计算从现在（$t_0=0$）到 T 年的收入总量。

问题分析 如果收入在时刻 t 的变化率 $R'(t)$ 为常数，那么收入的总量就是 $R'(t)T$，但一般情况下 $R'(t)$ 是变化的（图 4.3），直接用 $R'(t)T$ 计算显然是不合适的，需要采用"分割 近似 逼近"的思想计算，具体思路及步骤如下。

（1）分割——化整为零。用分点 $0=t_0<t_1<t_2<\cdots<t_n=T$ 把区间 $[0,T]$ 划分为 n 个小区间：$[t_0,t_1],[t_1,t_2],\cdots,[t_{n-1},t_n]$。其中，第 i 个小区间的长度为 $\Delta t_i=t_i-t_{i-1}$（$i=1,2,\cdots,n$）。

（2）近似——以直代曲。当每个 Δt_i 都很小时，可以认为收入的变化率在 $[t_{i-1},t_i]$ 上的变化是微小的，任取 $\xi_i \in [t_{i-1},t_i]$，则收入的变化率 $R'(\xi_i)$ 可近似作为 $[t_{i-1},t_i]$ 上的收入的变化率（图 4.4），于是在 $[t_{i-1},t_i]$ 上的收入增量约为

$$\Delta R_i \approx R'(\xi_i)\Delta t_i \quad (i=1,2,\cdots,n).$$

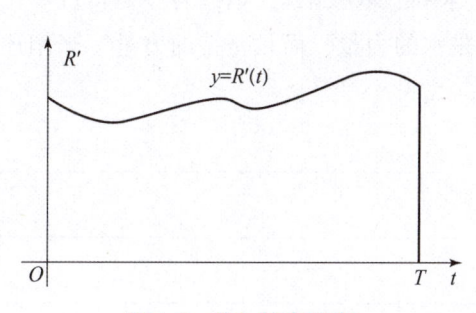

图 4.3 收入的变化率

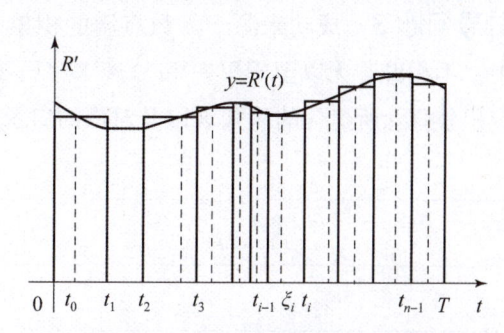

图 4.4 收入变化率的近似值

（3）求和——积零为整。把所有小区间上的收入增量相加，得到从 $t_0=0$ 到 T 年总收入增量（即收入总量）R 的近似值：

$$R \approx \sum_{i=1}^{n} R'(\xi_i)\Delta t_i.$$

（4）取极限——近似变精确。当 $\lambda = \max\limits_{1 \leqslant i \leqslant n}\{\Delta t_i\} \to 0$ 时，上述和式的极限就是总收入 R，即

$$R = \lim_{\lambda \to 0} \sum_{i=1}^{n} R'(\xi_i)\Delta t_i.$$

引导问题 1： 你会求解哪些规则图形的面积？请写出它们的面积公式．对于不规则图形的面积的求解方法，你是如何思考的？请说一说你的思路．

_____

_____

_____

引导问题 2： 引例中的公园面积和收入总量问题，其本质是求非均匀变化的总量问题，其结果的表现形式是特殊乘积和式的极限，请挖掘"四步法——分割、近似、求和、取极限"中蕴含的数学思想和哲学思想．

_____

_____

_____

引导问题 3： 成功来源于无数点滴的积累（求和、取极限），请结合中国传统文化中"不积跬步无以至千里"和"滴水穿石不是水的力量，而是坚持的力量"来阐述定积分概念所蕴含的认知观以及对你的启示．

_____

_____

_____

"这里有一块形状不规则的土地，要测量它的面积，该怎么做呢？"一个叫黎曼的德国数学家（1826—1866 年）想出了一个办法：将不规则的图形切成若干小长条，然后将这些小长条近似看成小矩形，再分别测量这些小矩形的长度，计算出它们的面积，把所有小矩形的面积加起来就是不规则图形的面积．这就是著名的"黎曼和"．小长条宽度趋于 0 时，即面积微分，各个面积求和取极限即定积分．虽然牛顿早就给出了定积分的定义，但是定积分的现代数学定义却是用"黎曼和"的极限给出的．尽管黎曼积分已经够用了，但是数学家们依然没有停止追求的脚步，他们想提供一种更为完善、更一般的积分概念．于是，在康托和勒贝格等现代数学家的努力下，人们把经典学派的精确性同集合论的大胆思想融为一体，催生了勒贝格积分等新的积分概念．

上述两个引例虽具有不同的实际意义,但解决的思想方法完全一致:经过"分割、近似、求和、取极限"四个步骤,最终都变为相同结构的和式的极限,数学上称之为定积分.

定义 4.1 设函数 $f(x)$ 在区间 $[a,b]$ 上连续,用分点

$$a = x_0 < x_1 < x_2 < \cdots < x_n = b$$

把区间 $[a,b]$ 任意分割成 n 个小区间 $[x_{i-1}, x_i]$ $(i=1,2,\cdots,n)$,其长度 $\Delta x_i = x_i - x_{i-1}$,在每个小区间 $[x_{i-1}, x_i]$ 上任取一点 ξ_i,作乘积 $f(\xi_i) \cdot \Delta x_i$,得到和式 $\sum_{i=1}^{n} f(\xi_i) \cdot \Delta x_i$.

取 $\lambda = \max_{1 \leq i \leq n} \{\Delta x_i\}$,若当 $\lambda \to 0$ 时,不管 $[a,b]$ 如何分法,也不管 ξ_i 如何取法,上述和式的极限都存在,则称函数 $f(x)$ 在 $[a,b]$ 上是可积的,并称此极限为函数 $f(x)$ 在区间 $[a,b]$ 上的**定积分**(Definite Integral),记作 $\int_a^b f(x) dx$,即

$$\int_a^b f(x) dx = \lim_{\lambda \to 0} \sum_{i=1}^{n} f(\xi_i) \cdot \Delta x_i.$$

其中,"$\int$" 称为**积分符号**,$f(x)$ 称为**被积函数**,$f(x) dx$ 称为**被积表达式**,x 称为**积分变量**,a 称为**积分下限**,b 称为**积分上限**,$[a,b]$ 称为**积分区间**.

根据定义可知,定积分可以解决非均匀分布状态下的总量计算问题. 在上述两个引例中,公园所围图形的面积和收入的总量分别可以用定积分表示为

$$A = \int_a^b f(x) dx, \quad R = \int_0^T R'(t) dt.$$

【小贴士】(1) 定积分的结果是一个数值.

(2) 规定: $\int_a^a f(x) dx = 0$; $\int_a^b f(x) dx = -\int_b^a f(x) dx.$

此外,从几何的角度看,定积分的几何意义如下.

(1) 当被积函数 $f(x)$ 在 $[a,b]$ 上连续且 $f(x) \geq 0$ 时,定积分 $\int_a^b f(x) dx$ 表示曲边梯形的面积,即 $\int_a^b f(x) dx = A$(图4.5).

(2) 当被积函数 $f(x)$ 在 $[a,b]$ 上连续且 $f(x) \leq 0$ 时,定积分 $\int_a^b f(x) dx$ 的数值表示曲边梯形面积的相反数,即 $\int_a^b f(x) dx = -A$(图4.6).

引导问题 1：积分符号"$\int$"由被誉为"历史上最伟大的符号学者之一"的德国数学家莱布尼茨首先引进并使用，它是求和一词"sum"的第一个字母 s 被拉长的形式．这是因为定积分表示的是一个无穷求和的过程．请说一说定积分 $\int_a^b f(x)\,dx$ 的值与哪些量有关，与哪些量无关．

引导问题 2：定积分起源于某些具体问题的求解过程，也是解决许多实际问题的重要工具，它其实刻画的是两个变量的乘积．请找出生活或专业中能用定积分表示的实例．

引导问题 3：牛顿是从运动学的角度来研究微积分的，他提出定积分可以刻画物体在时间间隔 $[T_1, T_2]$ 内作变速运动时所行驶的路程．若已知物体的速度函数为 $v = v(t)$，请用定积分表示其在 $[T_1, T_2]$ 内行驶的路程，并说明其实际意义．

引导问题 4：请说一说用定积分的几何意义求解定积分的优、缺点．若已知被积函数 $f(x)$ 在对称区间 $[-a, a]$ 上连续，请借助图像分别计算 $f(x)$ 为奇函数和偶函数时定积分 $\int_a^b f(x)\,dx$ 的值．

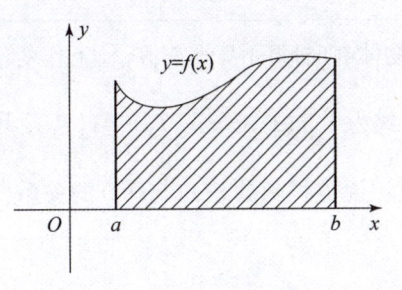

图 4.5　定积分的几何意义（1） 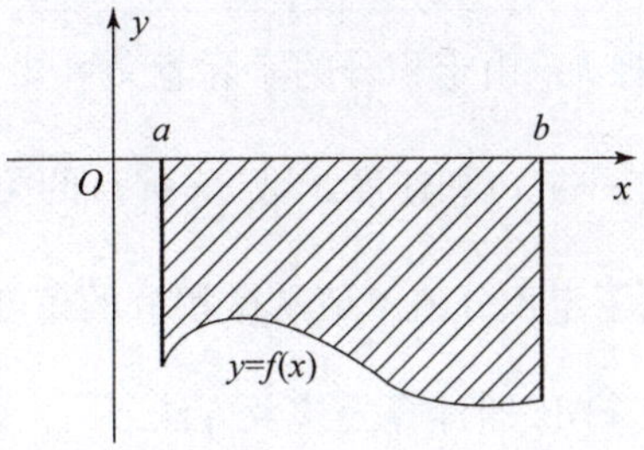　　图 4.6　定积分的几何意义（2）

（3）若被积函数 $f(x)$ 在 $[a,b]$ 上连续且 $f(x)$ 时正时负，则定积分 $\int_a^b f(x)\mathrm{d}x$ 的数值表示若干个曲边梯形面积的代数和，即 $\int_a^b f(x)\mathrm{d}x = A - B + C$（图 4.7）.

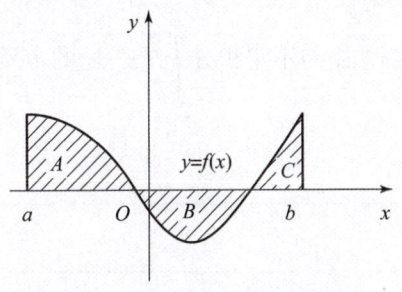

图 4.7　定积分的几何意义（3）

例 4.1.1 讲解
（定积分的几何意义）

例 4.1.1　利用定积分的几何意义求下列定积分的值.

（1）$\int_{-1}^{1} \sqrt{1-x^2}\mathrm{d}x$；　　（2）$\int_0^{2\pi} \sin x \mathrm{d}x$.

解　（1）$\int_{-1}^{1} \sqrt{1-x^2}\mathrm{d}x$ 表示被积函数 $y = \sqrt{1-x^2}$ 在积分区间 $[-1,1]$ 与坐标轴所围成图形的面积，如图 4.8 所示，可以看出该图形是半径为 1 的半圆，因此有 $\int_{-1}^{1} \sqrt{1-x^2}\mathrm{d}x = \dfrac{\pi}{2}$.

（2）$\int_0^{2\pi} \sin x \mathrm{d}x$ 的值等于被积函数 $y = \sin x$ 在积分区间 $[0,2\pi]$ 与坐标轴所围成的图形面积的代数和（图 4.9）. 由图形的对称性知 $\int_0^{2\pi} \sin x \mathrm{d}x = 0$.

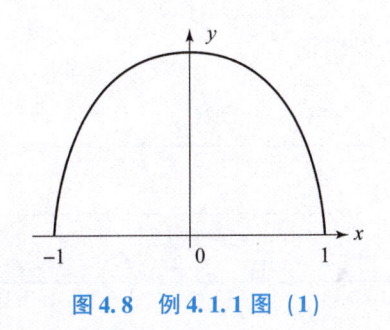

图 4.8　例 4.1.1 图（1） 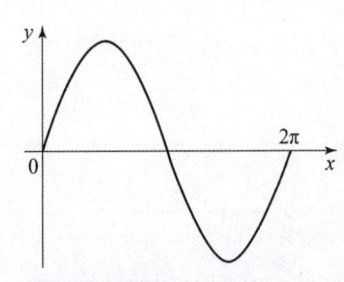　　图 4.9　例 4.1.1 图（2）

引导问题 1：由定积分的实际意义可知，物体在时间间隔 $[T_1, T_2]$ 上作变速运动的路程函数 $s = s(t)$ 和速度函数 $v = v(t)$ 的关系式为 $\int_{T_1}^{T_2} v(t) dt = s(T_2) - s(T_1)$. 可以发现这便解出了定积分值. 请从微积分的角度说一说被积函数 $v(t)$ 与 $s(t)$ 的关系，并由此猜想 $\int_a^b f(x) dx$ 的计算公式及方法.

引导问题 2：定积分 $\int_a^b f(x) dx$ 与不定积分 $\int f(x) dx$ 的本质区别是什么？两者之间的联系又体现在哪些方面？

引导问题 3：根据积分和导数是互为逆运算的关系，你能快速得出常数函数 $y = k$（k 为常数）、幂函数 $y = x^a$、指数函数 $y = a^x$ 的不定积分吗？请尝试写出来.

引导问题 4：积分和微分的关系式可概括为"先积后微，形不变；先微后积，多一常数". 请指出（1）$\int f'(x) dx = f(x)$、（2）$d[\int f(x) dx] = f(x)$、（3）$\int df(x) = f(x)$、（4）$\frac{d}{dx}[\int f(x) dx] = f(x)$ 中的错误项，并予以纠正.

虽然利用定积分的定义可以解决相关问题，但从定义可以看出，其计算过程烦锁. 在实际求定积分的过程中，通常采用微积分基本定理进行计算，具体内容如下.

定理 4.1【微积分基本定理】 设函数 $f(x)$ 在 $[a,b]$ 上连续，$F(x)$ 是 $f(x)$ 的一个原函数，则有公式：

$$\int_a^b f(x)\,dx = F(x)\Big|_a^b = F(b) - F(a).$$

该公式就是著名的**牛顿–莱布尼茨公式（Newton–Leibniz Formula）**，亦称**微积分基本公式**. 该公式在定积分和原函数这两个本来似乎并不相干的概念之间建立起定量关系，从而为连续函数的定积分计算提供了一个简捷有效的方法.

从定理 4.1 可以发现，其涉及一个新的概念——原函数. 那什么是被积函数的原函数呢？

定义 4.2 如果在区间 I 上，对任一点 $x \in I$，都有

$$F'(x) = f(x),$$

则称函数 $F(x)$ 为 $f(x)$ 在区间 I 上的一个**原函数（Antiderivative）**.

例 4.1.2 计算 $\int_1^2 x^3\,dx$.

解 由于 $\dfrac{x^4}{4}$ 是 x^3 的一个原函数，根据牛顿–莱布尼茨公式有

$$\int_1^2 x^3\,dx = \frac{x^4}{4}\Big|_1^2 = \frac{1}{4}(2^4 - 1^4) = \frac{15}{4}.$$

函数 $f(x)$ 如果有原函数，那么它的原函数不唯一，例如 $\dfrac{x^4}{4}$，$\dfrac{x^4}{4}+2$，$\dfrac{x^4}{4}-\sqrt{3}$，…都是 x^3 的原函数. 可以发现，函数 $f(x)$ 的不同原函数之间只相差一个常数 C，因此 $f(x)$ 的全体原函数可记作 $F(x) + C$（C 为任意常数），并被赋予新的定义——不定积分.

定义 4.3 一般地，函数 $f(x)$ 的全体原函数称为函数 $f(x)$ 的**不定积分（Indefinite Integral）**，记作 $\int f(x)\,dx$，即

$$\int f(x)\,dx = F(x) + C\,(\text{其中 } F'(x) = f(x)).$$

其中"$\int$"称为**积分符号**，$f(x)$ 称为**被积函数**，$f(x)\,dx$ 称为**被积表达式**，C 称为**积分常数**.

显然，不定积分的本质是求被积函数的原函数，它是导数运算的逆运算. 例如，求 $\int 3x^2\,dx$，只要先找出 $3x^2$ 的一个原函数 x^3，则 $\int 3x^2\,dx = x^3 + C$.

> **【小贴士】** 不定积分和微分之间具有如下关系式.
> (1) $\left[\int f(x)\,dx\right]' = f(x)$ 或 $d\left[\int f(x)\,dx\right] = f(x)\,dx.$
> (2) $\int F'(x)\,dx = F(x) + C$ 或 $\int dF(x) = F(x) + C.$

【阅读材料——逆向思维】

通过学习，我们明白了不定积分的求解就是求导数的逆运算，其反映的是逆向思维．逆向思维，也称求异思维，它是对司空见惯的似乎已成定论的事物或观点反过来思考的一种思维方式，即"反其道而思之"．

在中国古代，"司马光砸缸"就是典型的逆向思维典范：把常规的思维模式"救人离水"变成逆向思维模式"让水离人"．在中国文化中，关于逆向思维有名的言论应该是"塞翁失马，焉知非福"——从坏事中看出好的一面，从好事中看出不好的趋势．下面讲讲逆向思维在生活中的两个小实例．

【吃亏还是占便宜？】

一家自助餐厅因为顾客浪费严重而效益不好，无奈之下该餐厅规定：凡是浪费食物者罚款 10 元！结果生意一落千丈．后经人提点，该餐厅将价格提高 10 元，将规定改为：凡没有浪费食物者奖励 10 元．结果生意火爆且杜绝了浪费行为：不要让顾客吃亏，一定要让他们占便宜．

学得有点累了，要不说点小故事？

【小鬼当家】

有一家三口——夫妻两个和一个 5 岁的孩子要在城里租住房子，整整跑了一天，好不容易才找到一间中意的出租公寓，可是房东遗憾地说："啊，实在对不起，我们的公寓不租给有孩子的住户．"

丈夫和妻子听了不知如何是好，只能默默地走开，那个 5 岁孩子想：真的就没办法了吗？他又敲房东的大门时，丈夫和妻子已走出 5 米远，回头只见房东又出来了，孩子精神抖擞地说："老爷爷，这个房子我租了，我没有孩子，我只带来两个大人．"房东听后高声笑了起来，决定把房子租给他们．

引导问题：逆向思维是一种重要的数学思维．请找出逆向思维在数学或生活中的应用实例并写出来．

二、积分的性质

为了更好地认识定积分和不定积分，下面简单介绍定积分和不定积分的性质.

(1) $\int_a^b [f(x) \pm g(x)] dx = \int_a^b f(x) dx \pm \int_a^b g(x) dx$.

(2) $\int_a^b kf(x) dx = k \int_a^b f(x) dx$（$k$ 为常数）.

(3) 【区间的可加性】无论 a, b, c 的相对位置如何，都有 $\int_a^b f(x) dx = \int_a^c f(x) dx + \int_c^b f(x) dx$.

在不定积分中，也有几个相关的性质.

(1) $\int [f(x) \pm g(x)] dx = \int f(x) dx \pm \int g(x) dx$.

(2) $\int kf(x) dx = k \int f(x) dx$.

例 4.1.3 设 $f(x) = \begin{cases} x^2, & -1 < x < 1 \\ x+1, & 1 \le x < 2 \end{cases}$，求 $\int_{-1}^2 f(x) dx$.

解 由定积分区间的可加性得

$$\int_{-1}^2 f(x) dx = \int_{-1}^1 f(x) dx + \int_1^2 f(x) dx = \int_{-1}^1 x^2 dx + \int_1^2 (x+1) dx$$

$$= \frac{x^3}{3}\Big|_{-1}^1 + \left(\frac{x^2}{2} + x\right)\Big|_1^2 = \left[\frac{1}{3} - \left(-\frac{1}{3}\right)\right] + \left(4 - \frac{3}{2}\right) = \frac{19}{6}.$$

例 4.1.4 求 $\int_{-1}^2 |x-1| dx$.

解 绝对值函数其实是一个分段函数. $|x-1| = \begin{cases} x-1, & x \ge 1 \\ 1-x, & x < 1 \end{cases}$.

由定积分区间的可加性有

$$\int_{-1}^2 |x-1| dx = \int_{-1}^1 (1-x) dx + \int_1^2 (x-1) dx$$

$$= \left(x - \frac{x^2}{2}\right)\Big|_{-1}^1 + \left(\frac{x^2}{2} - x\right)\Big|_1^2 = \frac{5}{2}.$$

当然，本例也可以利用定积分的几何意义求解.

$\int_{-1}^2 |x-1| dx$ 表示的是被积函数 $y = |x-1|$ 在积分区间 $[-1, 2]$ 与坐标轴所围成图形的面积，如图 4.10 所示，于是有

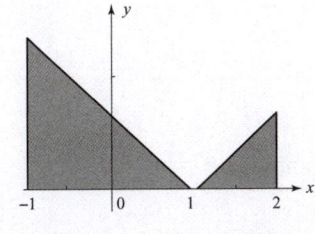

图 4.10 例 4.1.4 图

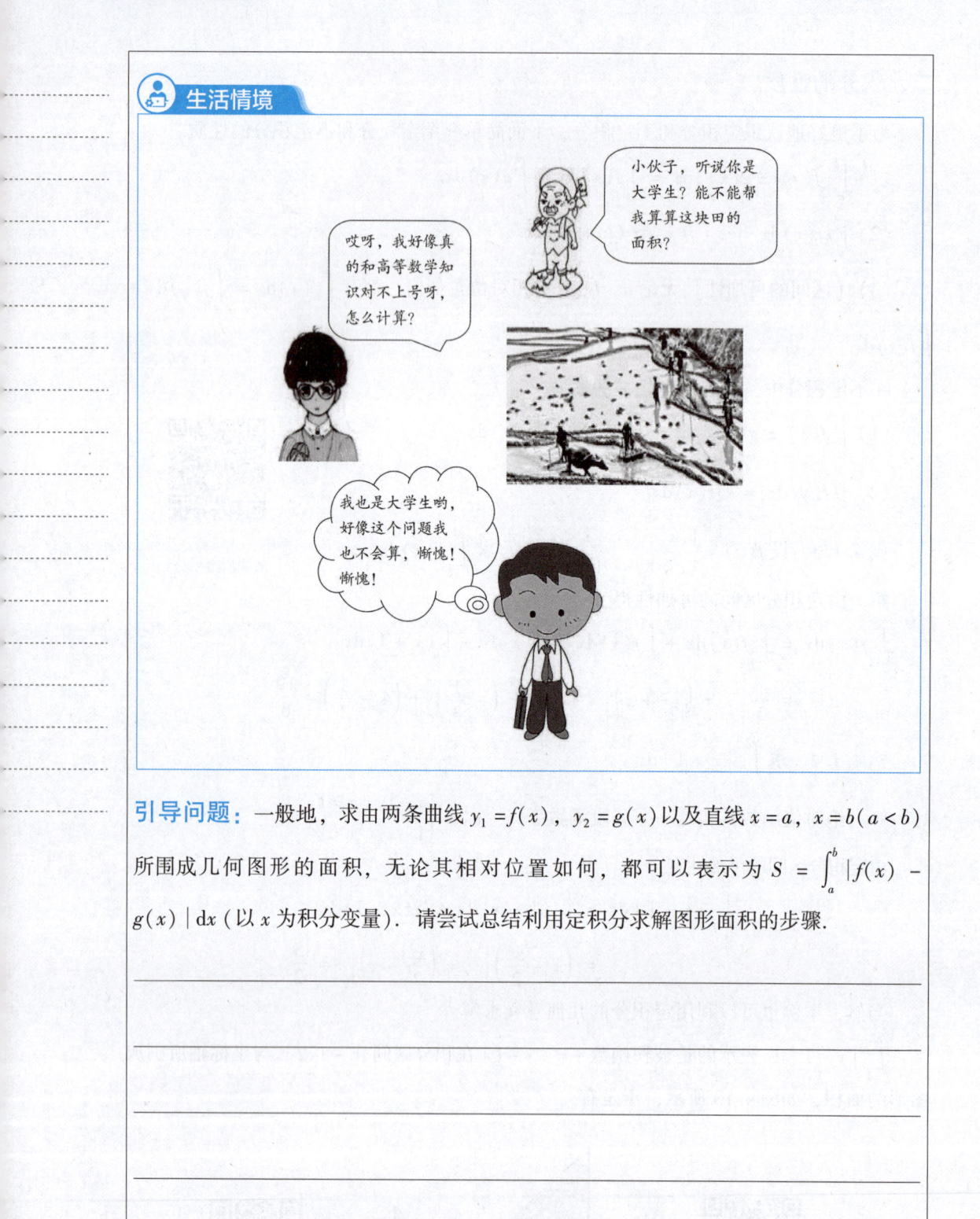

> **生活情境**

> 小伙子，听说你是大学生？能不能帮我算算这块田的面积？

> 哎呀，我好像真的和高等数学知识对不上号呀，怎么计算？

> 我也是大学生哟，好像这个问题我也不会算，惭愧！惭愧！

引导问题：一般地，求由两条曲线 $y_1 = f(x)$，$y_2 = g(x)$ 以及直线 $x = a$，$x = b(a < b)$ 所围成几何图形的面积，无论其相对位置如何，都可以表示为 $S = \int_a^b |f(x) - g(x)| \, \mathrm{d}x$（以 x 为积分变量）．请尝试总结利用定积分求解图形面积的步骤．

$$\int_{-1}^{2}|x-1|\mathrm{d}x = \frac{1}{2}\times 2\times 2 + \frac{1}{2}\times 1\times 1 = \frac{5}{2}.$$

三、定积分的简单应用实例

1. 定积分在面积求解中的应用

如图 4.11 所示，根据定积分的几何意义易知，由函数 $y_1 = f(x)$，$y_2 = g(x)$ 以及直线 $x = a$，$x = b$ 所围成图形的面积（即图中阴影部分）可表示为

$$S = \int_a^b f(x)\mathrm{d}x - \int_a^b g(x)\mathrm{d}x = \int_a^b [f(x) - g(x)]\mathrm{d}x.$$

例 4.1.5【加工零件轮廓面积】 某一加工零件轮廓形状由抛物线 $y = x^2$ 和 $x = y^2$ 围成（图 4.12），求此加工零件轮廓状面积.

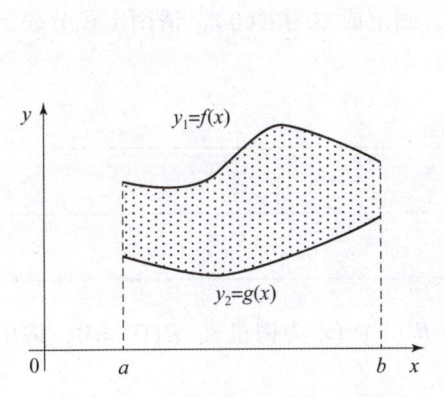

图 4.11 利用定积分求图形面积

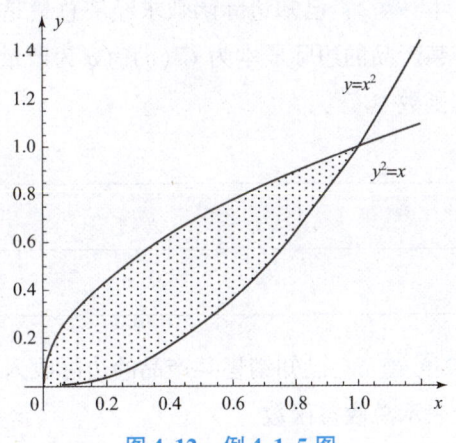

图 4.12 例 4.1.5 图

解 由方程组 $\begin{cases} y = x^2 \\ x = y^2 \end{cases}$ 解得 $x_1 = 0$ 和 $x_2 = 1$，即积分区间为 $[0,1]$.

因此，加工零件轮廓面积为 $S = \int_0^1 (\sqrt{x} - x^2)\mathrm{d}x = \left(\frac{2}{3}x^{\frac{3}{2}} - \frac{1}{3}x^3\right)\Big|_0^1 = \frac{1}{3}.$

例 4.1.6【休闲区面积】 为了增加新的文化休闲功能，学校图书馆内预留出一片区域作为休闲区，其形状如图 4.13 所示，它是由直线 $y = 2x$ 和抛物线 $y = x^2 - 3$ 所围成的，求此休闲区面积.

解 由方程组 $\begin{cases} y = 2x \\ y = x^2 - 3 \end{cases}$ 解得 $x_1 = -1$ 和 $x_2 = 3$，即积分区间为 $[-1,3]$.

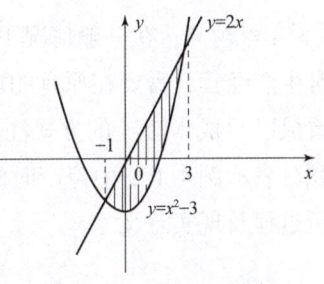

图 4.13 例 4.1.6 图

因此，休闲区面积为 $S = \int_{-1}^{3}(2x - x^2 + 3)\mathrm{d}x = \left(x^2 - \frac{1}{3}x^3 + 3x\right)\Big|_{-1}^{3}$

$$= (9 - 9 + 9) - \left(1 + \frac{1}{3} - 3\right) = \frac{32}{3}.$$

引导问题 1：不规则图形的面积计算也可以采用 y 作为积分变量，由连续曲线 $x_2 = \varphi(y)$，$x_1 = \psi(y)$ 与直线 $y = c$，$y = d(c < d)$ 所围成的平面图形，其面积可表示为 $S = \int_c^d |\varphi(y) - \psi(y)| dy$。尝试用 y 作为积分变量求解例 4.1.5 和例 4.1.6。

利用定积分求图形面积（Y形）

引导问题 2：已知边际函数求经济总量是定积分在经济中的重要应用之一。现已知生产某产品的边际成本为 $C'(q)$（q 为产量），固定成本为 $C(0)$，请用定积分表示总成本函数。

引导问题 3：已知销售某产品的边际收入为 $R'(q)$（q 为销量），$R(0) = 0$，请用定积分表示总收益函数。

引导问题 4：在一般情况下，企业投资的实际成本与预算成本有差异，为了保证正常生产经营，需要在原有的成本上继续投资，这就是追加成本。每年的追加成本可以看成以"成本流"的方式注入投资成本（常对离散的问题进行连续化处理），请用定积分表示例 4.1.9 中停产时的总成本和总收益，并说一说生产线的最佳停产时间的分析过程及现实意义。

2. 定积分在经济总量分析中的应用

例 4.1.7【生产总量】 某工厂生产某商品,在时刻 t 的总产量变化率为 $Q'(t) = 100 + 12t$（单位：单位/小时），求从 $t = 2$ 到 $t = 4$ 这两小时的生产总产量.

解 求从 $t = 2$ 到 $t = 4$ 这两小时的生产总产量,即求在这段时间内产量的增量 $Q(4) - Q(2)$,根据牛顿－莱布尼茨公式有

$$Q(4) - Q(2) = \int_2^4 Q'(t)\,\mathrm{d}t = \int_2^4 (100 + 12t)\,\mathrm{d}t = (100t + 6t^2)\Big|_2^4 = 272.$$

例 4.1.8【最大利润】 某企业生产某种产品 q 单位时,其边际成本函数为 $C'(q) = 5q + 10$（单位：万元）,固定成本为 20 万元,其收入函数为 $R(q) = 60q$（单位：万元）,求该企业每月生产多少单位产品时,企业获得的利润最大.

解 产品的总成本由可变成本和固定成本构成,其中固定成本是当 $q = 0$ 时的成本,即 $C(0) = 20$,由牛顿－莱布尼茨公式有

$$C(q) - C(0) = \int_0^q C'(q)\,\mathrm{d}q,$$

$$C(q) = \int_0^q C'(q)\,\mathrm{d}q + C(0) = \int_0^q (5q + 10)\,\mathrm{d}q + 20 = \frac{5}{2}q^2 + 10q + 20$$

则利润函数为 $L(q) = R(q) - C(q) = -\frac{5}{2}q^2 + 50q - 20$.

$L'(q) = -5q + 50$,令 $L'(q) = 0$,得唯一驻点 $q = 10$.

又 $L''(q) = -5 < 0$,故 $q = 10$ 时利润达到最大值.

因此,该企业每月生产 10 个单位产品时获得的利润最大.

例 4.1.9【最佳停产时间】 某公司投资 2 000 万元建成一条生产线,生产线投产后,在时刻 $G(t) = 5 + 2t^{\frac{2}{3}}$ 的追加成本和追加收益分别为 $\Phi(t) = 17 - t^{\frac{2}{3}}$（单位：百万元/年）. 试确定该生产线在何时停产可获得最大利润,最大利润是多少.

解 这里追加成本和追加利润分别指的是总成本和总收益对时间 t 的变化率,而 $\Phi(t) - G(t)$ 是追加利润,即利润对 t 的变化率,如图 4.14 所示. 该生产线所能获得的最大毛利润应该是曲边三角形 ABC 的面积.

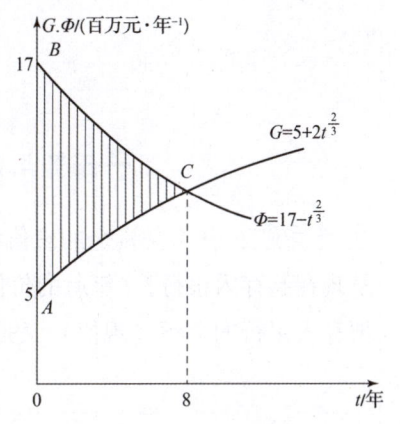

图 4.14 例 4.1.9 图

由前面的知识可得,获得最大利润的必要条件是 $\Phi(t) = G(t)$,即 $17 - t^{\frac{2}{3}} = 5 + 2t^{\frac{2}{3}}$,解得 $t = 8$,且容易得出此时 $\Phi'(8) < G'(8)$,故生产线在投产 8 年时可获得最大利润,其值为

$$L_\text{净} = \int_0^8 [\Phi(t) - G(t)]\,\mathrm{d}t - 20 = \int_0^8 (12 - 3t^{\frac{2}{3}})\,\mathrm{d}t - 20$$

$$= \left(12t - \frac{9}{5}t^{\frac{5}{3}}\right)\Big|_0^8 - 20 = 18.4\,(\text{百万元}),$$

即此时获得的最大利润为 1 840 万元.

■ 经济应用数学

> **生活情境**
>
> 由于公司第一车间的生产线已老化，现准备投资一条新的生产线，我想了解投资以后多长时间能收回成本，我查了好多资料，还是没有解决这个问题，你能帮帮我吗？
>
> 我……导数，积分？书到用时方恨少呀！

子任务 4.2：投资收入的资金现值问题

引导问题：什么是资金的现值和将来值？若以连续复利率 r 计息，一笔 p 元的资金从现在起存入银行，t 年后的价值（将来值）是多少？若 t 年后得到 B 元，则现在需要存入银行的金额（现值）又是多少？

任务二　经济总量的数学定量计算（积分的计算）

在经济总量定量分析问题或面积计算问题中，不仅需要具有将实际问题转化为数学知识的能力，同时需要能够计算不同类型函数的定积分，因此，下面重点学习如何进行积分（包括不定积分和定积分）的计算.

一、直接积分法

引例 4.3【资金现值】　若某企业连续 3 年内保持收益流量（即收益对时间的变化率）为每年 75 万元不变，且利率为 7.5%，问其现值是多少？

问题分析　资金现值问题是企业经济管理中最常见的问题之一. 通过前面知识的学习可知，利率为 r，t 年后价值为 A 元的资金现值为 Ae^{-rt}，因此若 3 年内该企业的收入率为 $R(t)=75$ 万元，则其资金现值为 $R=\int_0^3 R(t)e^{-rt}dt=\int_0^3 75e^{-0.075t}dt$.

此时计算该定积分是解决资金现值问题的关键步骤，可以发现被积函数为复合函数，计算起来有些难度，为此，先要掌握不定积分的基本公式，并在此基础上完成本例中复合函数的积分.

根据导数和不定积分互为逆运算的关系，结合求导公式，给出不定积分基本公式，如表 4.1 所示.

表 4.1　不定积分基本公式

序号	公式	序号	公式
1	$\int 0dx = C$	8	$\int \cos x dx = \sin x + C$
2	$\int k dx = kx + C$	9	$\int \sec^2 x dx = \int \frac{1}{\cos^2 x}dx = \tan x + C$
3	$\int x^\alpha dx = \frac{1}{\alpha+1}x^{\alpha+1} + C(\alpha \neq -1)$	10	$\int \csc^2 x dx = \int \frac{1}{\sin^2 x}dx = -\cot x + C$
4	$\int \frac{1}{x}dx = \ln|x| + C$	11	$\int \sec x \tan x dx = \sec x + C$
5	$\int a^x dx = \frac{a^x}{\ln a} + C(a > 0, a \neq 1)$	12	$\int \csc x \cot x dx = -\csc x + C$
6	$\int e^x dx = e^x + C$	13	$\int \frac{1}{\sqrt{1-x^2}}dx = \arcsin x + C$
7	$\int \sin x dx = -\cos x + C$	14	$\int \frac{1}{1+x^2}dx = \arctan x + C$

【阅读材料——收益现值与将来值】

对于一个正常运营的企业而言，其资金的收益与支出往往分散地在一定时期发生，特别是对于大型企业，其收入和支出更是频繁地进行，在实际分析过程中为了计算方便，将它们近似看作连续发生的，并称之为"资金流"。

将资金流中的定期收益称为"收益流"（或"收入流"），它是一个量的概念，而收益流对时间的变化率称为收益流量。其实质可以理解为收益的"速率"，也称为收益率，一般用表示 $R(t)$ 表示。若 $R(t)=A$ 为常数，则称该收益流具有均匀收益流量。

若有一笔收益流的收益流量为 $R(t)$（单位：元/年），以连续复利率 r 计息，考虑从现在开始（$t=0$）到 T 年后这一时间段的将来值和贴现值。按照如下思路分析问题。

在区间 $[0,T]$ 上任取一小区间 $[t,t+\mathrm{d}t]$，在 $[t,t+\mathrm{d}t]$ 内所获得的金额近似为 $R(t)\mathrm{d}t$，从 $t=0$ 开始，这一金额在 t 年后的将来获得，从而在 $[t,t+\mathrm{d}t]$ 上有

$$\text{收益现值} \approx [R(t)\mathrm{d}t]\mathrm{e}^{-rt} = R(t)\mathrm{e}^{-rt}\mathrm{d}t,$$

从而总现值为 $R_0 = \int_0^T R(t)\mathrm{e}^{-rt}\mathrm{d}t.$

对于将来值，$R(t)\mathrm{d}t$ 在 $T-t$ 年后获得利息，从而在 $[t,t+\mathrm{d}t]$ 上有

$$\text{收益的将来值} \approx [R(t)\mathrm{d}t]\mathrm{e}^{-r(T-t)} = R(t)\mathrm{e}^{-r(T-t)}\mathrm{d}t.$$

总的将来值为 $R_T = \int_0^T R(t)\mathrm{e}^{-r(T-t)}\mathrm{d}t.$

引导问题：对数函数导数公式为 $(\ln x)' = \dfrac{1}{x}$，为什么积分公式 $\int \dfrac{1}{x}\mathrm{d}x = \ln|x| + C$ 中多了一个绝对值？请说明原因。

有了不定积分基本公式，结合前面介绍的不定积分和定积分的性质，即可以对一些简单的积分问题进行基本运算.

例 4.2.1 求下列不定积分.

(1) $\int (3 + 5e^x + \cos x - 2^x) dx$；

(2) $\int (\sqrt{x} + 1)\left(x - \dfrac{1}{\sqrt{x}}\right) dx$.

解 (1) 利用不定积分基本公式和性质得

$$\int (3 + 5e^x + \cos x - 2^x) dx = \int 3 dx + 5\int e^x dx + \int \cos x dx - \int 2^x dx$$

$$= 3x + 5e^x + \sin x - \dfrac{2^x}{\ln 2} + C.$$

(2) 先将被积函数展开化简，再利用不定积分基本公式得

$$\int (\sqrt{x} + 1)\left(x - \dfrac{1}{\sqrt{x}}\right) dx = \int \left(x\sqrt{x} + x - 1 - \dfrac{1}{\sqrt{x}}\right) dx$$

$$= \int \left(x^{\frac{3}{2}} + x - 1 - x^{-\frac{1}{2}}\right) dx = \dfrac{2}{5} x^{\frac{5}{2}} + \dfrac{1}{2} x^2 - x - 2x^{\frac{1}{2}} + C.$$

例 4.2.2 求下列不定积分.

(1) $\int \dfrac{1 + 2x^2}{x^2(1 + x^2)} dx$； (2) $\int \sin^2 \dfrac{x}{2} dx$.

解 (1) 由于被积函数的分母是两个因式的乘积，而分子是这两个因式之和，故可通过添拆的方式将其化为和差的积分，得

$$\int \dfrac{1 + 2x^2}{x^2(1 + x^2)} dx = \int \dfrac{x^2 + (1 + x^2)}{x^2(1 + x^2)} dx = \int \left[\dfrac{x^2}{x^2(1 + x^2)} dx + \int \dfrac{1 + x^2}{x^2(1 + x^2)}\right] dx$$

$$= \int \left(\dfrac{1}{1 + x^2} + \dfrac{1}{x^2}\right) dx = \arctan x - \dfrac{1}{x} + C.$$

(2) 先进行三角恒等变形，再利用降幂公式将被积函数化为和差形式，得

$$\int \sin^2 \dfrac{x}{2} dx = \int \dfrac{1 - \cos x}{2} dx = \dfrac{1}{2} x - \dfrac{1}{2} \sin x + C.$$

直接积分法小测试

【小贴士】不定积分的性质只有加减和数乘，没有乘除，因此当被积函数是乘除形式时，首先考虑能否化简或拆凑为和差形式，化为和差形式后再进行积分会容易得多.

经济应用数学

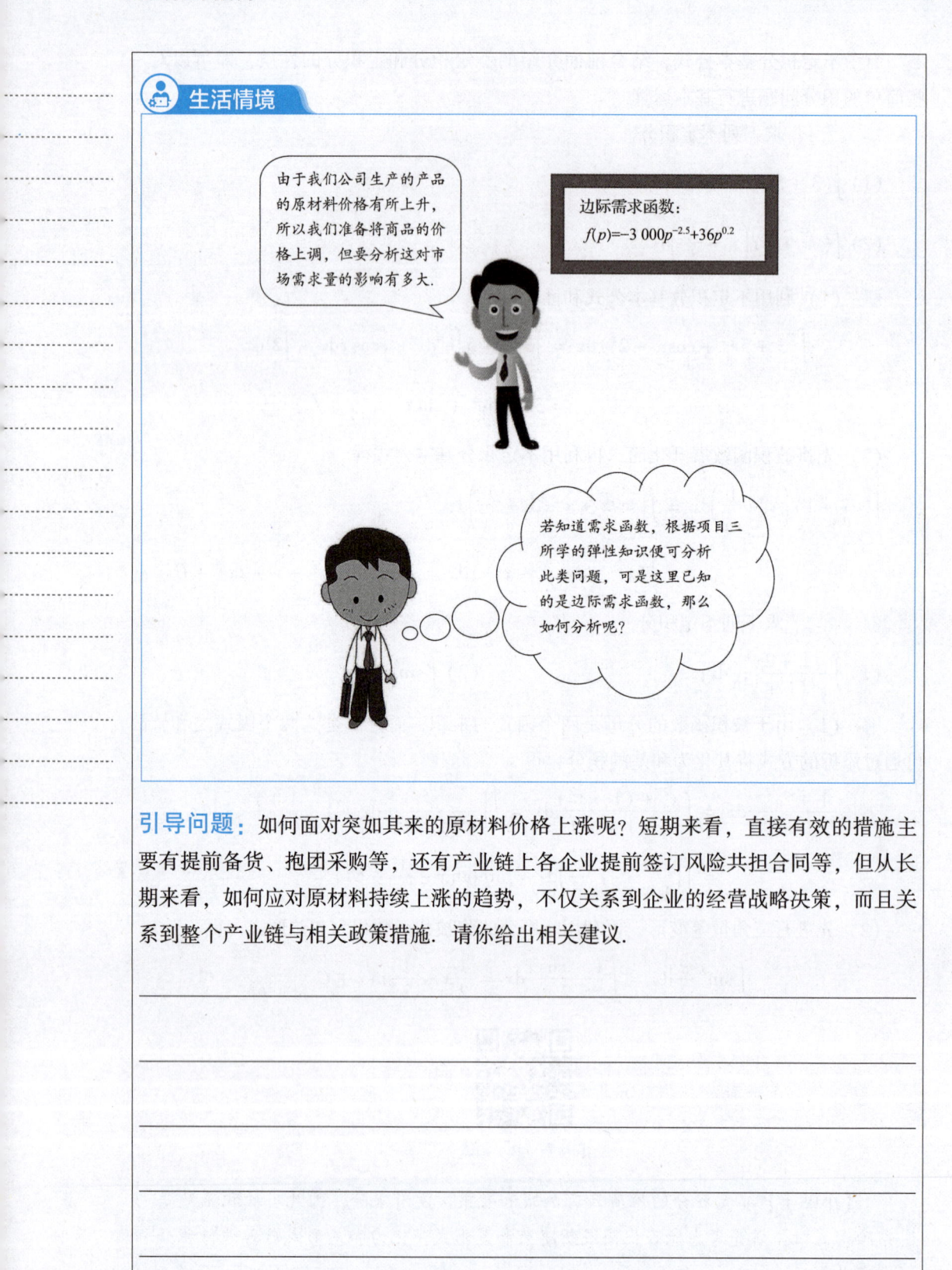

> **生活情境**
>
> 由于我们公司生产的产品的原材料价格有所上升，所以我们准备将商品的价格上调，但要分析这对市场需求量的影响有多大。
>
> 边际需求函数：
> $f(p)=-3\,000p^{-2.5}+36p^{0.2}$
>
> 若知道需求函数，根据项目三所学的弹性知识便可分析此类问题，可是这里已知的是边际需求函数，那么如何分析呢？

引导问题：如何面对突如其来的原材料价格上涨呢？短期来看，直接有效的措施主要有提前备货、抱团采购等，还有产业链上各企业提前签订风险共担合同等，但从长期来看，如何应对原材料持续上涨的趋势，不仅关系到企业的经营战略决策，而且关系到整个产业链与相关政策措施。请你给出相关建议。

初步具备求不定积分（原函数）的能力后，便可利用牛顿－莱布尼茨公式进行定积分的计算.

例 4.2.3 求下列定积分.

(1) $\int_0^2 \left(2x^3 - 6x + \dfrac{3}{x^2+1}\right)dx$；

(2) $\int_1^4 \dfrac{2x^2 + x^2\sqrt{x} - 1}{x^2}dx$.

解 (1) 由不定积分基本公式得

$$\int_0^2 \left(2x^3 - 6x + \dfrac{3}{x^2+1}\right)dx = \left(2\dfrac{x^4}{4} - 6\dfrac{x^2}{2} + 3\arctan x\right)\Big|_0^2$$

$$= \left(\dfrac{1}{2}x^4 - 3x^2 + 3\arctan x\right)\Big|_0^2 = -4 + 3\arctan 2.$$

(2) 首先将积分化简，然后计算得

$$\int_1^4 \dfrac{2x^2 + \sqrt{x} - 1}{x^2}dx = \int_1^4 \left(2 + x^{-\frac{3}{2}} - x^{-2}\right)dx = \left(2x - 2x^{-\frac{1}{2}} + \dfrac{1}{x}\right)\Big|_1^4$$

$$= \left(2\times 4 - 2\times\dfrac{1}{\sqrt{4}} + \dfrac{1}{4}\right) - (2 - 2 + 1) = \dfrac{25}{4}.$$

例 4.2.4【价格与市场需求关系】 某企业生产的产品的需求量 q 与产品的价格 p 的关系为 $q = q(p)$. 若已知需求量对价格的边际需求函数为

$$f(p) = -3\,000p^{-2.5} + 36p^{0.2}（单位：元），$$

试求产品价格由 1.20 元浮动到 1.50 元时对市场需求量的影响.

例 4.2.4 讲解【价格与市场需求关系】

解 因为边际需求函数就是需求函数的导数，即 $q'(p) = f(p)$，所以由牛顿－莱布尼茨公式知：价格由 1.20 元浮动到 1.50 元时，总需求量变化为

$$\Delta q = q(1.5) - q(1.2) = \int_{1.2}^{1.5} f(p)dp$$

$$= \int_{1.2}^{1.5} (-3\,000p^{-2.5} + 36p^{0.2})dp = (2\,000p^{-1.5} + 30p^{1.2})\Big|_{1.2}^{1.5}$$

$$\approx 1\,137.5 - 1\,558.8 = -421.3（单位），$$

即当价格由 1.20 元浮动到 1.50 元时，该产品的市场需求量减少了 421.3 个单位.

利用积分的基本性质和基本公式，可以直接计算一些简单的积分，或者将被积函数经过适当的恒等变形，再利用积分的基本性质和基本公式求出结果，这样的积分方法称为**直接积分法（Direct Numerical Integral Method）**.

子任务 4.3：投资成本收回时间分析

引导问题 1： 换元思想是一种重要的数学思想，其目的是化繁为简，把复杂的问题简单化．换元积分法是由链式法则和微积分基本定理推导而来的，其重点体现为"凑"．请说一说凑微分法的核心思想是什么，并回顾换元思想在前面几个项目所学知识中的具体体现．

引导问题 2： 当被积表达式中出现 $ax+b$ 这种形式时，首先考虑能否凑成 $d(ax+b)$，这是形式最简单的，也是最重要的凑微分技巧．请结合例题说明使用凑微分法求解不定积分的解题步骤．

引导问题 3： 你会求解每年的均匀收益流量（或收入流）下的资金现值问题吗？请利用直接凑微分法完成引例 4.3 中资金现值 $R = \int_0^3 75e^{-0.075t} dt$ 的计算．

引导问题 4： 定积分的换元积分法的特点是"换元必换限，换限不还原"，请结合例题给予更为具体的阐述．

二、换元积分法

掌握直接积分法后,再来解决类似引例 4.3 中的积分求解问题,发现其被积函数是个简单的复合函数,可以考虑先进行换元再求积分.下面通过两个例题体会其思想和方法.

例 4.2.5 求 $\int \cos 3x \, dx$.

解 被积函数 $\cos 3x$ 是复合函数,对其求导时可以将 $3x$ 看成一个整体(中间变量 u),在求不定积分时采用类似的思想,也可以将 $3x$ 看成整体.

$$\int \cos 3x \, dx = \frac{1}{3} \int \cos 3x \, d3x \xrightarrow{\diamondsuit u = 3x} \frac{1}{3} \int \cos u \, du$$

$$= \frac{1}{3} \sin u + C \xrightarrow{\text{回代}} \frac{1}{3} \sin 3x + C.$$

例 4.2.6 求 $\int (3x - 4)^5 \, dx$.

解 可以将 $(3x-4)^5$ 直接展开,利用直接积分法计算,但过程烦琐,故也将这里的 $(3x-4)$ 看成一个整体.

$$\int (3x-4)^5 \, dx = \frac{1}{3} \int (3x-4)^5 \, d(3x-4) \xrightarrow{\diamondsuit u = 3x-4} \frac{1}{3} \int u^5 \, du$$

$$= \frac{1}{3} \times \frac{1}{6} u^6 + C \xrightarrow{\text{回代}} \frac{1}{18} (3x-4)^6 + C.$$

上述例题求解过程中利用了换元思想,将这种积分方法称为换元积分法,这里仅介绍第一换元积分法(第二换元积分法将在本项目的"数学知识拓展"模块中学习),其内容如下.

定理 4.2【第一换元积分法】 若已知 $\int f(u) \, du = F(u) + C$,且 $u = \varphi(x)$ 有连续的导数,则有 $\int f[\varphi(x)] \cdot \varphi'(x) \, dx = \int f[\varphi(x)] \, d[\varphi(x)] = F[\varphi(x)] + C$.

将这样的积分方法称为**第一换元积分法**(The First Element Integral Method). 因为 $\varphi'(x) \, dx$ 可以凑成 $d\varphi(x)$,所以也称此方法为**凑微分法**(Minato Differential Method).

一般地,在对积分步骤比较熟练后,可以不必写出变量 u,即换元的过程可以省去.

例 4.2.7 求 $\int \frac{1}{2-3x} \, dx$.

解 $\int \frac{1}{2-3x} \, dx = -\frac{1}{3} \int \frac{1}{2-3x} \, d(2-3x) = -\frac{1}{3} \ln |2-3x| + C.$

【小贴士】该类凑微分法通常称为**直接凑微分法**,其规律如下:

$$\int f(ax+b) \, dx = \frac{1}{a} \int f(ax+b) \, d(ax+b) = \frac{1}{a} \int f(u) \, du \xrightarrow{\text{利用积分公式}} \frac{1}{a} F(u) + C.$$

【数学建模之"投资收回时间分析"】

在开发某一项目时，总要考虑投资回报问题，即在一定的收入率与一定的期限内要达到某一预期目标，分析必须投入的现值；或在一定收入率下，投入一定的现值，要达到某预期目标，分析项目的投资回收期等问题.

通过建立数学模型，对这一动态经济问题进行分析，以便于初步了解投资项目.

1. 模型的假设

(1) 项目资金的年利率 r 不变，且作连续复利计算.

(2) 该项目在 t（年）时的收入率为均匀收入率 $R(t)$（万元）.

(3) 该项目在投资过程中不考虑其他干扰因素.

2. 模型的建立

该项目在时间 $[0,T]$ 内的总收入的现值为

$$R = \int_0^T R(t) e^{-rt} dt.$$

3. 模型的求解

情况1：若该项目的收入率为均匀收入率，即 $R(t) = A$（A 为常数），则总收入的现值为

$$R = \int_0^T A e^{-rt} dt = -\frac{1}{r}\int_0^T A e^{-rt} d(-rt) = -\frac{A}{r} e^{-rt}\Big|_0^T = \frac{A}{r}(1 - e^{-rT}).$$

如果期初企业的投资额为 a 元，那么投资的纯收入现值为

$$R^* = R - a = \frac{A}{r}(1 - e^{-rT}) - a.$$

要收回投资，意味着总收入的现值等于投资额，即 $\frac{A}{r}(1 - e^{-rT}) = a$，因此，企业收回投资的时间为 $T = \frac{1}{r} \ln \frac{A}{A - ar}$.

情况2：若项目的收入率为非均匀收入率 $R(t)$，则总收入的现值为 $R = \int_0^T R(t) e^{-rt} dt.$

此时，需要根据被积函数 $R(t) e^{-rt}$ 的类型与形式选择恰当的定积分计算方法，再采用上述类似步骤完成问题的求解.

4. 模型的应用

具体见例4.2.9【资金现值与投资收回时间】.

第一换元积分法也同样适用于定积分的计算，有类似公式如下：

$$\int_a^b f[\varphi(x)] \cdot \varphi'(x) \mathrm{d}x = \int_a^b f[\varphi(x)] \mathrm{d}[\varphi(x)] \xrightarrow{\diamondsuit u = \varphi(x)} \int_c^d f(u) \mathrm{d}u$$
$$= F(u) \big|_c^d = F(d) - F(c).$$

其中，$c = \varphi(a)$，$d = \varphi(b)$.

例 4.2.8 求 $\int_1^3 (2x+4)^3 \mathrm{d}x$.

解法一： $\int_1^3 (2x+4)^3 \mathrm{d}x = \frac{1}{2} \int_1^3 (2x+4)^3 \mathrm{d}(2x+4)$

$$\xrightarrow{\diamondsuit u = 2x+4} \frac{1}{2} \int_6^{10} u^3 \mathrm{d}u = \frac{1}{8} u^4 \big|_6^{10} = 1\,088.$$

解法二： $\int_1^3 (2x+4)^3 \mathrm{d}x = \frac{1}{2} \int_1^3 (2x+4)^3 \mathrm{d}(2x+4) = \frac{1}{2} \times \frac{1}{4} (2x+4)^4 \big|_1^3 = 1\,088.$

由此可见，定积分和不定积分的换元区别是：定积分的换元法代换时上、下限要做相应的变化，最后不必代回原来的变量；不定积分的换元法最后必须代回原来的变量。

例 4.2.9【资金现值与投资收回时间】 若某企业投资 800 万元，年利率为 5%，设在 20 年内的均匀收入率为 200 万元/年，试求：

(1) 该投资的纯收入贴现值为多少？

(2) 收回该笔投资的时间为多少？

解 (1) 可以先计算出总收入的现值为

$$R = \int_0^{20} 200 \mathrm{e}^{-0.05t} \mathrm{d}t = -\frac{200}{0.05} \int_0^{20} \mathrm{e}^{-0.05t} \mathrm{d}(-0.05t)$$

$$= -4\,000\, \mathrm{e}^{-0.05t} \big|_0^{20} = 4\,000(1 - \mathrm{e}^{-1}) \approx 2\,528.4(万元),$$

从而投资获得的纯收入的贴现值为

$$R^* = 2\,528.4 - 800 = 1\,728.4(万元).$$

(2) 假设 T 年后收回投资，收回投资时总收入的现值应该等于投资，则有

$$R = \int_0^T 200 \mathrm{e}^{-0.05t} \mathrm{d}t = 800,$$

即 $-4\,000\, \mathrm{e}^{-0.05t} \big|_0^T = 4\,000(1 - \mathrm{e}^{-0.05T}) = 800.$

解得

$$T = \frac{1}{0.05} \ln \frac{200}{200 - 800 \times 0.05} = 20\ln 1.25 \approx 4.46(年),$$

即收回该笔投资的时间约为 4.46 年。

例 4.2.10【投资决策】 假设某工厂准备采购一台机器，其使用寿命为 10 年，购置此机器需资金 8.5 万元；如果租用此机器每月需付租金 1 000 元。若资金的年利率为 6%，按连续复利计算，请你为该工厂做决策：购进机器与租用机器哪种方式更合算？

引导问题 1：一般地，当被积函数是两个函数的乘积（商也可以看成乘积的形式）时，如果这两个函数之间有导函数的关联，首先考虑能否用间接凑微分法求解．请结合具体例题说明间接凑微分法的步骤．

引导问题 2：利用第一换元积分法求积分，关键在于能否熟练利用基本公式及凑微分法的技巧．其窍门是：任何一个表达式从 d 的前面"拿到" d 的后面，就是积分（即变成原函数），从 d 的后面"拿到" d 的前面，就是求导（即变成导函数），如 $\cos x\,dx = d\sin x$．$\dfrac{1}{1+x^2}dx = d\arctan x$，请对常见的凑微分形式进行总结并写出来．

引导问题 3：请用间接凑微分法求不定积分 $\int \tan x\,dx$ 和 $\int \cot x\,dx$．

引导问题 4：用第一换元积分法求解定积分有两种方法，请用换元的思想（即写出变量 u）对例 4.2.13 中的两题进行计算．

解 从经济角度决策是购进机器合算还是租用机器合算,可以将10年租金总值的现值与购进费用比较,从而做出选择.

由于每月租金为1 000元,所以每年租金为12 000元,故租金流量 $p(t)=12\ 000$ 元/年,于是租金流的总现值为

$$y = \int_0^{10} p(t)e^{-rt}dt = \int_0^{10} 12\ 000 e^{-0.06t}dt = -\frac{12\ 000}{0.06}\int_0^{10} e^{-0.06t}d(-0.06t)$$

$$= -20\ 000\ e^{-0.06t}\Big|_0^{10} = 20\ 000(1-e^{-0.6}) = 90\ 238(元).$$

因此,与购进费用8.5万元相比,购进机器比较合算.

例 4.2.11 求 $\int x\cos(x^2)dx$.

解 $\int x\cos(x^2)dx = \int \cos(x^2)d\left(\frac{1}{2}x^2\right) = \frac{1}{2}\int \cos(x^2)d(x^2)$

$$\xRightarrow{令 u = x^2} \frac{1}{2}\int \cos u\, du = \frac{1}{2}\sin u + C = \frac{1}{2}\sin x^2 + C.$$

例 4.2.12 求下列不定积分.

(1) $\int \dfrac{3}{x\ln^4 x}dx$; (2) $\int \dfrac{\arctan x}{1+x^2}dx$.

解 (1) $\int \dfrac{3}{x\ln^4 x}dx = 3\int \dfrac{1}{\ln^4 x}\cdot\dfrac{1}{x}dx = 3\int (\ln x)^{-4}d(\ln x) \xRightarrow{令 u = \ln x} 3\int u^{-4}du$

$$= -u^{-3} + C = -(\ln x)^{-3} + C = -\dfrac{1}{\ln^3 x} + C.$$

(2) $\int \dfrac{\arctan x}{1+x^2}dx = \int \arctan x\, d(\arctan x) = \dfrac{1}{2}(\arctan x)^2 + C.$

第一类换元积分法小测试(2)

当换元积分比较熟练时,换元的过程可以省去,这类凑微分法通常称为**间接凑微分法**.

例 4.2.13 求下列定积分.

(1) $\int_0^{\frac{\pi}{2}} \sin^3 x\cos x\, dx$; (2) $\int_0^1 \dfrac{e^x}{3e^x+2}dx$.

解 (1) $\int_0^{\frac{\pi}{2}} \sin^3 x\cos x\, dx = \int_0^{\frac{\pi}{2}} \sin^3 x\, d(\sin x) = \dfrac{1}{4}\sin^4 x\Big|_0^{\frac{\pi}{2}} = \dfrac{1}{4}.$

(2) $\int_0^1 \dfrac{e^x}{3e^x+2}dx = \dfrac{1}{3}\int_0^1 \dfrac{1}{3e^x+2}d(3e^x+2) = \dfrac{1}{3}\ln(3e^x+2)\Big|_0^1$

$$= \dfrac{1}{3}[\ln(3e+2) - \ln 5] = \dfrac{1}{3}\ln\dfrac{3e+2}{5}.$$

■ 经济应用数学

生活情境

均匀收入流下的资金现值问题我已经学会了，可是非均匀收入流下的资金现值问题怎么解决呢？

So easy! 也是用数学中的定积分解决呀！

可是……这种复杂的积分我不会求解，麻烦你给我讲一讲吧．

引导问题 1： 对于非均匀收入流（每年的收益随时间变化而不同）下的资金现值问题，求解时其被积函数有什么特点？为什么这时换元积分法失效呢？

_____
_____
_____
_____

引导问题 2： 如果企业想进行长期投资（即投资期限为无限），则其投资的总收入现值该如何求？

_____
_____
_____
_____

216

三、分部积分法

引例 4.4【总收入现值】 若某企业投资 500 万元,年利率为 5%,此投资项目每年给企业带来的收入是不均匀的,设在 10 年内的收入率近似满足函数 $f(t) = -5t + 150$(单位:万元/年),试分析该笔投资的总收入贴现值是多少.

问题分析 根据资金现值的分析计算方法,可知该笔投资的总收入的现值为

$$R = \int_0^{10}(-5t+150)e^{-0.05t}dt = -5\int_0^{10}te^{-0.05t}dt + 150\int_0^{10}e^{-0.05t}dt.$$

发现上式 $\int_0^{10}te^{-0.05t}dt$ 中被积函数 t 和 $e^{-0.05t}$ 没有导函数关联,因此不能利用前面的换元积分法,如何解决这种类型的积分计算问题呢?这就需要学习新的积分方法——分部积分法.

若函数 $u=u(x)$,$v=v(x)$ 在区间 $[a,b]$ 上具有连续导数,根据导数的乘法法则有 $(uv)' = u'v + uv'$,移项有 $uv' = (uv)' - u'v$,两边同时求不定积分得 $\int uv'dx = uv - \int u'vdx = uv - \int vdu$,进而得到如下定理.

定理 4.3【分部积分法】 设函数 $u=u(x)$,$v=v(x)$ 在区间 $[a,b]$ 上具有连续导数,则

$$\int udv = uv - \int vdu = uv - \int u'vdx.$$

这就是**不定积分的分部积分法**(Subsection Integration).在实际问题中求定积分时,可以先通过上述公式求出原函数,再利用牛顿 - 莱布尼茨公式求定积分,也可以按下述公式直接求定积分,但在计算过程中要注意换元、换限等问题.

$$\int_a^b udv = (uv)\Big|_a^b - \int_a^b u'vdx.$$

例 4.2.14 求下列不定积分.

(1) $\int xe^x dx$; (2) $\int x^2 \ln x dx$.

解 (1) 注意到被积函数是幂函数与指数函数的乘积,根据分部积分公式有

$$\int xe^x dx = \int xd(e^x) = xe^x - \int x'e^x dx = xe^x - \int e^x dx = xe^x - e^x + C.$$

(2) 注意到被积函数是幂函数与对数函数的乘积,根据分部积分公式有

$$\int x^2 \ln x dx = \int \ln x d\left(\frac{x^3}{3}\right) = \frac{x^3}{3}\ln x - \int (\ln x)' \frac{x^3}{3}dx$$

$$= \frac{x^3}{3}\ln x - \int \frac{1}{x} \cdot \frac{x^3}{3}dx = \frac{1}{3}x^3 \ln x - \frac{1}{3}\int x^2 dx$$

$$= \frac{1}{3}x^3 \ln x - \frac{1}{9}x^3 + C.$$

引导问题 1：分部积分法的主要作用是改变被积函数，其原理是将不易直接求结果的积分形式 $\int u dv$ 转化为等价的易求出结果的积分形式 $\int u'v dx$（或 $\int v du$）．请说一说"调整思想、转变思路"的策略在生活中的应用．

引导问题 2：一般地，若被积函数是两类不同函数的乘积时，常常采用分部积分法进行求解．请说一说你在使用分部积分法时的困惑或难点是什么．你是如何解决此问题的？

引导问题 3：从分部积分法中 u, v 的选择中受到启发——虽然人生中很多事情经历了挫折才会更加明白，但是尝试的过程也是宝贵财富．请分享你在成长中类似的经历．回首过去，你会如何评价？

引导问题 4：注意到基本积分公式表中没有对数函数的积分，请用分部积分法求解 $\int \ln x dx$．

例 4.2.15 求下列不定积分.

(1) $\int x\cos 2x dx$；　　　　(2) $\int \arcsin x dx$.

解 (1) $\int x\cos 2x dx = \int x d\left(\frac{1}{2}\sin 2x\right) = x \cdot \frac{1}{2}\sin 2x - \int x' \cdot \frac{1}{2}\sin 2x dx$

$$= \frac{1}{2}x\sin 2x - \frac{1}{2} \cdot \frac{1}{2}\int \sin 2x d2x$$

$$= \frac{1}{2}x\sin 2x + \frac{1}{4}\cos 2x + C.$$

(2) $\int \arcsin x dx = x\arcsin x - \int (\arcsin x)' \cdot x dx = x\arcsin x - \int \frac{1}{\sqrt{1-x^2}} \cdot x dx$

$$= x\arcsin x + \frac{1}{2}\int \frac{1}{\sqrt{1-x^2}} d(1-x^2) = x\arcsin x + \sqrt{1-x^2} + C.$$

例 4.2.16 求 $\int e^x \sin x dx$.

解 $\int e^x\sin x dx = \int \sin x d(e^x) = \sin x e^x - \int (\sin x)' e^x dx = \sin x e^x - \int \cos x \cdot e^x dx$

$$= \sin x e^x - \int \cos x de^x = \sin x e^x - \left[\cos x e^x - \int (\cos x)' e^x dx\right]$$

$$= \sin x e^x - \cos x e^x - \int e^x \sin x dx.$$

发现出现循环形式，移项整理得 $2\int e^x \sin x dx = \sin x e^x - \cos x e^x + C_1$，因此有

$$\int e^x \sin x dx = \frac{1}{2}e^x(\sin x - \cos x) + C \text{（其中 } C = \frac{1}{2}C_1\text{）}.$$

> **【小贴士】** 使用分部积分法的几点说明如下.
> (1) 关键点选择正确的 u 和 v，其中 u 的选择优先顺序为：按"反对—幂—指三（或反对—幂—三指）"分别代指五类基本函数——反三角函数、对数函数、幂函数、指数函数、三角函数的积分，口诀中靠前的函数设为 u.
> (2) 基本步骤：$\int uv' dx \xrightarrow{\text{凑微分}} \int u dv \xrightarrow{\text{分部}} uv - \int u'v dx \xrightarrow{\text{积分}} F(x) + C$.
> (3) 正确运用分部积分法公式进行求解，有时要多次使用分部积分法或和凑微分法综合使用，如对 $\int x^2 \cos x dx$ 和 $\int x^3 e^x dx$ 的求解分别要使用两次和三次分部积分法.

例 4.2.17【废气总量】 工业废气的排放不仅会污染空气，更会影响人们的健康，为了"还天空一片蔚蓝，建济宁和谐家园"，宁波某化工厂通过引进先进的工业废气治理技术和检测设备，有效地控制废气的排放量. 若第 t 年废气的排放量为

引导问题 1：根据例题中 $\int \arcsin x \, dx$ 的求解，可知当被积函数只有一项时，可以将其看作 $\arcsin x$ 和 1 的乘积，再根据分部积分法求解．请尝试求解反三角函数的不定积分 $\int \arccos x \, dx$ 和 $\int \arctan x \, dx$．

引导问题 2：当被积函数是指数函数和三角函数的乘积时，其优先级是相同的，第一次可选择任意函数类型作为 u，且使用两次分部积分公式，最后通过解方程解出原积分，但必须注意第一次和第二次分部积分中 u 的函数类型必须一致．请尝试将指数函数作为 u 对例 4.2.17 进行求解．

引导问题 3：请利用分部积分法解决引例 4.4 中投资总收入的现值问题．

引导问题 4：设备的更新决策的意义不仅在于提高企业经济效益，同时有利于实现企业技术进步，提高生产效率，进而实现企业发展目标．例 4.2.18【设备的更新决策】中涉及变上限积分求导，请根据公式 $\left(\int_a^x f(t) \, dt \right)' = f(x)$，完成对变上限积分 $\int_a^x \dfrac{A}{4} e^{-\frac{t}{48}} \, dt$ 的求导．

$$C(t) = \frac{200\ln(t+1)}{(t+1)^2}(单位:吨),$$

求该厂在 $t = 0$ 到 $t = 5$ 年间排出的废气总量.

解 该厂在 $t = 0$ 到 $t = 5$ 年间排出的废气总量 W 为

$$W = \int_0^5 \frac{200\ln(t+1)}{(t+1)^2}dt = 200\int_0^5 \ln(t+1)d\left(-\frac{1}{t+1}\right)$$

$$= -200\left[\frac{\ln(t+1)}{t+1}\bigg|_0^5 - \int_0^5 \frac{1}{(t+1)^2}dt\right] = -200\left(\frac{\ln 6}{6} + \frac{1}{t+1}\bigg|_0^5\right) \approx 106.941(吨).$$

例 4.2.18【设备的更新决策】 现有一企业想对生产设备进行更新换代，但不知何时更新合适. 据市场分析，已知需要更新的设备转售价格 $R(t)$ 是时间 t（单位：周）的减函数

$$R(t) = \frac{3A}{4}e^{-\frac{t}{96}}(单位:元)$$

其中，A 是该设备的最初价格. 在任何时间 t，设备产生的利润为 $p = \frac{A}{4}e^{-\frac{t}{48}}$，请帮忙决策该设备该使用多长时间后转售出去能使总利润最大. 总利润是多少？此时设备卖了多少钱？

解 合理的更新时间是指在该时间段更新设备能使企业获得最大利润. 不妨假设设备使用了 x 周后出售能使企业获得的利润最大，此时的售价是 $R(x) = \frac{3A}{4}e^{-\frac{x}{96}}$，在这段时间内设备创造的利润总值是 $\int_0^x \frac{A}{4}e^{-\frac{t}{48}}dt$.

于是，问题就成了求总收入 $f(x) = \frac{3A}{4}e^{-\frac{x}{96}} + \int_0^x \frac{A}{4}e^{-\frac{t}{48}}dt(x \in (0, +\infty))$ 的最大值.

求导有 $f'(x) = \frac{3A}{4} \cdot e^{-\frac{x}{96}} \cdot \left(-\frac{1}{96}\right) + \frac{A}{4} \cdot e^{-\frac{x}{48}} = \frac{A}{4}e^{-\frac{x}{96}}\left(e^{-\frac{x}{96}} - \frac{1}{32}\right)$.

令 $f'(x) = 0$ 得 $e^{-\frac{x}{96}} = \frac{1}{32}$，解得 $x = 96\ln 32$.

当 $x \in (0, 96\ln 32)$ 时，$f'(x) > 0$；当 $x \in (96\ln 32, +\infty)$ 时，$f'(x) < 0$.

因此，当 $x = 96\ln 32 \approx 333$ 时，$f(x)$ 取得极大值，也就是最大值，并有

$$f(333) = \frac{3A}{4}e^{-\ln 32} + \frac{A}{4}\int_0^{96\ln 32} e^{-\frac{t}{48}}dt \approx 12.01A(元).$$

总利润为 $L = f(333) - A = 11.01A$.

此时设备的售价为 $R(96\ln 32) = \frac{3A}{4}e^{-\frac{x}{96}}\bigg|_{x=96\ln 32} = \frac{3A}{128}(元)$.

数学知识拓展——第二换元积分法及旋转体体积

一、第二换元积分法

通过前面的学习，我们已经掌握了直接积分法、第一换元积分法和分部积分法等，并发现积分求解的关键是能根据被积函数的特点合理运用不同的积分方法，但是形如 $\int \dfrac{\mathrm{d}x}{1+\sqrt{x}}$ 的积分该如何求解呢？

可以发现利用已学习的三种积分方法都无法解决该问题，它的难点在于被积函数中含有无理根式 $\sqrt{x}$，若能消去根式，问题便能得到解决，因此想到令 $\sqrt{x} = t$，则 $x = t^2$，$\mathrm{d}x = 2t\mathrm{d}t$。

因此，有 $\int \dfrac{\mathrm{d}x}{1+\sqrt{x}} = \int \dfrac{2t}{1+t}\mathrm{d}t$，这时便可利用已学的方法求出不定积分，再将 t 还原，这种积分方法就是**第二类换元积分法**（The Second Element Integral Method）。其内容如下。

定理 4.3【第二换元积分法】 若 $x = \varphi(t)$ 是单调可导函数，$\varphi'(t) \neq 0$ 且 $f[\varphi(t)]\varphi'(t)$ 具有原函数 $F(t)$，则有

$$\int f(x)\mathrm{d}x \xrightarrow{x = \varphi(t)} \int f[\varphi(t)]\mathrm{d}[\varphi(t)] = \int f[\varphi(t)]\varphi'(t)\mathrm{d}t = F(t) + C = F[\varphi^{-1}(x)] + C.$$

第二换元积分法主要包括三角代换法和简单根式代换法等，其核心思想是将被积函数的无理数形式转化为有理数形式，最终求出积分。

例 4.3.1 求下列积分.

(1) $\int \dfrac{\mathrm{d}x}{1+\sqrt{x}}$；　　(2) $\int \dfrac{\mathrm{d}x}{\sqrt[3]{x}+\sqrt{x}}$；

(3) $\int \sqrt{a^2 - x^2}\mathrm{d}x (a > 0)$；　　(4) $\int \dfrac{\mathrm{d}x}{\sqrt{x^2+4}}$.

解 (1) $\int \dfrac{\mathrm{d}x}{1+\sqrt{x}} \xrightarrow{\sqrt{x} = t} \int \dfrac{\mathrm{d}t^2}{1+t} = \int \dfrac{2t\mathrm{d}t}{1+t} = 2\int \dfrac{(t+1)-1}{1+t}\mathrm{d}t = 2\int \left(1 - \dfrac{1}{1+t}\right)\mathrm{d}t$

$= 2t - 2\ln|1+t| + C = 2\sqrt{x} - 2\ln|1+\sqrt{x}| + C.$

(2) $\int \dfrac{\mathrm{d}x}{\sqrt[3]{x}+\sqrt{x}} \xrightarrow{\sqrt[6]{x} = t} \int \dfrac{\mathrm{d}t^6}{t^2+t^3} = \int \dfrac{6t^3\mathrm{d}t}{1+t} = 6\int \left(t^2 - t + 1 - \dfrac{1}{1+t}\right)\mathrm{d}t$

$= 2t^3 - 3t^2 + 6t - 6\ln|1+t| + C$

$= 2\sqrt{x} - 3\sqrt[3]{x} + 6\sqrt[6]{x} - 6\ln|1+\sqrt[6]{x}| + C.$

(3) $\int \sqrt{a^2-x^2}\,\mathrm{d}x \xrightarrow{x=a\sin t} \int \sqrt{a^2(1-\sin^2 t)}\,\mathrm{d}(a\sin t)$

$= a^2 \int \cos^2 t\,\mathrm{d}t = a^2 \int \dfrac{1+\cos 2t}{2}\,\mathrm{d}t$

$= \dfrac{a^2}{2}\left(t + \dfrac{1}{2}\sin 2t\right) + C = \dfrac{a^2}{2}(t + \sin t \cos t) + C.$

借助辅助三角形（图 4.15）知 $\sin t = \dfrac{x}{a}$，$t = \arcsin \dfrac{x}{a}$，$\cos t = \dfrac{\sqrt{a^2-x^2}}{a}$。

因此 $\int \sqrt{a^2-x^2}\,\mathrm{d}x = \dfrac{a^2}{2}\arcsin \dfrac{x}{a} + \dfrac{x}{2}\sqrt{a^2-x^2} + C.$

(4) $\int \dfrac{\mathrm{d}x}{\sqrt{x^2+4}} \xrightarrow{\diamondsuit\, x = 2\tan x} \int \dfrac{1}{\sqrt{4(1+\tan^2 t)}}\,\mathrm{d}(2\tan t)$

$= \int \dfrac{1}{2\sec t} \cdot 2\sec^2 t\,\mathrm{d}t = \int \sec t\,\mathrm{d}t$

$= \ln|\sec t + \tan t| + C_1.$

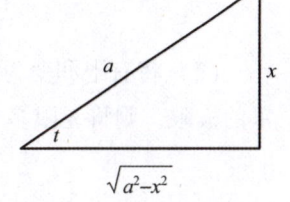

图 4.15　例 4.3.1 图 (1)

借助辅助三角形（图 4.16）知 $\tan t = \dfrac{x}{2}$，$\sec t = \dfrac{\sqrt{4+x^2}}{2}$。

因此，$\int \dfrac{\mathrm{d}x}{\sqrt{x^2+4}} = \ln\left|\dfrac{\sqrt{4+x^2}}{2} + \dfrac{x}{2}\right| + C_1 = \ln\left|\sqrt{4+x^2} + x\right| + C\ (C = C_1 - \ln 2).$

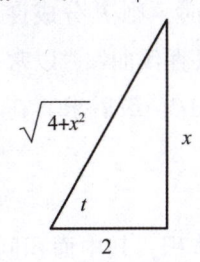

图 4.16　例 4.3.1 图 (2)

例 4.3.1 讲解 [第二换元积分法 (2)]

【小贴士】一般地，当被积函数含二次根式 $\sqrt{a^2-x^2}$，$\sqrt{x^2-a^2}$ 或 $\sqrt{x^2+a^2}$ 时，可以利用三角代换将被积表达式做如下变换.

(1) 含有 $\sqrt{a^2-x^2}$ 时，令 $x = a\sin t$，其中 $t \in \left[-\dfrac{\pi}{2}, \dfrac{\pi}{2}\right]$；

(2) 含有 $\sqrt{x^2-a^2}$ 时，令 $x = a\sec t$，其中 $t \in \left(-\dfrac{\pi}{2}, \dfrac{\pi}{2}\right)$；

(3) 含有 $\sqrt{x^2+a^2}$ 时，令 $x = a\tan t$，其中 $t \in \left(-\dfrac{\pi}{2}, \dfrac{\pi}{2}\right)$.

二、用微元法求旋转体体积

1. 微元法

定积分的思想是 17 世纪人类最伟大的数学成果之一，它对于解决不规则、非均匀、非恒定的整体量计算问题非常有用,因此定积分在各个领域的应用相当广泛,定积分的无限求和思想常被归纳为一种更为广泛意义下的微元法。

回忆一下本项目引例 4.1 求面积时所采用的无限求和思想的 4 个步骤——"分割""近似""求和""取极限",然后将它们概括简化为如下两个步骤。

(1) 有限分割并近似得到面积微元。将区间 $[a,b]$ 均匀地分成许多个小区间 $[x, x+\Delta x]$,每个小区间对应的曲边梯形面积 ΔA,用其左端点处函数值为高、区间长度为宽的矩形面积(即微元)$\mathrm{d}A = f(x) \cdot \Delta x = f(x)\mathrm{d}x$ 来近似替代,即

$$\Delta A \approx \mathrm{d}A = f(x)\mathrm{d}x.$$

(2) 将有限和变为无限累加。将上式求和得 $A = \Sigma \Delta A = f(x)\mathrm{d}x$,再取区间长度趋于零的极限,则将无限多个矩形面积微元 $\mathrm{d}A$ 从 $x = a$ 到 $x = b$ 累加便是所求面积 A,即

$$A = \int_a^b f(x)\mathrm{d}x.$$

将上述两个步骤推而广之——先求整体量的微元,再用定积分求整体量的方法叫作**微元法(Infinitesimal Method)**。它是一种非常实用的变量分析方法,在生活中和工程各个领域有着广泛的应用,只要所求的整体量 F 具有如下两个特征——①F 在其变量 x 的变化区间 $[a,b]$ 上的分布是不规则、非均匀、非恒定的;②F 具有可加性,即把区间 $[a,b]$ 分成许多部分区间时,则 F 分成许多部分量,而 F 等于所有部分量之和——就可以用"以直代曲""以常代变"等方法找到部分量的线性近似值,也就是微元 $\mathrm{d}F$,最后求其在 $[a,b]$ 上的定积分即可。

旋转体体积

2. 旋转体体积

微元法最常见的应用是求解图形的面积和旋转体体积,其中面积问题在本项目任务中有所介绍,这里主要介绍求旋转体体积。

由一个平面图形绕着该平面内的一条直线旋转一周而成的几何体称为**旋转体(Solid of revolution)**。

设在 xOy 平面内,由曲线 $y = f(x)(x \in [a,b])$ 与直线 $x = a$,$x = b$ 及 x 轴所围成的平面图形绕 x 轴旋转一周所产生一个几何体,如图 4.17 所示,如何求其体积呢?

根据微元法,在区间 $[a,b]$ 上的任意一个小区间 $[x, x+\mathrm{d}x]$ 上,其相应的薄旋转体的体积可以用点 x 处的函数值 $f(x)$ 为底面半径、以 $\mathrm{d}x$ 为高的扁圆柱体的体积近似代替,从而得到体积微元为 $\mathrm{d}V = \pi[f(x)]^2\mathrm{d}x$,故其绕 x 轴旋转一周而产生的旋转体体积为 $V = \pi \int_a^b [f(x)]^2 \mathrm{d}x$。

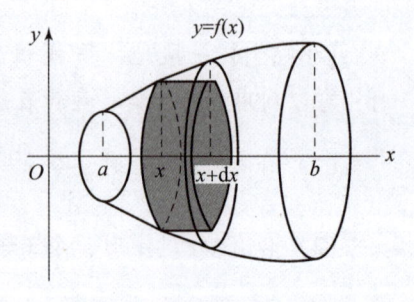

图 4.17 旋转体体积(1)

类似可得,由曲线 $x = \varphi(y)(y \in [c,d])$ 与直线 $y = c$,$y = d$ 及 y 轴所围成的平面图

形，绕 y 轴旋转一周而产生的旋转体（图 4.18）体积为 $V = \pi \int_c^d [\varphi(y)]^2 \mathrm{d}y$.

例 4.3.2【古钟体积】 在中国古代，青铜钟最初被用于皇家礼仪和宗教祭祀，是权力和神圣信仰的象征，后来发展为一种重要的音乐器具，它具有悠久的历史和深厚的文化底蕴. 现有一口古钟，其轮廓可视为由曲线 $y = \sqrt{x}$，直线 $x = 1$ 及 x 轴所围成的图形绕着 x 轴旋转一周而成的旋转体（图 4.19），求该古钟的体积.

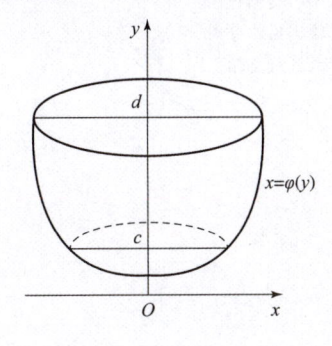

图 4.18 旋转体体积（2）

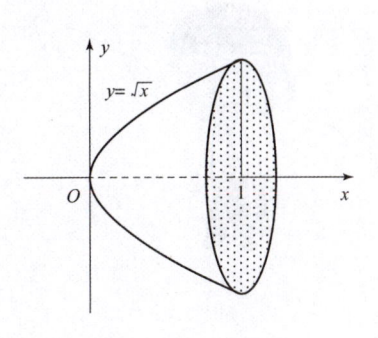

图 4.19 古钟轮廓

解 在 $[0,1]$ 上任取一点 x，则此旋转体的体积微元可以近似地视作底面半径为 $y = \sqrt{x}$、高为 x 的薄柱体，从而体积微元为

$$\mathrm{d}V = \pi(\sqrt{x})^2 \mathrm{d}x,$$

于是其体积为

$$V = \pi \int_0^1 (\sqrt{x})^2 \mathrm{d}x = \pi \int_0^1 x \mathrm{d}x = \frac{\pi}{2}.$$

例 4.3.3【机器底座的体积】 某公司的产品设计师正在用计算机设计一台机器的底座，它在第一象限的图形由 $y = 8 - x^3$，$y = 2$ 以及 x 轴，y 轴围成，底座由此图形绕 y 轴旋转一周而成（图 4.20），求此机器底座的体积.

解 在 y 轴方向 $[0,2]$ 上任取一点 y，则此旋转体的体积微元可以近似地视作底面是半径为 $x = \sqrt[3]{8-y}$、高为 $\mathrm{d}y$ 的薄柱体，从而体积微元为 $\mathrm{d}V = \pi(\sqrt[3]{8-y})^2 \mathrm{d}y$.

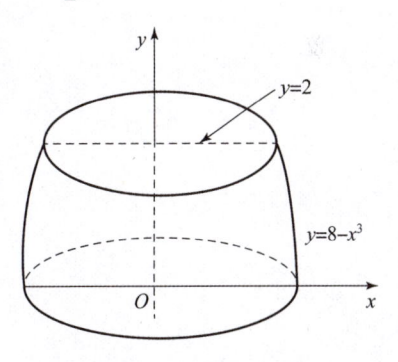

图 4.20 机器底座轮廓

于是，底座的体积为

$$V = \pi \int_0^2 (8-y)^{\frac{2}{3}} \mathrm{d}y = -\frac{3}{5}\pi (8-y)^{\frac{5}{3}} \Big|_0^2$$

$$= \frac{3}{5}\pi(8^{\frac{5}{3}} - 6^{\frac{5}{3}}) \approx 7.313\pi \approx 22.975.$$

例 4.3.3 讲解【机器底座的体积】

■ 经济应用数学

生活情境

这么快就学完了吗？我们将本项目的内容做个总结吧！试试以绘制思维导图的方式进行总结.

项目完成评价表四（经济活动中总量的数学分析）

姓名		班级		组名		考评日期	
评价指标		评价标准		分值/分	自我评价/分	小组评分/分	实际得分/分
知识掌握情况	原函数、定积分、不定积分等概念	熟练掌握		10			
	基本积分公式及运算法则以及三种积分方法	熟练掌握		10			
	利用积分求解图形面积及经济总量的方法	熟练掌握		10			
专业技能培养	子任务4.1：生产线（设备）最佳停产时间的确定	熟练完成		15			
	子任务4.2：投资收入的资金现值问题	熟练完成		10			
	子任务4.3：投资成本收回时间分析	熟练完成		10			

续表

姓名		班级		组名		考评日期	
评价指标		评价标准	分值/分	自我评价/分	小组评分/分	实际得分/分	
通用素养培养	出勤	按时到岗，学习准备就绪	5				
	道德自律	自觉遵守纪律，乐于助人，有责任心和荣誉感	10				
	学习态度	主动积极，不怕困难，勇于探索	10				
	团队分工合作	能融入集体，愿意接受任务并积极完成	10				
合计			100				
考评辅助项目				备注			
本组之星				该评选的目的是激励学生的学习积极性			
填表说明		1. 知识、能力和素养三方面的各指标分为三个等级：熟练掌握（完成）得该指标下的满分；基本掌握（完成）得该指标下的一半分；不能掌握（完成）得 0 分。 2. 实际得分 = 自我评价 ×40% + 小组评价 ×60%。 3. 考评满分为 100 分，60 分以下为不及格；60~74 分为及格；75~84 分为良好；85 分以上为优秀。 4. "本组之星"可以是本项目完成中突出贡献者，也可以是进步最大者，还可以是其他某一方面表现突出者。					

【动手试试四】

练习 4.1

1. 用定积分表示由曲线 $y = x^2 - 2x + 5$ 与直线 $x = 1$，$x = 3$ 及 x 轴围成的图形面积.

2. 用定积分表示由曲线 $y = \ln x$ 与直线 $x = 1$，$x = e$ 及 x 轴围成的图形面积.

3. 用定积分表示下列问题.

（1）某产品在 t 年时的总产量的变化率 $P(t) = 50 + 15t$，求第 1 年到第 3 年的总产量.

（2）某商品的价格变动较大，已知销售量是 q 时，再销售 1 件商品可获得收入（即边际收入）为 $f(q) = 200 - 0.05q$（单位：元），求销售了 50 件商品时的总收入.

4. 结合图形，利用定积分的几何意义计算下列定积分.

（1）$\int_0^1 2x \, dx$；

（2）$\int_0^4 \sqrt{16 - x^2} \, dx$；

（3）$\int_0^{2\pi} \sin x \, dx$；

（4）$\int_0^2 (2x - 1) \, dx$.

5. 设 $\int f(x) \, dx = \ln 3x + C$，求 $f(x)$，$f'(x)$.

6. 某公司主要从事外贸服装的加工，从积累的前期数据分析知，该公司加工服装的边际成本函数近似服从 $C'(q) = 0.02q + 3$，且固定成本为 3 万元，试分析计算总成本函数.

7. 求下列函数的定积分.

（1）$\int_0^2 |x - 1| \, dx$；

（2）$\int_0^{\pi} |\cos x| \, dx$.

8. 设 $f(x) = \begin{cases} x + 2, & x \leq 0 \\ x^2, & x > 0 \end{cases}$，计算 $\int_{-1}^2 f(x) \, dx$.

练习 4.2

1. 设某商品的需求弹性 $\dfrac{EQ}{Eq} = 2p$，求该商品的需求函数 $Q = Q(p)$，其中 p 为该商品的价格.

2. 已知某企业生产某种产品 Q 单位时，边际收入和边际成本函数为

$$R'(Q) = 20 - 3Q, \quad C'(Q) = 10 + 2Q, \quad C(0) = 2,$$

求该产品的利润函数.

3. 已知某商品的固定成本为 100 元，当产量为 Q 时变动成本为 $6Q$，边际收入为 $R'(Q) = 50 - 2Q$，求成本函数、总收入函数和总利润函数.

4. 求下列不定积分.

（1）$\int \left(2 + 4x^3 + \dfrac{2}{x} - e^x \right) dx$；

（2）$\int \left(\dfrac{3x - 2}{x} \right)^2 dx$；

(3) $\int \left(\sqrt[3]{x} - \dfrac{5}{\sqrt{x}}\right) dx$;

(4) $\int (\cos x + 3\sin x - 2^x) dx$;

(5) $\int \dfrac{1}{x^2(1+x^2)} dx$;

(6) $\int \cos^2 \dfrac{x}{2} dx$;

(7) $\int \dfrac{\sin 2x}{\sin x} dx$;

(8) $\int \tan^2 dx$;

(9) $\int \csc x(\csc x - \cot x) dx$;

(10) $\int \dfrac{\cos 2x}{\cos x - \sin x} dx$;

(11) $\int \dfrac{2}{\cos^2 x \sin^2 x} dx$;

(12) $\int \dfrac{1+\cos^2 x}{1+\cos 2x} dx$.

5. 求下列不定积分.

(1) $\int \cos(2x-3) dx$;

(2) $\int 4^{1-2x} dx$;

(3) $\int x\sqrt{1-x^2} dx$;

(4) $\int \dfrac{dx}{\sqrt{5-3x}}$;

(5) $\int x^2 \sin x^3 dx$;

(6) $\int e^{\sin x} \cos x dx$;

(7) $\int \dfrac{1+\ln x}{x} dx$;

(8) $\int x e^{3x^2} dx$;

(9) $\int e^x \sqrt{3+4e^x} dx$;

(10) $\int \dfrac{\ln(1+x)}{1+x} dx$;

(11) $\int \dfrac{\sin(\sqrt{x}+1)}{\sqrt{x}} dx$;

(12) $\int \dfrac{e^x}{1+e^x} dx$;

(13) $\int \dfrac{1}{x^2} e^{\frac{1}{x}} dx$;

(14) $\int \tan x dx$.

6. 求下列不定积分.

(1) $\int x \ln x dx$;

(2) $\int \dfrac{\ln x}{x^3} dx$;

(3) $\int \ln(x+1) dx$;

(4) $\int \arctan x dx$;

(5) $\int x \sin 2x dx$;

(6) $\int x \cos 4x dx$;

(7) $\int x e^{-x} dx$;

(8) $\int x^2 e^x dx$;

(9) $\int e^{3x} \cos x dx$;

(10) $\int \cos(\ln) dx$.

7. 求下列定积分.

(1) $\int_0^1 (x^2 + 3\sqrt{x} - 2x) dx$;

(2) $\int_0^2 (3^x + \cos x - 1) dx$;

(3) $\int_1^{\sqrt{3}} \dfrac{1}{1+x^2} dx$;

(4) $\int_0^{\pi} \sin\left(x + \dfrac{\pi}{3}\right) dx$;

(5) $\int_1^2 \dfrac{1}{1-3x} dx$;

(6) $\int_0^{\frac{\pi}{2}} \sin^2 x \cos x \, dx$;

(7) $\int_1^e x^2 \ln x \, dx$;

(8) $\int_0^{\pi} x \sin x \, dx$.

练习 4.3

1. 求下列不定积分.

(1) $\int \dfrac{x}{\sqrt{x-4}} dx$;

(2) $\int \dfrac{1}{2+\sqrt[3]{x+2}} dx$;

(3) $\int \dfrac{1}{\sqrt{x}(1+\sqrt[3]{x})} dx$;

(4) $\int \dfrac{dx}{\sqrt{1+x^2}}$;

(5) $\int \dfrac{\sqrt{x^2-9}}{x} dx$;

(6) $\int \sqrt{16-x^2} \, dx$.

2. 求下列曲线所围成的平面图形绕 x 轴旋转一周所成旋转体的体积.

(1) $y=x$, $x=2$, x 轴;

(2) $y=\sqrt{x}$, $x=1$, x 轴;

(3) $y=e^x$, $x=1$, x 轴、y 轴;

(4) $y=\sqrt{x}$, $y=x^2$.

3. 求 $y=x^2$, $y=4$ 所围成图形绕 y 轴旋转一周所成旋转体的体积.

项目四思维导图   项目四综合训练

项目五

产品品质管理中的概率分析

◇ **学习目标**

▶ 知识目标

(1) 掌握条件概率、全概率和逆概率、分布列、分布函数的计算方法.
(2) 掌握离散型和连续型随机变量的概率、期望及方差的求解方法.

▶ 能力目标

(1) 会用概率知识对产品抽检问题进行分析.
(2) 会分析离散或连续变化的经济现象的变化状况及其发生的概率.
(3) 会利用期望和方差分析经济问题的整体水平和投资风险的高低.

▶ 情感目标

(1) 感受概率知识在规避风险及产品质量保障中的重要作用.
(2) 体验团队合作的重要性及数学家们坚韧不拔的科学探索精神.

▶ 价值目标

(1) 坚持制度自信和民族自豪感,增强安全防护意识,弘扬科学精神.
(2) 树立"以质量求生存,以信誉谋发展,以创新引未来"的发展理念.

◇ **学习任务描述**

　　2020年下半年,国外疫情的大面积爆发给中国企业带来的红利是外贸订单急剧增加,订单数量大且时间紧迫,因此,某公司要需临时找几家常合作的加工企业协助完成订单.如何保证加工企业生产的产品质量达到客户的要求呢?该公司质检办负责人首先根据掌握的各加工企业的产品加工质量状况,合理分配各加工厂的加工产品数量;然后在该公司的加工过程中,督促相关部门根据产品合格率的变化情况,调整该公司内部各流水线的产品加工量;最后在加工任务完成后,合理地制订抽检计划,并整体分析计算产品总的合格率是否达到客户要求等,恪守"以质量开拓市场,以质量站稳市场"的企业宗旨.

任务一　产品质量检验中的概率思想
（概率的概念及运算）

在经济领域和日常生活中的许多问题，即使对获得的信息进行较为彻底的研究，未来的不确定性依然存在，例如：生产的产品质量都能合格吗？明天企业的股票指数是否会上升？企业未来能否按照预期发展？如何找出这类不确定性问题内在规律？如何根据不确定的潜在规律，整体把握企业的发展方向和提高产品品质？这就需要学会挖掘和分析企业经济活动所蕴含的概率思想．

一、随机现象及古典概率问题

1. 随机现象和随机事件

引例 5.1【产品质量分析】　某车间流水线的产品质量一直保持非常稳定的高水平，请你预测该流水线明天生产的产品质量状况．

问题分析　虽然该流水线过去生产的产品质量一直很高，但这并不能保证它明天生产的产品质量就一定很高，这同样是一个随机问题——产品质量可能继续保持高水平，也可能略有下降甚至大幅下降，不过每种结果出现的可能性各不相同．

引例 5.2【零件抽检】　某电子零件厂为确保产品质量，采用多人重复检测策略，由甲、乙两位质检员分别对一箱编号为 1，2，…，50 的电子零件进行检测，请描述抽取零件号数的情况．

问题分析　两位质检员对电子零件的抽检是不受对方影响的，他们抽取的零件号数的可能结果都是 1，2，…，50，究竟出现哪一种结果在抽检之前是不能确定的．

定义 5.1　在一定条件下可能出现的结果有多个且以一定可能性出现，至于出现哪个结果，事先无法准确地做出判定，这种现象称为**随机现象**（Random Phenomenon）．

定义 5.2　对随机现象进行观察或试验的过程称为**随机试验**（Randomized Trial），简称试验，记作 E，它有如下三个特征．

（1）试验可以在相同条件下重复进行．

（2）试验的所有可能结果明确且不唯一．

（3）在试验前不能确定出现哪个结果．

定义 5.3　在随机试验中，可能出现也可能不出现，而在大量重复试验中具有某种规律性的事件称为**随机事件**（Random Variables events），简称事件，一般用大写字母 A，B，…，表示．

经济应用数学

> **生活情境**
>
> 为了进一步拓宽业务订单渠道，公司在广交会（中国进出口商品交易会）定了摊位，销售部有5个名额参展，采取抽奖的形式决定参展人员吧！
>
> 广交会可是层次最高、规模最大、商品种类最全、成交效果最好的综合性国际贸易盛会，机会难得，我得赶紧抽奖！去晚了，名额就被别人抢走了！
>
> 先抽奖的人获得参展的机会是比后面抽奖的人更大吗？

引导问题：在日常生活中，买彩票中大奖的结果是完全随机的，因此我们必须放宽心态，不要过分沉迷于抽奖或买彩票，更不要把中奖视为一种必然事件．请说一说你在此方面的经历．

定义 5.4 随机试验中的每一个可能出现的试验结果称为这个试验的一个 样本点，记作 ω. 全体样本点组成的集合称为这个试验的 样本空间，记作 Ω，即 $\Omega = \{\omega_1, \omega_2, \cdots, \omega_n\}$. 仅含一个样本点的随机事件称为 基本事件，含有多个样本点的随机事件称为 复合事件.

如果某事件包含样本空间中的所有样本点，且该事件在每次试验中总是发生的，称此事件为 必然事件（Certain Event），用 Ω 表示；相反，若该事件在每次试验中都一定不会发生，则称之为 不可能事件（Impossible Event），用 ϕ 表示.

在研究随机问题时，还要进一步分析两个随机事件结果的相互关系，主要有包含关系、相等关系、和事件、积事件、差事件等.

（1）事件的包含：如果事件 A 发生必导致事件 B 发生，则称事件 B 包含事件 A，记作 $A \subset B$，如图 5.1（a）所示；若 $A \subset B$ 且 $B \subset A$，则称事件 $A = B$.

（2）事件的和：若事件 A 与事件 B 至少有一个发生，称为事件 A 与 B 的 和事件，记作 $A \cup B$ 或 $A + B$，如图 5.1（b）所示.

（3）事件的积：若事件 A 和事件 B 同时发生，称为事件 A 与 B 的 积事件，记作 $A \cap B$ 或 AB，如图 5.1（c）所示.

（4）事件的差：若事件 B 发生且事件 A 不发生，称为事件 B 与 A 的 差事件，记作 $B - A$，并有 $B - A = B\bar{A} = B - AB$，如图 5.1（d）所示.

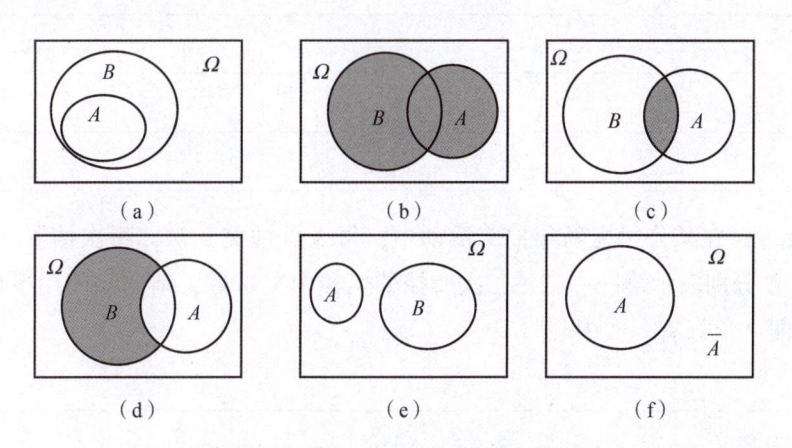

图 5.1 事件间的关系与运算示意

(a) $A \subset B$；(b) $A + B$；(c) $A \cap B$；(d) $B - A$；
(e) A 与 B 互斥；(f) A 与 B 互逆

引导问题 1：请从随机事件的角度分析何塞·马蒂的名言"不愿学习的人，绝不可能成为真正的人"．请列举生活中的必然事件与不可能事件的实例及其中蕴含的道理．

引导问题 2：随机事件间的关系有哪几种？请通过生活中的实例更加形象地刻画事物间的关系，并进一步说明两事件不相容与两事件独立的区别与联系．

引导问题 3：传染病的发生其实是一个随机事件，因此在防控疫情的过程中需要运用统计学的概念来帮助各方面理性对待各种随机现象，从而避免过度恐慌，做出正确的判断和决策．你知道新冠疫情防控中为什么将疑似病人的隔离期定为 14 天吗？请分析其背后的数学原因．

引导问题 4：在某公司迎新年抽奖活动中，每人可抽奖 3 次，每次抽取一张奖券，用 A，B，C 分别表示第一、二、三次所抽的奖券中奖事件，请问如何用事件的运算来表示小丽"恰好有一次中奖"？

（5）互不相容事件：事件 A 与事件 B 不能同时发生时，称事件 A 与 B 为互斥（互不相容）事件，有 $AB = \phi$，如图 5.1（e）所示.

（6）互逆事件：事件 A 与 B 有且只有一个发生时，称事件 A 与 B 为互逆（对立）事件，有 $AB = \phi$，$A + B = \Omega$，如图 5.1（f）所示，且将 A 的逆事件记作 $\bar{A}$，即 $\bar{A} = B$.

（7）完备事件组：若事件 A_1，A_2，$\cdots$，A_n 两两互斥，且和事件 $A_1 + A_2 + \cdots + A_n = \Omega$，则称 A_1，A_2，$\cdots$，A_n 构成一个完备事件组.

例 5.1.1【产品抽样检验】 "以人品带产品，以品质带品牌"，产品质量是企业的生存基石，抽样检验是产品质量检验的一个重要方法. 现从一批产品中每次取出一件产品进行检验，连续地抽取三次，事件 A_i 表示第 i 次取到合格品（$i = 1$，2，3），试用事件的运算符号表示下列事件：(1) 三次都取到合格品；(2) 至少有一次取到合格品；(3) 恰有两次取到合格品；(4) 至多有一次取到合格品.

解 （1）$A_1 A_2 A_3$.

（2）$A_1 + A_2 + A_3$.

（3）$A_1 A_2 \bar{A}_3 + A_1 \bar{A}_2 A_3 + \bar{A}_1 A_2 A_3$.

（4）$\overline{A_1 A_2} + \overline{A_1 A_3} + \overline{A_2 A_3}$.

2. 古典概率问题

引例 5.3【概率描述】 在日常生活中，经常会听到这样的描述：公司的股价明天可能大涨；下个月人民币应该会升值；公司有 60% 的胜率竞标，等等. 这些描述的共性是什么？

问题分析 这类描述的共性是在具体结果出现前，无法确定所描述的事件是否一定发生，因此只能描述"可能性". 随机事件出现的可能性大小在数学上用概率表示.

定义 5.5 随机事件 A 发生的可能性大小的数量描述称为随机事件 A 的**概率（Probability）**，记作 $P(A)$.

如在产品抽检过程中，已知 100 件产品中共有 96 件为合格产品，有 4 件为不合格产品. 现从中任抽取一件产品进行检验，则其为合格品的概率为 96%，为不合格品的概率为 4%.

定义 5.6 满足以下两个特征的随机试验称为**古典概型（Classical Probability）**.

（1）有限性：问题的所有基本事件数是有限的.

（2）等可能性：每个基本事件在每次试验中出现的可能性相同.

【阅读材料——概率论的起源】

说起概率论的起源，就要提到法国的两大数学家——帕斯卡和费马．帕斯卡（图 5.2）是 17 世纪有名的"神童"数学家，费马是一位业余的大数学家，许多故事都与他有关．

1654 年，贵族赌徒德·梅勒向帕斯卡和费马提出了一个十分有趣的"分赌注"问题．两个赌徒下赌金之后，约定谁先赢满 5 局，谁就获得全部赌金．A 赢了 4 局，B 赢了 3 局，时间很晚了，他们都不想再赌下去了，那么，此时钱应该怎么分？是不是把钱分成 7 份，赢了 4 局的就拿 4 份，赢了 3 局的就拿 3 份呢？或者，因为最早说的是赢满 5 局，而谁也没达到，所以就一人分一半呢？

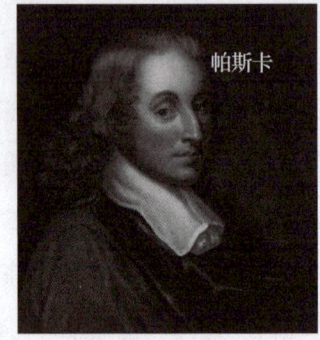

图 5.2　帕斯卡

这两种分法都不对．为什么呢？假定他们再赌一局，则或者 A 赢，或者 B 赢．若 A 赢满了 5 局，钱应该全归他；若 A 输了，即 A，B 各赢 4 局，则钱应该对半分．

现在，A 赢、输的可能性都是 1/2，因此他分的钱应该是 1/2×1 + 1/2×1/2 = 3/4，当然，B 就应该得 1/4，即赢了 4 局的拿钱数的 3/4，赢了 3 局的拿钱数的 1/4．

这次讨论形成了概率论中的一个重要概念——数学期望．概率论从此发展起来，今天已经成为应用非常广泛的一门学科．

后来荷兰数学家惠更斯（图 5.3）也参与他们的讨论，并写了《论机会游戏中的计算》（1657 年）一书，这是迄今被认为最早的概率论著作．因此，早期概率论的真正创立者是——帕斯卡、费尔马和惠更斯，该时期被称为组合概率时期．

图 5.3　惠更斯

引导问题：通过查阅资料，进一步了解帕斯卡和惠更斯，并说一说他们在数学研究中的贡献和故事．

古典概型中事件 A 的概率计算公式为 $P(A) = \dfrac{m_A}{n}$.

其中，m_A 表示事件 A 中包含的基本事件数，n 表示问题中的基本事件总数.

例如，有 10 名优秀毕业生，其中男生 4 名，女生 6 名，现从中任意抽出两人为新生宣讲，则总事件数为 $n = C_{10}^2 = 45$，其中至少有一位是女生的事件数 $m_A = C_6^1 C_4^1 + C_6^2 C_4^0 = 39$.

因此，为新生宣讲的两位优秀毕业生中至少有一位是女生的概率是 $P(A) = \dfrac{39}{45} = \dfrac{13}{15}$.

定理 5.1【概率的性质】

（1）任何事件 A 的概率都介于 0 和 1 之间，即 $0 \leqslant P(A) \leqslant 1$.

（2）对于不可能事件 ϕ，有 $P(\phi) = 0$；对于必然事件 Ω，有 $P(\Omega) = 1$.

定理 5.2【概率的加法公式】 对于两个任意事件 A，B，有

$$P(A+B) = P(A) + P(B) - P(AB).$$

将此公式称为概率的广义加法公式，一般也称为加法公式. 特别地，有以下结论.

（1）若事件 A，B 为互斥事件，即 $AB = \phi$，则有 $P(A+B) = P(A) + P(B)$.

（2）若事件 A，B 为互逆（对立）事件，则有 $P(A) + P(B) = 1$ 或 $P(A) = 1 - P(B)$.

（3）若 A_1，A_2，$\cdots$，A_n 构成一个完备事件组，则有 $P(B) = P(BA_1) + P(BA_2) + \cdots + P(BA_n)$.

（4）对于两个任意事件 A，B，有 $P(A-B) = P(A) - P(AB)$.

若事件 $B \subset A$，则有 $P(A-B) = P(A) - P(B)$；若事件 $A \subset B$，则有 $P(A-B) = 0$.

例 5.1.2【创新联合】 "创新联合，共筑新发展"，为了顺应党中央建设科技强国的战略部署的要求，某龙头企业要开发某项新技术，如果仅由该企业单独开发，则成功的概率为 0.8，某高校研究所开发这项技术成功的概率为 0.85，两方同时开发时，都成功的概率为 0.68. 现企业和高校研究所联合开发该新技术，其成功的概率有多高？

例 5.1.2 讲解【创新联合】

解 设 A 表示"企业开发成功"，B 表示"高校研究所开发成功"，根据题意有

$$P(A) = 0.8, \quad P(B) = 0.85, \quad P(AB) = 0.68.$$

新技术开发成功意味着只要企业开发成功或高校研究所开发成功就可以，即 $A + B$.

$$P(A+B) = P(A) + P(B) - P(AB) = 0.8 + 0.85 - 0.68 = 0.97.$$

可见，新技术开发成功的概率大大提高，这也从定量分析的角度印证了创新联合的重要性.

子任务 5.1：产品的抽样检验分析

引导问题 1：产品质量检验通常可分为全数检验和抽样检验. 全数检验是对全部产品逐件进行试验测定，而抽样检验是从一批产品中随机抽取少量产品（样本）进行检验，以此判断该批产品是否合格. 请说一说两种检验方法的适用范围，并通过对两种检验方法的比较，说明抽样检验的优、缺点.

引导问题 2："创新驱动发展，科技引领未来". 技术创新是提升企业核心竞争力的重要途径. 企业与高校研究所常常进行联合技术开发，促进协同创新. 请尝试从概率的角度说一说此做法的好处.

引导问题 3：请用概率的知识论证"三个臭皮匠赛过诸葛亮". 若三个臭皮匠解决问题的概率为 0.5，而诸葛亮解决问题的概率为 0.8，那么三个臭皮匠合力后成功的概率是多少？

引导问题 4：抽样方法通常分为重复（有放回）抽样和不重复（无放回）抽样两种. 一般来说，不重复抽样的误差小于重复抽样的误差，故实际抽样通常采用不重复抽样. 请结合例 5.1.3 从概率的角度说明两种抽样方法的主要区别.

例 5.1.3【产品质量验证问题】 若某批次 100 件产品中有 97 件正品、3 件次品，为了检验，往往从所有产品中任意抽取几件检验其是否为正品．现按以下方式从中任抽取 3 件：(1) 无放回地抽取；(2) 有放回地抽取．试问抽取的 3 件产品中至少有一件次品的概率是多少？

解 设 A 表示"抽取的 3 件产品中至少有一件次品"．

(1) 无放回地抽取时，直接计算比较麻烦，可以先计算事件 $\bar{A}$（"抽取的 3 件产品中没有次品"）的概率．

$$P(\bar{A}) = \frac{C_{97}^3}{C_{100}^3} = \frac{97 \times 96 \times 95}{100 \times 99 \times 98} \approx 0.911\,812,$$

因此

$$P(A) = 1 - P(\bar{A}) \approx 0.088\,188.$$

(2) 有放回地抽取时，类似地，先计算 $\bar{A}$（"抽取的 3 件产品中没有次品"）的概率．

$$P(\bar{A}) = \frac{(C_{97}^1)^3}{(C_{100}^1)^3} = \frac{97 \times 97 \times 97}{100 \times 100 \times 100} = 0.912\,673,$$

因此

$$P(A) = 1 - P(\bar{A}) = 0.087\,327.$$

从上例可以发现，无论以哪种方式抽检产品，能抽到次品的概率都是非常低的，这说明产品质量较高．在实际中，如果供货方表示其产品的合格率很高，但抽检几次都抽到次品，那供货方的话就值得怀疑了．

二、全概率和逆概率问题

1. 条件概率问题

引例 5.4【抽奖问题分析】 在单位迎新年聚餐中最激动人心的环节往往是抽奖．已知设置了一等奖 1 名、二等奖 3 名、三等奖若干名，那么在抽奖时是否应该抢着抽奖，以防一等奖被人抽走？抽奖的先后顺序对抽中一等奖的概率有影响吗？

问题分析 设奖券有 n 张，则对于第二个抽奖者，其抽中一等奖的概率 $P(B)$ 相比于第一个人抽中一等奖的概率 $P(A)$ 会有不同吗？易知 $P(A) = \frac{1}{n}$，当第二个人去抽时，有两种情况出现，若第一个人抽走了一等奖，则 $P(B) = 0$，若第一个人没有抽走一等奖，则 $P(B) = \frac{1}{n-1}$，因此需要考虑前面一个人的中奖情况是否发生，这涉及条件概率知识．

■ 经济应用数学

> **生活情境**
>
> 在传染病流行时期,虽然订单激增,但在搞好生产的同时必须做好安全防护,必要时进行隔离!

从概率论的角度来说,若假设确诊病例均来自疑似病例,那么已知一名患者为疑似病例,他确诊的可能性根据条件概率可表示为

$$P(\text{疑似确诊病例}) = \frac{P(\text{确诊病例})}{P(\text{疑似病例})}.$$

据宏观统计,截至 2020 年 2 月 25 日,某市发病率大约为 0.65%,即 P(确诊病例)= 0.006 5,而 P(疑似病例) 可近似理解为人群中疑似确诊的病例,它是一个略高于确诊病例比例的小数字,两者相除后得到的条件概率将大大高于发病率 0.65%,这使医护人员可以对疑似病例开展更加具有针对性的检测与治疗. 这也体现了条件概率在疫情快速筛查以及前期疫情防控工作中起到的重要作用.

定义 5.7 在某一事件 A 已发生的前提下求事件 B 发生的概率问题，称为在条件 A 下事件 B 发生的概率，简称为**条件概率**（Conditional Probability），记作 $P(B|A)$.

条件概率的计算公式为

$$P(B|A) = \frac{P(AB)}{P(A)}.$$

> 【小贴士】结合图 5.4 可知，$P(B|A)$ 相当于把 A 看作新的基本事件空间，求 $A \cap B$ 发生的概率.

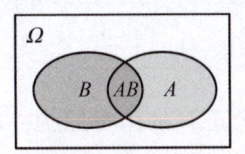

图 5.4 $P(B|A)$

将上述条件概率计算公式变形，便得到概率的**乘法公式**（Multiplication Formula）：

$$P(AB) = P(A)P(B|A).$$

例 5.1.4【产品抽检分析】 某集团公司是生产汽车零配件的知名企业，它有两条生产线加工同一种零件，如表 5.1 所示.

表 5.1 生产线的产品质量数据　　　　　　　　　　　　　　　　件

项目	正品数	次品数	总计
第一条生产线加工的零件数	35	5	40
第二条生产线加工的零件数	50	10	60
总计	85	15	100

该公司的质检部门在进行抽测时，从这 100 个零件中任取一个零件，求：

（1）已知取出的零件是第一条生产线加工的，取得的零件为正品的概率；

（2）取出的零件是第一条生产线加工的正品零件的概率.

解 设 A 表示"零件是第一条生产线加工的"，B 表示"取得的零件为正品"，则有以下结果.

（1）$P(B|A) = \dfrac{35}{40} = 0.875.$

（2）$P(AB) = P(A)P(B|A) = \dfrac{40}{100} \times \dfrac{35}{40} = 0.35.$

例 5.1.5【产品使用年限分析】 在"新消费主义"大潮下，消费者在购物时越来越注重产品的质量和品质，这也体现了社会经济文明发展的程度. 现分析某品牌的洗衣机以往的数据：1 年内不返修的概率为 0.9，3 年内不返修的概率为 0.75. 若你购买了该品牌的洗衣机，使用 1 年后并没有返修，试分析该洗衣机在 3 年内都不需要返修的概率.

引导问题 1：条件概率就是通过一些已知信息来提高判断的可靠性，其本质上是计算缩减了样本空间后的概率，即缩小筛选范围．通常在何种情况下使用条件概率？题目的表述中常会出现哪些字眼？求解条件概率的一般步骤是什么？请写出来．

引导问题 2：为了体现"公平公正"的比赛原则，比赛时的出场顺序和对局安排常常采用抽签方式，因为在不公布抽签结果的情况下，抽签先后顺序是不会影响中签概率的．请结合实例和概率知识对此现象进行说明．

引导问题 3：请说一说条件概率 $P(B|A)$ 和积事件 $P(AB)$ 的区别，并用示意图说明．

引导问题 4：产品质检员应该具备哪些素养？如在产品抽检时发现异常，则第一时间应该如何处理？尝试说一说条件概率在产品质量检验中的应用．

解 设 A 表示"该洗衣机 1 年内不用返修",B 表示"该洗衣机 3 年内不用返修",则有

$$P(B|A) = \frac{P(AB)}{P(A)} = \frac{P(B)}{P(A)} = \frac{0.75}{0.9} \approx 0.833.$$

2. 全概率和逆概率问题

引例 5.5【产品抽检】 为了保证代加工厂产品的质量,现进行抽检. 该厂有三条流水线生产同一产品,这三条流水线的产量分别占总产量的 25%,35%,40%,各流水线的次品率分别为 0.05,0.04,0.02. 现从该厂出厂产品中随机抽取一件,则该产品为次品的概率是多少?

问题分析 抽检产品的次品率受三条流水线在总产量中份额的影响,同时受各流水线的次品率的影响,因此要分析抽检产品的次品率,需要综合考虑这两个因素,也即需要对三条生产线中的次品率逐一进行分析.

若设 A_i 表示"第 i 条生产线生产的产品"($i=1,2,3$);B 表示"任取一件产品是次品",则 $P(A_1) = 25\%$,$P(A_2) = 35\%$,$P(A_3) = 40\%$,$P(B|A_1) = 0.05$,$P(B|A_2) = 0.04$,$P(B|A_3) = 0.02$.

$$P(B) = P(A_1B) + P(A_2B) + P(A_3B)$$
$$= P(A_1)P(B|A_1) + P(A_2)P(B|A_2) + P(A_3)P(B|A_3).$$

将上述概率思想推广到更一般的情况,便得出全概率公式如下.

定义 5.8 一般地,设 $A_1,A_2,\cdots,A_n$ 是两两互斥事件,且 $A_1 + A_2 + \cdots + A_n = \Omega$,如果事件 B 是由事件 $A_1,A_2,\cdots,A_n$ 导致的结果,则事件 B 的概率为

$$P(B) = \sum_{i=1}^{n} P(A_i)P(B|A_i).$$

此公式称为**全概率公式**(Complete Probabilistic Formula).

> **【小贴士】** 使用全概率公式可以将样本空间按照某种方式进行分割,使原本复杂的事件转变为两个或多个简单的事件(结合图 5.5),再使用条件概率,对每个简单的事件进行运算后将所有的运算结果相加,即可得出结论,这就是全概率公式的意义所在.

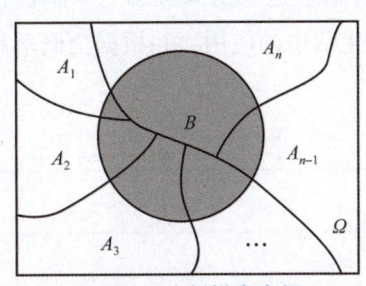

图 5.5 分割样本空间

对于引例 5.5,若现在检查出一件产品为次品,那么该次品是第一条生产线生产的概率如何计算呢?这时需要利用贝叶斯公式解决相关问题.

引导问题 1：产品的质量对企业的生存和发展有哪些影响？如果你是企业的质检部门负责人，你会制定哪些措施来保证产品的质量？

引导问题 2：全概率公式的精髓是将复杂问题简单化，若将 B 看成"结果"，将 A_i 看成导致结果发生的诸多"原因"之一，则全概率公式就是由原因推结果的过程，它渗透着"由因导果"的方法论．请给出全概率公式的实际应用案例．

引导问题 3："居安思危、未雨绸缪"思想下的当代人保险意识越来越强，同时在生活中要树立安全防护意识，避免意外伤害．请说一说常见的意外事故有哪些？该如何做好防护措施？

引导问题 4：贝叶斯公式的思想是"由果溯因"，是在知道结果的情况下推断原因的方法．请说一说该思想在生活中的应用，并根据全概率和条件概率公式推导出贝叶斯公式．

定义 5.9 一般地，如果事件 A_1，A_2，$\cdots$，A_n 是导致事件 B 发生的"原因"，且 $A_1 + A_2 + \cdots + A_n = \Omega$，则该结果 B 已经发生是由某个原因 $A_i(i=1,2,\cdots,n)$ 所引起的概率为

$$P(A_i | B) = \frac{P(A_i)P(B|A_i)}{\sum_{j=1}^{n} P(A_j)P(B|A_j)}.$$

此公式称为贝叶斯公式（或逆概率公式）（Bayes Formula）．

例 5.1.6【意外事故概率】 某保险公司从保险的角度认为人可分为两类，第一类是容易发生意外的人，另一类是比较谨慎（不容易发生意外）的人．据该公司统计，容易发生意外的人在一年内的某个时刻出一次事故的概率为 0.4，而比较谨慎的人出事故的概率为 0.2．若假定第一类人占 30%，则一个新保险客户在购买保险单后一年内可能出一次事故的概率有多高？

解 设 A_1 表示"新客户属于第一类"，A_2 表示"新客户属于第二类"，B 表示"新客户在一年期间出一次事故"，则利用全概率公式知

$$P(B) = P(A_1)P(B|A_1) + P(A_2)P(B|A_2)$$
$$= 0.4 \times 0.3 + 0.2 \times 0.7 = 0.26,$$

即该公司在没有了解新投保客户是哪一类人的前提下，该新客户在购买保险单后一年内可能出一次事故的概率为 26%．这是保险公司核定保费的一个重要决策依据．

例 5.1.6 讲解【意外事故概率】

例 5.1.7【新冠病毒感染概率】 虽然新冠疫情在中国得到了有效的控制，但是由于人员与物品的流动以及病毒的变异，仍然会出现零星的感染现象．假设在某城市的 4 个地区爆发了新冠疫情，通过对患病人口分布和地理环境调研后，发现 4 个地区新冠病毒感染概率分别是 0.17，0.2，0.25，0.3，现在从这 4 个地区中随机找到一个人，此人感染新冠病毒的概率是多少？

解 设 B 表示"此人感染新冠病毒"，A_i 表示"此人来自第 i 个地区（$i=1,2,3,4$）"，由题意知

$$P(A_i) = \frac{1}{4}(i=1,2,3,4),$$

$$P(B|A_1) = 0.17,\ P(B|A_2) = 0.2,\ P(B|A_3) = 0.25,\ P(B|A_4) = 0.3,$$

$$P(B) = \sum_{i=1}^{4} P(A_i)P(B|A_i) = \frac{1}{4} \times 0.17 + \frac{1}{4} \times 0.2 + \frac{1}{4} \times 0.25 + \frac{1}{4} \times 0.3 = 0.23.$$

因此，此人感染新冠病毒的概率是 0.23．可见，在疫情期间要减少不必要的外出，做好个人防护．

【数学人物——贝叶斯】

托马斯·贝叶斯（Thomas Bayes，1702—1763 年），英国神学家、数学家、数理统计学家和哲学家（图 5.6），于 1702 年出生于英国伦敦，做过神甫，于 1742 年成为英国皇家学会会员。他是概率论理论创始人、贝叶斯统计的创立者，"归纳地"运用数学概率，"从特殊推论一般，从样本推论全体"的第一人。

贝叶斯在数学方面主要研究概率论，他是对概率论与统计的早期发展有重大影响的人物之一。他首先将归纳推理法用于概率论基础理论，并创立了贝叶斯统计理论。

图 5.6 贝叶斯

贝叶斯死后，1763 年由 Richard Price 整理发表了贝叶斯的成果《An Essay towards Solving a Problem in the Doctrine of Chances》，提出了贝叶斯公式，其中首次使用了"逆概率"这个概念，并把它作为一种普遍的推理方法提出。贝叶斯定理原本是概率论中的一个定理，这一定理可用一个数学公式表达，这个公式就是著名的贝叶斯公式。

但是，当时因为贝叶斯定理的应用不够完善，所以几个世纪以来贝叶斯定理都没有被广泛接受。然而，随着科学技术的发展，尤其是计算机的出现和发展，以及社会的进步与发展，贝叶斯定理的重要性日益增加，现在已经广泛应用于金融、人工智能等方面。同时，贝叶斯所采用的许多术语被沿用至今。

引导问题： 贝叶斯公式可以应用于许多领域，包括机器学习、人工智能、统计学、金融风险评估、信息检索和医学诊断等。请通过查阅资料说一说贝叶斯公式的应用场景。

例 5.1.8【次品分析】 由于订单需求,某公司对接了三家代加工厂,它们加工订单的份额依次为 0.5,0.4,0.1,且由三个代加工厂出厂的次品率分别为 0.01,0.01,0.02. 现从仓库中随机取出一件产品,若取到的是一件次品,则这件次品最有可能来自哪家代加工厂?

解 设 B 表示"随机取一件产品,取到一件次品";A_i 表示"所取产品来自第 i 个代加工厂 ($i=1,2,3$)",根据题意有 $P(A_1)=0.5$,$P(A_2)=0.4$,$P(A_3)=0.1$,$P(B|A_1)=0.01$,$P(B|A_2)=0.01$,$P(B|A_3)=0.02$.

利用贝叶斯公式有

$$P(A_1|B) = \frac{P(A_1)P(B|A_1)}{\sum_{i=1}^{3} P(A_i)P(B|A_i)} = \frac{0.5 \times 0.01}{0.5 \times 0.01 + 0.4 \times 0.01 + 0.1 \times 0.02} \approx 0.45.$$

类似地有 $P(A_2|B) \approx 0.36$,$P(A_3|B) \approx 0.18$.

通过比较可知,这件次品来自第一家代加工厂的可能性最大.

可以看出,虽然第一家代加工厂的次品率低,但是订单所占的份额最大,导致在抽样时抽到次品的概率最高.

例 5.1.8 讲解【次品分析】

例 5.1.9【核酸检测阳性】 新冠病毒核酸检测的敏感度和可靠度都是 99%,即感染者的核酸检测呈阳性的概率为 99%,非感染者的核酸检测呈阴性的概率为 99%. 假设某高校对所有师生进行大规模核酸检测,已知该校有 0.05% 的人感染新冠病毒,现有一学生检测结果呈阳性,请问他(她)感染新冠病毒的概率是多少?

解 设 B 表示"检测结果呈阳性",A_1 表示"感染者",A_2 表示"非感染者".

由题意知 $P(B|A_1)=0.99$,$P(B|A_2)=0.01$,$P(A_1)=0.0005$,$P(A_2)=0.9995$.

利用贝叶斯公式有

$$P(A_1|B) = \frac{P(A_1)P(B|A_1)}{\sum_{i=1}^{2} P(A_i)P(B|A_i)} = \frac{0.0005 \times 0.99}{0.0005 \times 0.99 + 0.9995 \times 0.01} \approx 0.0472.$$

由此可见,虽然核酸检测的准确率高达 99%,但是贝叶斯定理表明,尽管该学生核酸检测呈阳性,但他(她)感染新冠病毒的概率仅为 4.72%. 因此,需要多次检测才能得出正确的结果.

> **【小贴士】** 一般求概率都是在试验之前进行的,称为"先验概率",而实际应用中人们往往想要得知结果发生的情况下,原因发生的可能性大小,即"后验概率",此时应用贝叶斯公式.

【阅读材料——伯努利家族】

在科学史上，在一个家族跨世纪的几代人中，众多父子兄弟都是科学家的情况较为罕见．瑞士的伯努利家族 3 代人中产生了 8 位科学家，出类拔萃的至少有 3 位．他们在数学、科学、技术、工程乃至法律、管理、文学、艺术等方面享有名望．

雅各布·伯努利（1654—1705 年）被公认为概率论的先驱之一（图 5.7）．他是最早使用"积分"这个术语的人，也是较早使用极坐标系的数学家之一．他较早地阐明随着试验次数的增加，频率稳定在概率附近．他还研究了悬链线，确定了等时曲线的方程．概率论中的伯努利试验与大数定理也是他提出的．

图 5.7 雅各布·伯努利

约翰·伯努利（1667—1748 年）是雅各布·伯努利的弟弟（图 5.8），他比哥哥小 13 岁，他的数学成果比哥哥还要多，例如解决悬链线问题（1691 年）、提出洛必达法则（1694 年）、最速降线（1696 年）和测地线问题（1697 年），给出求积分的变量替换法（1699 年），研究弦振动问题（1727 年），出版《积分学教程》（1742 年）等．约翰·伯努利的另一大功绩是培养了一大批出色的数学家，其中包括 18 世纪最著名的数学家欧拉、瑞士数学家克莱姆、法国数学家洛必达，以及他自己的儿子丹尼尔和侄子尼古拉二世等．

图 5.8 约翰·伯努利

丹尼尔·伯努利（1700—1782 年）是约翰·伯努利的次子（图 5.9），是伯努利家族中最杰出的一位．在纯数学方面，他的工作涉及代数、微积分、级数理论、微分方程、概率论等方面，但是他最出色的工作是将微积分、微分方程应用到物理学中研究流体问题、物体振动和摆动问题，他被推崇为数学物理方法的奠基人．

图 5.9 丹尼尔·伯努利

引导问题： 从现实生活中找出 3 个伯努利概型的典型实例．

三、事件的独立性和独立试验序列概型

引例 5.6【投篮问题】 随着物质生活水平的提高，人们越来越重视健康和体育锻炼，篮球成为民众广泛喜爱的运动项目．某人在篮球场进行定点投篮练习，每次投中的概率均是 0.6，此人独立投篮 5 次，求"恰好投中两次"的概率．

问题分析 把每次的投篮看作一次试验，每次试验只有投中和投不中两种结果，每次投中的概率相同，这一独立的试验组称为独立试验．这种现象在现实工作和生活中也常会碰到．

定义 5.10 如果两个事件 A，B 中任一事件的发生不会对另一事件的发生产生影响，即

$$P(B|A) = P(B) \text{ 或 } P(A|B) = P(A),$$

则称事件 A 与 B 是 **相互独立的**（Mutual Independence）．

由乘法公式 $P(AB) = P(A)P(B|A)$ 可得 $P(AB) = P(A)P(B)$．

定义 5.11 设某随机试验 E 重复进行，且满足以下条件．

（1）每次试验有两个可能结果 A 与 $\bar{A}$．

（2）$P(A) = p(0 < p < 1)$，$P(\bar{A}) = 1 - p$．

（3）各次试验是相互独立的．

把具有上述特征的 n 次随机试验 E 称为 n 重伯努利试验，亦称 **n 重伯努利概型**（Bernoulli Probability Model）．

对于伯努利概型，事件 A 恰好发生 k 次的概率为

$$P_n(k) = C_n^k p^k (1-p)^{n-k}.$$

这个公式也称为 **二项概率公式**．

例 5.1.10【产品抽检】 某公司生产的一批产品中，从统计数据分析，次品率为 10%，为了检验该批产品的次品率，进行重复抽样检查，共取 5 件样品．试分析：

（1）这 5 件样品中恰好有 3 件次品的概率；

（2）这 5 件样品中至多有 3 件次品的概率．

解 设 A_i 表示"这 5 件样品中恰好有 i 件次品"（$i = 0,1,2,3$），$n = 5$，$p = 0.1$．

（1）$P(A_3) = P_5(3) = C_5^3 p^3 (1-p)^2 = \dfrac{5 \times 4 \times 3}{3 \times 2 \times 1} \times 0.1^3 \times (1-0.1)^2 \approx 0.008\,1.$

（2）$P(A_0 + A_1 + A_2 + A_3) = P_5(0) + P_5(1) + P_5(2) + P_5(3)$

$= C_5^0 \times 0.9^5 + C_5^1 \times 0.1 \times 0.9^4 + C_5^2 \times (0.1)^2 \times 0.9^3 + C_5^3 \times (0.1)^3 \times 0.9^2$

$\approx 0.999\,54.$

■ 经济应用数学

生活情境

抽奖箱里有20张奖券，其中10个10分的、10个5分的，抽奖者从抽奖箱里随意摸出10张奖券，分数之和即中奖的分数，奖项情况如下：特等奖100分，可获得3 000元的冰箱一台；一等奖90分，可获得800元的洗衣机一台；二等奖80分，可获200元的剃须刀一台；三等奖70分，可获100元的话费充值卡；四等奖65分，可获60元的话费充值卡；五等奖60分，可获3元的香皂一盒；六等奖50分，可获2元的梳子一把．抽奖者只需要花费5元就能够进行抽奖．

天上真的会掉馅饼吗？我该如何用数学知识戳穿其中的套路呢？

引导问题： 在超市和商场中经常能看到以"抽奖"为幌子的促销活动，表面看起来这些抽奖活动比较优惠，但是实质具有很大的欺骗性，更是商家谋取利益的一种手段，若将抽奖的分数结果用随机变量 X 表示，请用概率知识分析其中的"圈套"．

任务二　经济决策中的随机变量
（随机变量的分布函数）

在经济活动中，企业的发展状况、生产投资、市场消费、金融投资、生产效率等会因为内、外部环境的影响存在许多不确定性，这就要求快速有效地分析所有有关概率的信息，根据分析结果实时掌握企业的经济状态，根据经济信息进行对照性的推演，对后续企业的决策、计划的制定和管理工作提供可靠的参考．对这类经济变量做进一步的定量分析，离不开数学中的随机变量及其分布，以及随机变量的数字特征等知识的支撑．

一、随机变量及分布函数

1. 随机变量的概念

在任务一中介绍了随机事件及其概率，可以发现很多随机试验的结果都可以用数量来表示，比如某时间段内商品的销售数量、掷骰子出现的点数等．对于没有用数量表示的事件，也可以赋予数量表示，比如某工人"完成定额"记为1，"没有完成定额"记为0；生产的产品是"优质品"记为2，是"次品"记为1，是"废品"记为0，等等，这样随机试验的结果就可以用数量表示．

随机试验的结果可以用一个变量表示，这个变量的取值随着试验结果的不同而发生变化，称为**随机变量**（Random Variable）．随机变量常用大写英文字母 X，Y，…或希腊字母 ξ，η，…表示．

若随机变量的取值能够一一列出（有限个或无限个），则这类随机变量称为**离散型随机变量**（Discrete Random Variable）．

若随机变量的取值不能一一列出，而是充满某一实数区间，在该区间内连续取任何实数值，则这类随机变量称为**连续型随机变量**（Continuous Random Variable）．

在日常生活中有许多需要人们研究的随机变量，像"抽样检查中出现次品的个数""网站被点击的次数"等，其所取值个数为有限或可以一一列举，属于离散型随机变量；像"加工零件的误差""学生的身高"等，其取值不仅无穷多，而且不能一一列举，属于连续型随机变量．

2. 分布函数

为了方便起见，随机变量 ξ 在区间 $(-\infty, x]$ 内的取值记为 $(\xi \leq x)$，显然，随机变量在某区间内的取值概率及它取某特定值的概率可用 $P(\xi \leq x)$ 这种形式表示．为此引入分布函数的概念．

引导问题 1：随机变量概念的产生是概率论发展史上的重大事件，它是用随机变量的取值及概率等数学方法去刻画随机事件，是研究随机现象的方法论的飞跃．请列举生活或专业中离散型随机变量的实例，并尝试写出其概率分布．

_____

_____

_____

_____

引导问题 2：请列举生活或专业中连续型随机变量的实例，并思考该如何表示其分布函数．

_____

_____

_____

_____

引导问题 3：客户的维护是企业稳定发展之根本，企业经营的本质是建立长期稳定的客户关系．请说一说维护客户的技巧通常有哪些．

_____

_____

_____

_____

引导问题 4：随机变量的分布函数是随机变量最重要的概率特征，它只是一个普通的函数，可以完整地描述随机变量的统计规律．请说一说你是如何理解分布函数的．

_____

_____

_____

_____

定义 5.12 设 ξ 为随机变量，x 为任意实数，称函数

$$F(x) = P(\xi \leq x)$$

为 ξ 的**分布函数（Distribution Function）**.

二、离散型随机变量

1. 离散型随机变量的概率及分布函数

一般地，若离散型随机变量 ξ 所取的数值用 x_i 表示，对应的概率为 p_i（$i = 1, 2, 3 \cdots$），则称等式

$$P(\xi = x_i) = p_i$$

或表格（表 5.2）为 ξ 的**分布列（概率分布）（Geometric Distribution）**.

表 5.2 离散型随机变量的取值及对应的概率

ξ	x_1	x_2	x_3	$\cdots$	x_i	$\cdots$
P	p_1	p_2	p_3	$\cdots$	p_i	$\cdots$

【小贴士】离散型随机变量 ξ 分布列中的 p_i 满足以下条件.

(1) $0 \leq p_i \leq 1$.

(2) $\sum\limits_{i=1} p_i = 1$.

根据离散型随机变量 ξ 的特点和分布函数的定义，其分布函数为

$$F(x) = P(\xi \leq x) = \sum_{x_i \leq x} P(\xi = x_i).$$

例 5.2.1【回馈赠礼活动】 某公司为回馈新老客户，组织抽奖送礼品活动，抽奖箱中有 2 个红球和 3 个白球，每个人从中任取 2 个球，根据公司制定的具体兑换规则领取奖品. 为了更好地掌握中奖情况，请对取到的红球数 X 的分布进行分析.

解：取到的红球数 X 的取值范围为 0，1，2，且有

$$P(X=0) = \frac{C_3^2}{C_5^2} = 0.3, \quad P(X=1) = \frac{C_3^1 C_2^1}{C_5^2} = 0.6, \quad P(X=2) = \frac{C_2^2}{C_5^2} = 0.1.$$

【数学人物——许宝騄】

在中国著名数学家中，既是中央研究院院士又是中国科学院学部委员的有3个人，他们分别是华罗庚、苏步青和许宝騄（图5.10）．华罗庚和苏步青可谓大名鼎鼎、家喻户晓，而许宝騄却鲜为人知，那么许宝騄究竟是怎样一位数学家？

许宝騄（1910—1970年），字闲若，祖籍浙江杭州，1910年9月1日生于北京，因此小名京生．

1933年，许宝騄于清华大学毕业，获理学学士学位，经考试赴英留学读研究生．1938年，许宝騄共发表了3篇论文并获得哲学博士学位．当时伦敦大学规定数理统计方向要取得哲学博士学位，必须寻找一个新的统计量，编制一张统计量的临界值表，而许宝騄因成绩优异，研究工作突出，第一个被破格用统计实习的口试来代替．1940年，许宝騄又发表了3篇论文，其中两篇是数理统计学科的重要文献，属于多元统计分析和奈曼－皮尔逊理论中的奠基性的工作，因此他获得了科学博士学位．

图 5.10　许宝騄

1940年，抗日战争处于最艰难的时期，在伦敦大学获得双博士学位的许宝騄放弃优越的学术环境和生活条件，毅然回国效劳．他辗转来到云南昆明出任西南联大数学系教授．许宝騄的工作不仅限于教学和研究，还包括对国外学术资料的翻译和国际学术交流，这展现了他深厚的学术功底和对科学的执着追求．

许宝騄在中国开创了概率论、数理统计的教学与研究工作，是中国概率论的奠基人，他在奈曼－皮尔逊理论、参数估计理论、多元分析、极限理论等方面取得卓越成就，是多元统计分析学科的开拓者之一，其研究成果推动了概率论与数理统计的发展，至今"许方法"（多元分析统计学家谢菲 H. Scheffe 称之为"数学严密性的范本"）仍被认为是解决检验问题的最实用方法．

比较遗憾的是，如今许宝騄已经被很多人淡忘了，可是在斯坦福大学统计系的走廊上，至今依旧悬挂着许宝騄的照片，他与世界著名的统计学家并列．施普林格出版社刊印《许宝騄全集》，书评中有这样一句话："许宝騄被公认为在数理统计和概率论方面第一个具有国际声望的中国数学家．"

因此，取到的红球数 X 的分布列如表 5.3 所示.

表 5.3 取到的红球数及对应概率

红球数 X	0	1	2
概率 P	0.3	0.6	0.1

取到的红球数 X 的分布函数为 $F(x) = \begin{cases} 0, & x < 0 \\ 0.3, & 0 \leq x < 1 \\ 0.9, & 1 \leq x < 2 \\ 1, & x \geq 2 \end{cases}$.

2. 几种常见的离散型分布

常见的离散型随机变量分布列及其表示如表 5.4 所示.

表 5.4 常见的离散型随机变量分布列及其表示

名称	分布列	表示
两点分布	$P(\xi = 1) = p,\ P(\xi = 0) = 1 - p\ (0 < p < 1)$	$\xi \sim (0-1)$
二项分布	$P(\xi = k) = C_n^k p^k (1-p)^{n-k}\ (0 < p < 1, k = 0,1,2,\cdots,n)$	$\xi \sim B(n,p)$
泊松分布	$P(\xi = k) = \dfrac{\lambda^k}{k!} e^{-\lambda}\ (k = 0,1,2,\cdots;\lambda > 0)$	$\xi \sim P(\lambda)$

【小贴士】（1）两点分布是最简单的一种分布，任何只有两种可能结果的随机现象都属于两点分布. 两点分布又称为 0-1 分布，如新生婴儿的性别、明天是否下雨、种子是否发芽、产品是否合格等.

（2）n 重伯努利概型中事件 A 发生次数 X 服从参数 (n,p) 的二项分布，即 $X \sim B(n,p)$.

例 5.2.2【党史知识通过率问题】"学党史，铭初心"，学习党的历史有着深远而且重大的意义. 现在对全市党员进行考核性测试，测试题总分为 100 分，除 1 题主观简答题（15 分）外，其余 85 题均是单项选择题（每题 1 分），每道题附有 A，B，C，D 四个选项. 这种题型使个别党员产生碰运气的侥幸心理. 那么，仅靠运气通过测试的概率有多大？

解 若按及格为 60 分计算，假定主观简答题（15 分）可以得 9 分，则 85 道选择题必须答对 51 道题以上. 假定每道题的选项是相互独立的，这可以看成 85 重伯努利试验. 记答对题的数目为随机变量 X，则 $X \sim B(85, 0.25)$，因此其分布列为

生活情境

> 随着企业自动化程度的不断提高,设备需要人工操控的时间越来越少,应该裁减技术人员,从而节约公司运营成本!

> 但是,也存在设备发生故障的现象,如果此刻没有维护人员及时到位,将会大大影响产品质量和企业经济收益。

> 能否找到技术人员配备优化方案呢?这样既不造成人力资源浪费,又能保证生产保质保量完成。

子任务5.2:设备维修人员配备方案

引导问题:在生产实践过程中,企业为了保证设备正常工作,需要配备适量的设备维修人员,然而设备维修人员配备多了就浪费,配备少了又影响生产,那么应该如何优化设备维修人员配备方案?

$$P(X=k) = C_{85}^k (0.25)^k (0.75)^{85-k}, \quad k=0,1,2,\cdots,85.$$

若要及格，必须保证 $X \geq 51$，其概率为

$$P(X \geq 51) = \sum_{i=51}^{85} C_{85}^i (0.25)^i (0.75)^{85-i} \approx 8.75 \times 10^{-12} \approx 0.$$

其概率几乎为零，可以认为靠运气通过党史测试几乎不可能. 若想通过测试，必须付出踏踏实实的努力和行动. 从本例可以看出，二项分布的概率本身是难以计算的，尤其是当试验次数较多时，计算非常烦琐，因此需要引入一种近似计算的简便形式——泊松分布.

例 5.2.2 讲解【党史知识通过率问题】

定理 5.3【泊松定理】 当试验次数 n 很大，事件 A 在每次试验中发生的概率 p 很小时，二项分布就可近似为**泊松分布**（Poisson Distribution），即

$$C_n^k p^k (1-p)^{n-k} \approx \frac{\lambda^k}{k!} e^{-k} \quad (\text{其中 } \lambda = np).$$

例 5.2.3【企业人员配备优化方案】 为了保证设备正常工作，需要配备适量的设备维修人员，某企业共有同类型设备 80 台，各台设备的工作相互独立，发生故障的概率都是 0.01，且一台设备的故障可由一个人处理. 有两种配备设备维修人员的方法：一种方法是由一人负责 20 台设备，须配备 4 个设备维修人员；另一种方法是由 3 个设备维修人员共同维护 80 台设备. 作为管理者，在保证正常生产的前提下，应该选择哪种配备设备维修人员的方案？

解 若设 X 为"一人维护的 20 台设备同时发生故障的台数"，则 $X \sim B(20, 0.01)$，由于这里 n 比较大，p 很小，由泊松定理可知，可以近似用泊松分布计算，且 $\lambda \approx 20 \times 0.01 = 0.2$.

此时 20 台设备发生故障而不能及时处理的概率为

$$P(X \geq 2) = 1 - P(X \leq 1) \approx 1 - \sum_{k=0}^{1} e^{-0.2} \frac{(0.2)^k}{k!} \approx 0.0175.$$

类似地，设 Y 为"三人共同维护的 80 台设备同时发生故障的台数"，则 $Y \sim B(80, 0.01)$，也可以近似用泊松分布计算，且 $\lambda \approx 80 \times 0.01 = 0.8$. 其中，泊松分布的概率计算可以查看本教材的附表.

此时 80 台设备发生故障而不能及时处理的概率为

$$P(X \geq 4) = 1 - P(X \leq 3) \approx 1 - \sum_{k=0}^{3} e^{-0.8} \frac{(0.8)^k}{k!} \approx 0.009.$$

因此，3 人合作更好. 本例说明概率知识在企业人员配备优化方面起着重要作用.

离散型随机变量小测试

【数学建模之"设备维修人员配备优化方案"】

在当今竞争激烈的商业环境中,企业需要不断寻求新的方法来提高效率和降低成本,以保持竞争力并实现可持续发展. 其中,降低人力成本是降本增效的关键一环,但另一方面,人员配备不足又影响生产. 因此,为了保证设备正常工作,企业该如何优化设备维修人员配备?

某企业有同类型设备300台,各台设备发生故障的概率均为0.01,则至少需配备多少设备维修人员,才能保证设备发生故障但不能及时维修的概率小于0.01?

1. 模型假设

(1) 设备是相互独立工作的.

(2) 通常情况下一台设备的故障由一个人处理.

2. 符号说明

X:同一时刻发生故障的设备台数.

n:设备台数.

N:至少需配备的设备维修人员数量.

3. 模型建立与求解

因为设备是相互独立工作的,所以"同一时刻发生故障的设备台数"这个随机变量X服从二项分布,即$X \sim B(300, 0.01)$. 由于这里n比较大,设备发生故障的概率$p = 0.01$很小,由泊松定理可知,可以近似用泊松分布计算,且$\lambda \approx 300 \times 0.01 = 3$.

要使设备发生故障但不能及时维修的概率小于0.01,即

$$P(X > N) < 0.01.$$

也就有

$$P(X \leq N) \geq 0.99.$$

由泊松定理有

$$P(X \leq N) \approx \sum_{k=0}^{N} \frac{3^k}{k!} e^{-3}.$$

故有 $\sum_{k=0}^{N} \frac{3^k}{k!} e^{-3} \geq 0.99$,即 $1 - \sum_{k=0}^{N} \frac{3^k}{k!} e^{-3} = \sum_{k=N+1}^{\infty} \frac{3^k}{k!} e^{-3} \leq 0.01.$

泊松分布的概率计算可以查看本教材后面的附表,满足上式的最小$N = 8$,故至少需配备8名设备维修人员,才能保证设备发生故障但不能及时维修的概率小于0.01.

三、连续型随机变量

1. 概率密度函数的概念

引例 5.7【候车时间问题】 某人赶时间要乘坐巴士去工厂进行设备维护,他从站台信息表中了解到从上午 5:30 起,每 15 分钟有一辆班车经过,由于起床滞后,此人在 8:00—8:30 才能到达车站,因担心迟到,他想知道候车时长不超过 5 分钟的可能性有多大.

问题分析 若记候车时间为随机变量 ξ,由于赶到车站的时间是随机的,所以候车时间 ξ 为充斥在 $[0,15]$ 上的任意一时刻,也就是说 ξ 是一个连续型随机变量. 显然,连续型随机变量的概率分布不适合像离散型随机变量那样用分布列描述,这时怎么办呢?为了刻画连续型随机变量的分布函数,需要定义一个新的函数——概率密度函数.

定义 5.13 设 ξ 为随机变量,若存在非负可积函数 $f(x)$,使得对任意实数 $a \leqslant b$ 都有

$$P(a < \xi \leqslant b) = \int_a^b f(x)\,\mathrm{d}x$$

成立,则称 ξ 为**连续型随机变量**(Continuous Random Variable),$f(x)$ 为 ξ 的**概率密度函数**(Probability Density function),简称**密度函数**或**概率密度**.

由定义可知,概率密度函数的性质有:(1) $f(x) \geqslant 0$;(2) $\int_{-\infty}^{+\infty} f(x)\,\mathrm{d}x = 1$.

由分布函数的定义知,连续型随机变量 ξ 的分布函数 $F(x)$ 为

$$F(x) = P(\xi \leqslant x) = \int_{-\infty}^{x} f(t)\,\mathrm{d}t.$$

例 5.2.4 已知随机变量 ξ 的概率密度函数为

$$f(x) = \begin{cases} ax, & 0 \leqslant x \leqslant 1 \\ 0, & \text{其他} \end{cases}.$$

(1) 试确定常数 a;(2) 求分布函数 $F(x)$;(3) 求 $P(0.5 < \xi < 2)$.

解 (1) 由于 $\int_{-\infty}^{+\infty} f(x)\,\mathrm{d}x = \int_{-\infty}^{0} 0\,\mathrm{d}x + \int_{0}^{1} ax\,\mathrm{d}x + \int_{1}^{+\infty} 0\,\mathrm{d}x = \dfrac{a}{2} = 1$,所以 $a = 2$.

(2) 由分布函数的定义知 $F(x) = \int_{-\infty}^{x} f(t)\,\mathrm{d}t$.

当 $x < 0$ 时,$F(x) = \int_{-\infty}^{x} f(x)\,\mathrm{d}t = \int_{-\infty}^{x} 0\,\mathrm{d}t = 0$.

当 $0 \leqslant x \leqslant 1$ 时,$F(x) = \int_{-\infty}^{0} f(t)\,\mathrm{d}t + \int_{0}^{x} f(t)\,\mathrm{d}t = \int_{0}^{x} 2t\,\mathrm{d}t = x^2$.

当 $x > 1$ 时,$F(x) = \int_{-\infty}^{0} f(t)\,\mathrm{d}t + \int_{0}^{1} f(t)\,\mathrm{d}t + \int_{1}^{+\infty} f(t)\,\mathrm{d}t = \int_{0}^{1} 2t\,\mathrm{d}t = 1$.

因此,分布函数为

引导问题 1：请勾勒出正态分布的概率密度函数图像（即正态曲线），并说一说其特征有哪些.

引导问题 2：在正态分布中，若固定 σ，改变 μ 的值，则正态曲线图像如何改变？若固定 μ，改变 σ 的值，则正态曲线图像又会呈现怎样的改变？尝试作出 σ 分别为 0.5，1，2 时的正态分布曲线草图.

引导问题 3：请结合定积分的几何意义说明：在标准正态分布下，当 $a > 0$ 时，$\Phi(-a) = 1 - \Phi(a)$ 以及 $P(x \geq a) = 1 - \Phi(a)$.

引导问题 4：指数分布主要应用于随机事件发生的时间间隔的概率问题. 它与前面讲述的泊松分布密切相关，泊松分布是描述某一区间内发生随机事件次数的概率分布，而指数分布是描述两次随机事件发生的时间间隔的概率分布. 如果在某时间段内随机事件发生的次数呈泊松分布，那么，随机事件发生的时间间隔便呈指数分布. 请列举指数分布在生活中的实例.

$$F(x) = \begin{cases} 0, & x < 0 \\ x^2, & 0 \leq x \leq 1. \\ 1, & x > 1 \end{cases}$$

(3) $P(0.5 < \xi < 2) = F(2) - F(0.5) = 1 - 0.5^2 = 0.75.$

也可以用另一种方法求解：$P(0.5 < \xi < 2) = \int_{0.5}^{2} f(x)dx = \int_{0.5}^{1} 2x dx = x^2 \Big|_{0.5}^{1} = 0.75.$

例 5.2.4 讲解（连续型随机变量）

2. 常见的连续型随机变量

常见的连续型随机变量密度函数及图像如表 5.5 所示.

表 5.5　常见的连续型随机变量密度函数及图像

名称	密度函数	密度函数图像	表示
均匀分布	$f(x) = \begin{cases} \dfrac{1}{b-a}, & a \leq x \leq b \\ 0, & 其他 \end{cases}$，$a$，$b$ 为参数		$\xi \sim U[a,b]$
正态分布	$f(x) = \dfrac{1}{\sqrt{2\pi}\sigma}e^{-\dfrac{(x-\mu)^2}{2\sigma^2}}$，$\mu$，$\sigma$ 为参数且 $\sigma > 0$		$\xi \sim N(\mu, \sigma)$
指数分布	$f(x) = \begin{cases} \lambda e^{-\lambda x}, & x \geq 0 \\ 0, & x < 0 \end{cases}$，$\lambda$ 为参数且 $\lambda > 0$		$\xi \sim E(\lambda)$

【小贴士】

(1) $\mu = 0$，$\sigma = 1$ 时的正态分布称为标准正态分布，记作 $N(0,1)$，其概率密度函数为 $\Phi(x) = \dfrac{1}{\sqrt{2\pi}}e^{-\dfrac{x^2}{2}}.$

(2) 若正态分布 $N(\mu, \sigma^2)$ 的分布函数为 $F(x)$，则可以通过公式 $F(x) = \Phi\left(\dfrac{x-\mu}{\sigma}\right)$ 将之转化为标准正态分布 $N(0,1)$ 的分布函数 $\Phi(x)$ 的形式.

(3) 在标准正态分布下，当 $a > 0$ 时，$\Phi(-a) = 1 - \Phi(a).$

■ 经济应用数学

> **生活情境**
>
> 受电商平台上众多同类电子产品的冲击，公司这两个月的销量有所下滑，为了提高产品竞争力，该如何制定应对策略呢？
>
> 顾客对网购最大的担心是产品质量引发的退换货问题，为了提升顾客的满意度和信任度，我们需要向顾客做出所售产品在一定使用期限内出现质量问题可以免费更换甚至退货的承诺．
>
> 可是该如何确定产品的免费退换的期限呢？是一年？三年？还是五年？

引导问题：正态分布是概率统计中最重要的一种分布，也是自然界中最常见的一种分布，生产和科学试验中很多随机变量都可以近似地用正态分布描述，如产品的质量指标、电子管的使用寿命、电容器的电容量、零件的尺寸、纺织品的纤度和强度等．请列举正态分布在其他方面的应用实例．

例 5.2.5【产品的保修期规定奥妙】 设某公司生产的某种电子产品的寿命服从平均寿命为 8 年、寿命标准差为 2 年的正态分布.

(1) 该产品的寿命短于 5 年的概率有多高?

(2) 该产品的寿命长于 10 年的概率有多高?

(3) 该公司希望将免费更换或退货率控制在 1% 以内,保换(退货)年限最长定为几年合适?

解 设该产品的使用寿命为 X,根据该产品寿命分布特点有 $X \sim N(8, 2^2)$.

利用公式 $F(x) = \Phi\left(\dfrac{x-\mu}{\sigma}\right)$,将 $F(x)$ 转化为标准正态分布 $N(0,1)$ 的分布函数 $\Phi(x)$ 的形式,计算如下.

(1) $P(X \leqslant 5) = F(5) = \Phi\left(\dfrac{5-8}{2}\right) = \Phi(-1.5) = 1 - \Phi(1.5).$

查附表"标准正态分布表"有 $\Phi(1.5) = 0.933\ 2$,因此 $P(X \leqslant 5) = 0.066\ 8.$

这说明该产品的寿命短于 5 年的概率为 0.066 8.

(2) $P(X > 10) = 1 - P(X \leqslant 10) = 1 - \Phi\left(\dfrac{10-8}{2}\right) = 1 - \Phi(1).$

查附表"标准正态分布表"$\Phi(1) = 0.841\ 3$,因此 $P(X > 10) = 0.158\ 7.$

这说明该产品的寿命长于 10 年的概率为 0.158 7.

(3) 设保换(退货)年限最多定为 x 年,根据题意,须有

$$P(X \leqslant x) = F(x) = \Phi\left(\dfrac{x-8}{2}\right) \leqslant 0.01.$$

解得 $1 - \Phi\left(\dfrac{x-8}{2}\right) > 0.99$,即 $\Phi\left(\dfrac{8-x}{2}\right) > 0.99.$

查附表"标准正态分布表",得 $\dfrac{8-x}{2} > 2.33$,即 $x < 3.34.$

这说明要将该产品承诺的免费更换或退货率控制在 1% 以内,保换(退货)年限最长定为 3 年合适.

例 5.2.5 讲解【产品的保修期规定奥妙】

例 5.2.6【保险公司保费和赔付的关系】 某保险公司有 3 000 个同龄人参加人寿保险,每人在每年的头一天交付保险费 10 元,已知这一年龄人的年死亡率为 0.2%,死亡时其家属可向保险公司领取 1 500 元. 试求:(1) 该保险公司一年中获利不少于 15 000 元的概率;(2) 该保险公司亏本的概率.

解 设随机变量 X 表示 3 000 个参加保险的人在一年中的死亡人数,则

$$X \sim B(3\ 000, 0.2\%),\ np = 3\ 000 \times 0.2\% = 6,\ npq = 6 \times 99.8\% = 5.988.$$

【阅读材料——正态分布】

正态分布（Normal Distribution）也称为"常态分布"，又名高斯分布．它是一个在数学、物理及工程等领域都非常重要的概率分布，在统计学的许多方面有着重大的影响力．

正态分布最早由法国数学家棣莫弗（Abraham De Moivre）于 1733 年首次提出（他是在求二项分布的渐近公式中得到正态分布的），后由德国数学家高斯（Gauss）在研究测量误差时从另一个角度推导出正态分布，并率先将其应用于天文学研究，故正态分布又叫作高斯分布．高斯这项工作对后世的影响极大，他使正态分布同时有了"高斯分布"的名称，后世之所以多将最小二乘法的发明权归于高斯，也是因为他的这项工作．德国 10 马克的印有高斯头像的钞票，其上还印有正态分布的密度曲线（图 5.11）．这传达了一种想法：在高斯的一切科学贡献中，对人类文明影响最大者就是这一项．

图 5.11　德国 10 马克钞票

在高斯提出这个发现之初，也许人们还只能从其理论的简化上来评价其优越性，其全部影响还不能充分展现．到了 20 世纪正态小样本理论充分发展起来以后其影响力才充分展现．拉普拉斯很快得知高斯的工作，并马上将其与他发现的中心极限定理联系起来，为此，他在即将发表的一篇文章（发表于 1810 年）中加了一点补充，指出若误差可看成许多量的叠加，则根据他的中心极限定理，误差理应具有高斯分布．这是历史上第一次提到所谓"元误差学说"——误差由大量的、由种种原因产生的元误差叠加而成．后来在 1837 年，海根（G. Hagen）在一篇论文中正式提出了这个学说．

引导问题：在生活中你接到过保险公司的推销电话吗？你是如何看待保险推销的？请用数学知识解释保险公司的盈利或亏本概率．

其中，当随机变量 $X \sim B(n,p)$，且 n 比较大时，二项分布可近似用正态分布表示（这个规律称为中心极限定理），而且 $\mu \approx np$，$\sigma^2 \approx npq$.

因此，本例中的随机变量 $X \sim N(6, 5.988)$.

（1）保险公司一年获利不少于 15 000 元，即有 $3\,000 \times 10 - 1\,500X \geqslant 15\,000$，因此
$$P(30\,000 - 1\,500X \geqslant 15\,000) = P(0 \leqslant X \leqslant 10)$$
$$= F(10) - F(0) \approx \Phi\left(\frac{10-6}{\sqrt{5.988}}\right) - \Phi\left(\frac{0-6}{\sqrt{5.988}}\right) \approx 0.941\,4,$$

即保险公司一年获利不少于 15 000 元的概率为 94.14%.

（2）保险公司亏本，说明 $1\,500X > 30\,000$，因此
$$P(1\,500X > 30\,000) = P(X > 20) = 1 - P(0 \leqslant X \leqslant 20)$$
$$= 1 - [F(20) - F(0)] = 1 - \left[\Phi\left(\frac{20-6}{\sqrt{5.988}}\right) - \Phi\left(\frac{0-6}{\sqrt{5.988}}\right)\right]$$
$$= 1 - [\Phi(5.714) - \Phi(-2.449)] \approx 0.007\,1,$$

即保险公司亏本的概率仅为 0.71%. 这是一个概率很小的事件，故可认为保险公司基本不会亏本.

例 5.2.7【机器故障处理】 设修理某机器所用的时间 X（单位：小时）服从参数 $\lambda = 0.5$ 的指数分布，求在机器出现故障时，在 1 小时内可以修好的概率.

解 由题意知 $X \sim E(0.5)$，其密度函数为
$$f(x) = \begin{cases} 0.5\mathrm{e}^{-0.5x}, & x \geqslant 0 \\ 0, & x < 0 \end{cases}.$$

所求概率为
$$P(X \leqslant 1) = \int_{-\infty}^{1} 0.5\mathrm{e}^{-0.5x}\mathrm{d}x = \int_{0}^{1} 0.5\mathrm{e}^{-0.5x}\mathrm{d}x = 1 - \mathrm{e}^{-0.5} \approx 0.393.$$

【小贴士】指数分布在实际中有重要的应用，它可作为各种"寿命"分布的近似，也可作为生活中某个特定时间发生所需要等待时间的分布，如电子元件的寿命、电话的通话时间、随机服务系统的服务时间等.

连续性随机变量小测试

■ 经济应用数学

> **生活情境**
>
> 通过前期的市场调研，公司准备投资一个新项目，但近几年受疫情影响，市场状况可能出现一定波动，该如何决策投资与否呢？
>
> 要先对市场可能出现的不同状况进行预估，只要分析该项目的平均收益即可做出决策．
>
> 有道理！可是平均收益和概率分布如何有机结合？

子任务5.3：投资风险决策

引导问题："不打无准备之仗，才能立于不败之地"，在实际生活中，企业或个人进行投资决策前常常会做哪些方面的调研？

任务三 经济决策风险中的概率分析
（数学期望与方差）

上一个任务研究了随机变量的分布，对随机变量的变化进行了完整的描述．对于经济生活中的许多随机变量，人们不但需要知道这些随机变量的分布情况，还需了解这些随机变量的一些综合指标．例如在进行投资决策时，投资者不但关心投资的期望收益有多高，还关心投资的实际结果与期望收益之间的偏离程度（即投资风险）．随机变量的平均值和偏离程度反映了随机变量的重要特性，称为数字特征．本任务主要研究随机变量的两个数字特征：数学期望与方差．

一、数学期望

引例5.8【期望收益问题】 某公司考虑实施一项投资计划，该计划在市场状况良好时能获利100万元，在市场状况一般时能获利30万元，在市场状况较差时将亏损50万元．从现在的情况分析，明年市场趋好的可能性为50%，和今年差不多（一般）的可能性为30%，市场状况进一步下滑（较差）的可能性为20%．根据这些信息，请帮助该公司分析它的平均收益能达到多高．

问题分析 设 X 表示该公司的投资收益情况，那么随机变量 X 的分布列如表5.6所示．

表5.6 投资收益情况分析表

X	100	30	-50
P	0.5	0.3	0.2

由于不同市场状况的可能性不同，所以分析该项投资的平均收益时，不能简单地计算数据的算术平均值．可以借鉴加权平均数的思想，该项投资平均收益为

$$\bar{X} = 100 \times 0.5 + 30 \times 0.3 + (-50) \times 0.2 = 49(万元).$$

在概率论中，随机变量所反映的平均值称为随机变量的数学期望．

定义5.14 一般地，若离散型随机变量 X 的概率分布列为 $P(X=x_i)=p_i$，其中 x_i 表示随机变量 X 的取值，p_i 表示随机变量 X 在不同取值下对应的概率，则称

$$E(X) = EX = \sum_{i=1}^{n} x_i p_i$$

为离散型随机变量 X 的**数学期望**（Mathematical Expectation），简称**期望**．

■ 经济应用数学

引导问题 1：数学期望中的"期望"一词来自与法国数学家帕斯卡相关的赌博故事，请查阅资料，说一说这个故事.

引导问题 2：你或你的家庭做过哪些类型的投资？你是如何**看待投资**和风险的？说一说如何利用数学知识对投资风险进行决策.

引导问题 3：某家庭想用 10 万元进行为期一年的投资，现有**两种投资方案**：一是购买股票，二是将钱存入银行获取利息. 购买股票的收益取决于**经济形势**，若经济形势好则可获利 4 万元，若经济形势中等则可获利 1 万元，若**经济形势不好**则会损失 2 万元. 如果将钱存入银行，假设利率为 8%，则可得利息 8 000 元. 又设经济形势好、中等、不好的概率分别为 30%，50%，20%. 请你帮助该家庭**选择一种方案**，使投资的效益最大.

引导问题 4：按时缴税是每个中国公民都应该履行的责任，**也是国家法律的规定**，但少数人为了私利而偷税漏税. 你知道的此类违法者有哪些？**你是如何**看待他们的这种行为的？他们面临着怎样的制裁？

272

定义 5.15 设连续型随机变量 X 的概率密度函数为 $f(x)$，则称

$$EX = \int_{-\infty}^{+\infty} xf(x)\,dx$$

为连续型随机变量 X 的数学期望.

> 【小贴士】数学期望的性质如下.
> (1) 设 C 为常数，则有 $EC = C$.
> (2) 对任意常数 a，b，有 $E(aX+b) = aE(X) + b$.
> (3) 设 X，Y 为任意两个随机变量，则有 $E(X \pm Y) = E(X) \pm E(Y)$，并可推广到有限随机变量和的情况.

例 5.3.1【投资决策问题】 为了适应市场需要，某公司提出扩大生产的两种方案——一个方案是建立大工厂，另一个方案是建立小工厂，两个方案的收益值（单位：万元）以及市场状态的概率如表 5.7 所示.

表 5.7 建厂方案损益值情况分析表　　　　　　　　万元

概率	市场状态	建立大工厂收益	建立小工厂收益
0.7	销路好	200	80
0.3	销路差	−40	60

试问：在不考虑投资成本（仅从投资收益的角度出发）的情况下应选择哪种建厂方案？

解：设随机变量 X，Y 分别表示建大厂和建小厂的收益情况，根据已知的建厂方案损益值情况分析表得出建大厂的损益期望值为

$$EX = 200 \times 0.7 + (-40) \times 0.3 = 128\,(万元),$$

建小厂的损益期望值为

$$EY = 80 \times 0.7 + 60 \times 0.3 = 74\,（万元）.$$

因为建立大工厂的预期收益更高，故合理的建厂方案是建立大工厂.

例 5.3.2【经济方案决策】 在商业活动中偷税漏税会造成国家财政损失. 国家为了防止税收流失，对偷漏税者通常除责令其补交税款外，还要处以偷税额 n 倍的罚款. 统计发现偷漏税者被查出的概率为 0.2，这时罚款额度 n 至少多大才能起到惩罚作用？

解 假设偷漏税额为 x，偷漏税时商家的收益数为随机变量 X，则 X 的数学期望为

$$E(X) = 0.8x - 0.2x - 0.2nx = 0.2x(3-n).$$

引导问题 1：商品售后服务是淘宝电商平台的重要组成部分，对于商家而言，提升售后服务质量直接关系到产品品牌的口碑和竞争力. 请说一说商家应该如何应对退换货和质量问题，进而提升其净盈利值.

_____

_____

_____

_____

引导问题 2：假定国际市场上对我国某种商品的年需求量是一个随机变量 X（单位：吨），服从区间 $[a,b]$ 上的均匀分布，请计算我国该种商品在国际市场上的年销售量的期望，并总结出均匀分布的期望.

_____

_____

_____

_____

引导问题 3：常用的离散型和连续型随机变量的分布有哪些？尝试计算出它们的期望和方差.

常见分布的期望和方差小结

_____

_____

_____

引导问题 4：企业家们往往考虑市场经济中各种影响因素发生的概率. 从而优化实施某种方案以达到最佳效果，如市场预测、经济统计、投资风险与决策等，同时数学期望与方差在体育比赛、仪器比较、彩票抽奖、求职决策等方面起着重要的指导作用，请任选一领域列举相关实例.

_____

_____

_____

_____

要使处罚有效，必须使 $E(X)<0$，则 $3-n<0$，即 $n>3$.

因此，一旦查出偷漏税，至少应处以 3 倍以上的罚款，才能起到防止偷漏税现象发生的作用.

例 5.3.3【设备净盈利问题】 对于生产厂商来说，其不仅要关注产品的销售量，也要考虑产品在质保期内的返修问题. 某公司生产的某种设备的寿命 X（单位：年）服从指数分布，其概率密度函数为

$$\varphi(x) = \begin{cases} \dfrac{1}{4}e^{-\frac{x}{4}}, & x \geq 0 \\ 0, & x < 0 \end{cases}.$$

该生产厂商规定出售的设备若在一年内损坏可调换，如果出售一台设备净盈利 100 元，调换一台设备需花费 300 元，求该生产厂商出售一台设备净盈利的数学期望.

解 设 X 表示设备的寿命，R 表示净盈利，由题意知

$$R = g(X) = \begin{cases} 100 - 300, & X \leq 1 \\ 100, & X \geq 1 \end{cases},$$

因此

$$E(R) = \int_{-\infty}^{+\infty} g(x)\varphi(x)\,\mathrm{d}x = \frac{1}{4}\int_0^1 (100-300)e^{-\frac{x}{4}}\,\mathrm{d}x + \frac{1}{4}\int_1^{+\infty} 100 e^{-\frac{x}{4}}\,\mathrm{d}x$$

$$= 200\,e^{-\frac{x}{4}}\Big|_0^1 - 100\,e^{-\frac{x}{4}}\Big|_1^{+\infty} = 300 e^{-\frac{1}{4}} - 200 \approx 33.64(元).$$

可见，该生产厂商出售一台设备净盈利的数学期望是 33.64 元.

例 5.3.3 讲解【设备净盈利问题】

二、方差

在实际中，有时仅知道随机变量的期望（或平均值）不能满足分析实际问题的需要，还需要进一步刻画其值的稳定情况，那么该如何刻画随机变量与期望的偏离程度呢？最简单的方法是计算随机变量 X 与其期望 $E(X)$ 的距离的期望，即 $E|X-EX|$.

由于绝对值的计算较为复杂，将之修正为计算随机变量 X 与其期望 $E(X)$ 的差的平方的期望，即 $E(X-EX)^2$，这就是方差的概念. 它同样刻画了随机变量的离散程度，而且计算更为简单.

生活情境

表5.8 投资收益情况分析表

ξ_1	100	200	300	ξ_2	160	200	210
P	0.3	0.5	0.2	P	0.3	0.5	0.2

表5.8是两个项目的投资收益情况表，但公司资金有限，只能选择一种方案进行投资，该如何决策？

哈哈……只要比较两者的平均收益，即期望．咦！好像还是不能得出结论呀！

进一步考察两组数据的稳定性，它决定着公司投资的风险哦！投资要兼顾收益和风险嘛！

引导问题： 在概率论和数理统计中，方差是衡量随机变量和均值之间偏离程度的重要方法．请你尝试帮该公司对投资方案进行科学的投资决策，并具体写出来．

定义 5.16 设 X 是一个随机变量，如果 $E(X-EX)^2$ 存在，则称

$$DX = E(X-EX)^2 \tag{5.1}$$

为随机变量 X 的**方差**（Variance），将 $\sqrt{DX}$ 称为随机变量 X 的**标准差**（Standard Deviation）.

（1）如果 X 为**离散型**随机变量，且 $P(X=x_i)=p_i(i=1,2\cdots,n)$，则有

$$DX = \sum_{i=1}^{n}(x_i-EX)^2 p_i.$$

（2）如果 X 为**连续型**随机变量，$f(x)$ 为其概率密度函数，则有

$$DX = \int_{-\infty}^{+\infty}(x-EX)^2 f(x)\mathrm{d}x.$$

在实际计算中，常常利用方差的另一个计算公式（请读者自行根据方差的定义式证明）：

$$DX = EX^2 - (EX)^2, \tag{5.2}$$

即方差等于**平方的期望减去期望的平方**.

> **【小贴士】** 方差具有以下结论.
> （1） $D(C)=0$（C 为常数）.
> （2） $D(aX)=a^2 DX$（a 为常数）.
> （3） $D(aX+b)=a^2 DX$（a,b 为常数）.
> （4）设随机变量 X,Y 相互独立，则 $D(X+Y)=DX+DY$.

例 5.3.4【产品开发决策】 某厂有甲、乙两种新产品可供开发生产，其盈亏情况及发生概率如表 5.9 所示，请你试着帮该厂进行开发生产策略决策.

表 5.9　产品开发盈亏情况分析表

市场销路情况	发生概率		年利润/万元	
	甲产品	乙产品	甲产品	乙产品
好	0.8	0.85	2 000	1 700
差	0.2	0.15	−200	100

解 设随机变量 X,Y 分别表示甲、乙两种产品的收益，则它们的期望值（即平均利润）分别为

$$E(X) = 2\,000 \times 0.8 + (-200) \times 0.2 = 1\,560(万元).$$

$$E(Y) = 1\,700 \times 0.85 + 100 \times 0.15 = 1\,460(万元).$$

■ 经济应用数学

生活情境

这么快就学完了吗？我们将本项目的内容做个总结吧！试试以绘制思维导图的方式进行总结.

可以发现 $E(X) > E(Y)$，故理应选择开发甲产品．进一步分析两种产品利润值的稳定情况，发现选择开发甲产品并非上策．

为此分别计算它们利润的方差为

$$D(X) = (2\,000 - 1\,560)^2 \times 0.8 + (-200 - 1\,560)^2 \times 0.2 = 774\,400.$$

$$D(Y) = (1\,700 - 1\,460)^2 \times 0.85 + (100 - 1\,460)^2 \times 0.15 = 326\,400.$$

因为 $D(X) > D(Y)$，故该厂应开发乙产品，其风险相对较小．

例 5.3.4 讲解【产品开发决策】

例 5.3.5【股票投资风险分析】 股票的未来价格是随机变量，买股票的人可以通过比较两支股票未来价格的期望和方差来决定购买何种股票．设有甲、乙两支股票，它们今年的价格都是 10 元，一年后它们的价格及分布如表 5.10 所示，请比较购买这两支股票时的投资风险．

表 5.10 两支股票未来价格情况

X/元	8	12	15	Y/元	6	8.6	23
P	0.4	0.5	0.1	P	0.3	0.5	0.2

解 首先比较两支股票的平均价格（即期望），然后再比较投资风险（即方差）．

$$EX = EY = 10.7,\quad E(X^2) = 120.1,\quad E(Y^2) = 153.58.$$

故

$$DX = E(X^2) - (EX)^2 = 5.61.$$

$$DY = E(Y^2) - (EY)^2 = 39.09.$$

可见，甲、乙两支股票一年后的价格期望值相同，但是发现甲的方差小于乙的方差，即投资购买股票甲一年后亏损的风险较低．

期望和方差小测试

【小贴士】用方差或标准差比较产品开发、购买股票等投资风险，当两个方案的评价指标期望（即平均收益）相同或相近时，一般的投资者都会选择风险低（即方差小）的方案；当两个方案的期望值不同时，方案的选择依赖于投资者对风险的偏好程度．

项目完成评价表五（产品品质管理中的概率分析）

姓名		班级		组名		考评日期		
评价指标		评价标准	分值/分	自我评价/分	小组评分/分	实际得分/分		
知识掌握情况	条件概率、全概率和逆概率的概念和计算方法	熟练掌握	10					
	常见的离散型和连续型随机变量分布列和分布函数	熟练掌握	10					
	期望及方差的概念、性质及求解方法	熟练掌握	10					
专业技能培养	子任务5.1：产品的抽样检验分析	熟练完成	10					
	子任务5.2：设备维修人员配备方案	熟练完成	15					
	子任务5.3：投资风险决策	熟练完成	10					

续表

姓名		班级		组名		考评日期	
	评价指标		评价标准	分值/分	自我评价/分	小组评分/分	实际得分/分
通用素养培养	出勤		按时到岗，学习准备就绪	5			
	道德自律		自觉遵守纪律，乐于助人，有责任心和荣誉感	10			
	学习态度		主动积极，不怕困难，勇于探索	10			
	团队分工合作		能融入集体，愿意接受任务并积极完成	10			
合计				100			
考评辅助项目				备注			
本组之星				该评选的目的是激励学生的学习积极性			
填表说明			1. 知识、能力和素养三方面的各指标分为三个等级：熟练掌握（完成）得该指标下的满分；基本掌握（完成）得该指标下的一半分；不能掌握（完成）得0分。 2. 实际得分＝自我评价×40%＋小组评价×60%。 3. 考评满分为100分，60分以下为不及格；60～74分为及格；75～84分为良好；85分以上为优秀。 4. "本组之星"可以是本项目完成中突出贡献者，也可以是进步最大者，还可以是其他某一方面表现突出者。				

【动手试试五】

练习5.1

一、填空题

1. 设 $P(A) = 0.1$，$P(A \cup B) = 0.3$，且 A 与 B 互不相容，则 $P(B) =$ _____．

2. 某人射击的命中率为 0.7，现独立地重复射击 5 次，则恰有 2 次命中的概率为 _____．

3. 设 A，B 为两个事件，$P(A) = 0.7$，$P(A\bar{B}) = 0.3$，则 $P(\bar{A} \cup \bar{B}) =$ _____．

4. 同时抛掷 3 枚均匀硬币，恰有 1 个硬币出现正面的概率为 _____．

5. 将一枚骰子独立地抛掷 2 次，以 X 和 Y 分别表示先后掷出的点数，$A = \{X + Y = 10\}$，$B = \{X > Y\}$，则 $P(B|A) =$ _____．

6. 假设一批产品中一、二、三等品各占 60%，30%，10%．现从中随机取一件产品，结果不是三等品，则为一等品的概率为 _____．

二、计算题

1. 甲、乙、丙 3 台机床加工同一种零件，零件由各机床加工的百分比分别为 45%，35%，20%．各机床加工的优质品率依次为 85%，90%，88%，将加工的零件混在一起，从中随机抽取一件．（1）求取得优质品的概率．（2）若从中取 1 个零件进行检查，发现是优质品，则该零件由哪台机床加工的可能性最大？

2. 教师在出考题时，平时练习过的题目占 60%，学生答卷时，平时练习过的题目在考试时答对的概率为 95%，平时没有练习过的题目在考试时答对的概率为 30%．请问答对平时没有练习过的题目的概率是多少？

3. 对次品率为 5% 的某箱灯泡进行检查，检查时，从中任取一个，如果是次品，就认为这箱灯泡不合格而拒绝接受，如果是合格品就再取一个进行检查，检查过的产品不放回，如此进行 5 次，如果 5 个灯泡都是合格品，则认为这箱灯泡合格而接受．已知每箱灯泡有 100 个，求这箱灯泡被接受的概率．

4. 某人有 5 把形状近似的钥匙，其中只有 1 把能打开办公室的门，如果此人一把一把地用钥匙试着开门，将试过的钥匙放在一边．求：（1）此人试了 3 次才能打开办公室的门的概率；（2）此人试了 5 次才能打开办公室的门的概率．

5. 假设某地区位于甲、乙二河流的汇合处，当任一河流泛滥时，该地区即遭受水灾．设某段时期内甲河流泛滥的概率为 0.1，乙河流泛滥的概率为 0.2，当甲河流泛滥时乙河流泛滥的概率为 0.3，求：（1）该段时期内该地区遭受水灾的概率；（2）当乙河流泛滥时甲河流泛滥的概率．

练习 5.2

一、填空题

1. 离散型随机变量 ξ 的概率分布列如表 5.11 所示.

表 5.11　离散型随机变量 ξ 的概率分布列

ξ	−1	0	1	2	3
P	0.2	0.1	0.3	0.25	0.15

$F(2)$ 的值为 _____.

2. 若 $P(X \leq x_2) = 1 - \beta$，$P(X > x_1) = \alpha$，$x_1 < x_2$，则 $P(x_1 < X \leq x_2) = $ _____.

3. 设随机变量 X 服从 $X \sim N(0,1)$，则 $P(X < 1.5) = $ _____，$P(X > 2) = $ _____，$P(|X| \leq 2) = $ _____.

4. 已知随机变量 X 服从 $X \sim N(1,4)$，且 $Y = 2X - 1$，则 Y 服从 _____.

5. 设连续型随机变量 X 的密度函数为 $f(x) = \begin{cases} k\mathrm{e}^{-\frac{x}{2}} & x > 0 \\ 0 & x \leq 0 \end{cases}$，则 $k = $ _____，$P(1 < X \leq 2) = $ _____，$P(X = 2) = $ _____.

二、计算题

1. 设随机变量 X 的分布律为 $P(X = k) = \dfrac{A}{k(k+1)}(k = 1, 2, \cdots)$，试求 A 的值.

2. 设连续型随机变量 X 的分布函数为 $F(x) = A + B\arctan x$. 求：（1）常数 A，B；（2）X 的概率密度.

3. 设每页书上的印刷错误个数服从泊松分布，现从一本有 500 个印刷错误的 500 页的书上随机地取 5 页，求这 5 页各页上的错误都不超过 2 个的概率.

4. 某厂决定在工人中增发高产奖，并决定对每月生产额最高的 5% 的工人发放高产奖. 已知每人每月生产额 X 服从 $X \sim N(4\,000, 60^2)$，试问高产奖发放标准应把月生产额定为多少？

5. 某厂生产一种设备，其平均寿命是 10 年，标准差为 2 年，如果该设备的寿命服从正态分布，求寿命不短于 9 年的设备占整批设备的比例.

练习 5.3

一、填空题

1. 若随机变量 ξ 的分布列如表 5.12 所示.

表 5.12　随机变量 ξ 的分布列

ξ	0	1
P	0.4	0.6

$D\xi = $ _____.

2. 设随机变量 X，$DX=2$，则 $D(3X-2)=$ _____．

3. 设 X 与 Y 独立，且 $EX=EY=0$，$DX=DY=1$，则 $E(X+2Y)^2=$ _____．

4. 设随机变量 X 服从均匀分布 $X \sim U[0,2\pi]$，则 $EX=$ _____．

5. 设随机变量服从 $X \sim B\left(10,\dfrac{1}{3}\right)$，则 $EX=$ _____．

6. 设随机变量 X 服从参数为 2 的指数分布，Y 服从参数为 4 的指数分布，则 $E(2X^2+3Y)=$ _____．

二、计算题

1. 某保险公司多年的统计资料表明，在索赔户中，被盗索赔户占 20%，今随机抽查 100 个索赔户，求其中被盗索赔户不少于 14 户也不多于 30 户的概率．

2. 甲、乙两队比赛，若有一队先胜 4 场，则比赛结束，假设每次比赛甲队获胜的概率为 0.6，求比赛场数的数学期望．

3. 某城市的市民在一年内遭受交通事故的概率为 1‰．为此，一家保险公司决定在这个城市新开一种交通事故险，每个投保人每年交付保险费 18 元，一旦发生交通事故，将得到 1 万元的赔偿．经调查，预计有 10 万人购买这种保险．假设其他成本共 40 万元，求：(1) 保险公司亏本的概率是多少？(2) 保险公司的平均利润为多少？

4. 一系统由 100 个相互独立的部件组成，在系统运行期间部件损坏的概率为 0.05，而系统只有在损坏的部件不多于 10 个时才能正常运行，求系统的可靠度．

5. 某产品销售员每件产品卖 4 元，其成本是 2 元，厂家规定卖不掉的产品不能退回，如果这位销售员每日的销售量服从区间 $[100,200]$ 上的均匀分布，为使该销售员的期望利润达到最大值，该销售员应该购进多少件产品？

项目五思维导图　　项目五综合训练

附表

参 考 文 献

[1] 李心灿. 高等数学应用205例［M］. 北京：高等教育出版社，1997.

[2] 顾静相. 经济数学基础［M］. 3版. 北京：高等教育出版社，2008.

[3] 雷田礼，郑红，齐松茹. 经济与管理数学［M］. 北京：高等教育出版社，2008.

[4] 许贵福. 物流数学［M］. 北京：人民交通出版社，2009.

[5] 胡宝珠. 统计学［M］. 北京：中国发展出版社，2014.

[6] 郑涛，邓新春，高霞萍，等. 高职数学应用基础［M］. 2版. 北京：湖南师范大学出版社，2011.

[7] 翟步祥，卢春燕. 高等数学［M］. 北京：高等教育出版社，2019.

[8] 蔡跃. 职业教育活页式教材开发指导手册［M］. 上海：华东师范大学出版社，2020.

[9] 北京博导前程信息技术股份有限公司. 电子商务数据分析实践［M］. 北京：高等教育出版社，2019.

[10] 顾央青，曹勃. 应用数学［M］. 杭州：浙江大学出版社，2022.

[11] 陈笑缘. 经济数学［M］. 3版. 北京：高等教育出版社，2019.

[12] 杜家龙. 市场调查与预测［M］. 北京：高等教育出版社，2009.